주한미군 이야기

국립중앙도서관 출판시도서목록(CIP)

주한미군 이야기 / 김용한 지음. – 서울 : 잉걸, 2005
p. ; cm

ISBN 89-89757-09-6 03330 : ₩11000

340.4-KDC4
320.02-DDC21 CIP2005001342

주한미군 이야기

김용한 지음

2005

주한미군 이야기

펴낸날 2005년 7월 9일 초판 1쇄
2011년 9월 22일 초판 2쇄

지은이 김용한
펴낸이 김진수
펴낸곳 도서출판 **잉걸**
등록 : 2001년 3월 29일 제15-511호
주소 : 서울시 관악구 신림동 468-6 101호(우 151-893)
전화 : 02) 884-3701
전자우편 : ingle21@naver.com

ISBN 89-89757-09-6 03330

우리 함께 열어봅시다

보면 뭐해, 읽어야지. 읽으면 뭐해, 생각해야지. 생각하면 뭐해, 행동해야지. 그렇습니다.

보고 생각하여 행동하도록 도움 주는 좋은 책이 여기 얼굴을 내밀었습니다. 60년 동안 이 땅을 점령한 외국군을 우리는 주한미군이라고 일컬어 왔습니다. 만약 내일이라도 그들이 떠나가면 금방 하늘이 무너지고 땅이 꺼질 것처럼 배워 왔습니다. 그런 점령군이 우리에게서 무엇을 어떻게 원천적으로 빼앗아 갔던가, 나와 내 가족과 내 땅, 내 나라를 지키기 위해 몸소 나선 사람들이 어떻게 피눈물 뿌리며 싸웠던가, 앞으로 우리가 무엇을 어떻게 할 것인지를 날카롭게 제시하고 동참을 호소하는 현장의 소리가 이 책에 담겨 있습니다. 오랜 세월 미군의 침략과 범죄가 있는 곳이면 평택, 오산, 용산, 의정부, 동두천……, 이 산, 저 들, 가리지 않고 달려가 싸워 온 사람의 거친 숨소리가 담겨 있습니다. 현장의 소리, 싸울아비의 함성이 책갈피마다 새겨져 있습니다. 함께 보고 함께 생각하면 좋겠습니다. 그리하여 행동을 함께 결단하면 좋겠습니다.

〈민주주의민족통일전국연합〉 상임의장

오종렬

김용한, 그러면 여러 가지를 떠올리게 됩니다. 우선 평택입니다. 그가 살고 있고 사랑하는 고장이 바로 평택입니다. 그리고 평택에 미군기지가 옮겨가면 그 다음 순간에 한반도 전쟁이 난다고 강조하는 사람입니다. 우리의 저자 김용한 교수가 평택에 거주한다는 사실도 이때 알게 되었습니다. 그전에는 그를 매향리 폭격장 폐쇄를 위해서 투쟁하는 운동가로만 알았습니다. 그는 "오늘 미군이 한국인에게 어떤 존재인가?", "한미 SOFA는 어떤 방향에서 개정되어야 할 것인가?", "한미 상호방위조약은 어떤 대안이 있는가?" 하는 등의 질문에 대하여 어느 누구보다도 잘 대답해 줄 분입니다.

그 다음으로 김용한을 말할 때 민주노동당을 떠올리게 될 것입니다. 민주노동당 평택시위원회 위원장입니다. 썩어 문드러졌다고 해도 충분하지 않은 게 우리 정계의 실태입니다. 민주노동당이 결국 제도권에 뛰어들었습니다. 그런데 민주노동당이 우리의 정계의 희망입니다. 우리의 자랑스러운 저자 김용한 님이 우리 사회의 희망인 민주노동당의 평택 위원장인 것은 당연합니다. 그가 우리 사회의 희망인데 민주노동당의 지도자가 아닐 수 없기 때문입니다.

마지막으로 그를 부를 때 연상하는 것은 성공회 대학교입니다. 그 학교 교양학부에서 그는 '역사 속의 한국과 미국'이라는 과목의 강의를 합니다. 저는 16년 전 성공회 신학대학 시절에 출강한 적이 있기 때문에 그곳을 잘 압니다. 그 때는 허리 굽히고 들어가던 '구멍가게'라면 지금은 빌딩 숲을 이룬 대궐입니다.

누가 성공회 대학교더러 구멍가게라 합니까? 지금 모르긴 해도 가장 '성공'하는 대학교란 바로 이 대학교를 가리켜 하는 말이 아닌가 싶습니다. '세상이 꺼려하던' 신영복 같은 무기수를 교수로 처음 채용할 뿐 아니라 김용한 님 같은 행동하는 운동가를 교수로 발탁할 수 있는 대학교가 도대체 이 땅에 존재한다는 것 자체가 이 대학교를 성공하는 대학교로 만드는 계기가 된다고 하겠습니다.

만지는 무엇이든지 금으로 만드는 기술을 가진 사람을 '마이다스'라고 합니다. 김용한 교수가 바로 그런 사람이 아닌가 싶습니다. 성공회 대학교도 성공한 대학교로, 민주노동당도 제1의 희망이 되는 당으로 변할 것은, 매향리 폭격장이 폐쇄된 것과 마찬가지로, 바로 그러한 이유입니다. 그는 평택을 넘어 한국으로, 한국을 넘어 전 민족들을, 동남아를 넘어 전 세계로 나아가는 분입니다.

한국 정부는 평택에 미군기지를 내 줄 마지막 수속을 밟고 있고 지장물 조사를 하고 감정평가를 하고, 형식적인 협의 매수 기간을 거쳐 강제수용하려는 절차를 밟고 있지만, 결국 무산될 것입니다. 김용한 님이 매향리에 살지도 않으면서 투쟁을 통해 매향리 미군 폭격장을 마침내 폐쇄하게 되었듯이, 평택에 살고 있는 김용한 님이 바로 평택에서 반대운동을 하고 있기 때문입니다.

그런 그가 미군 관계 글을 모아 출판하게 되었다 하니 저는 이를 매우 기뻐해 마지않습니다. 이미 여러 매체 여기저기에 단독 글로 썼던 것이지만, 이렇게 훌륭하게 한 권의 책으로 엮어서 출판하게 된 것을 기뻐합니다. 주한미군의 지위와 역할에 대하여 새로 평가하는 것이 늦은 감은 있습니다. 그러나 국민들 사이에는 '왜 어떤 사람들은 미군철수를 주장하는 것일까?' 하고, 그 다음 순간 '그럼 김정일을 수령으로 하는 통일을 원하는 사람들일까' 하고 질문하는 사람들이 많은 것 같습니다.

물론 전혀 그렇지 않습니다. 이 책은 그런 의문을 품는 사람들에게 좋은 대답을 줄 것입니다. 이 책은 한미 SOFA를 넘어서 무릇 외국군이 남의 땅에 주둔하게 될 경우 어떤 모습이어야 할 것인지를 다루고 있습니다. 한미상호방위조약을 넘어서 한미 관계가 정말 올바로 서는 법에 관심을 둘 것입니다. 그리고 주한미군을 넘어서 전 인류에 관심을 갖는 시대적이고 역사적인 문제들을 붙들고 씨름하고 있습니다. 그는 이 시대의 과제이자 이 역사에서 이 민족에게 가장 어려운 문제에 대해, 이를 매우 평이하게 풀어 줄 것입니다.

그는 역사, 이 땅의 사람들이 내놓은 위대한 지도자입니다. 그런 만큼 그의 이 책은 역시 시대적이고 역사적인 책이 될 것임에 틀림없습니다. 여러분들은 이 역사, 이 땅에 존재하는 사람으로서 책임 있는 삶을 살아가야 하지 않을까요? 그렇게 하기 위해서 저와 같이 이 책을 다들 사 보지 않겠습니까?

향린교회 목사

홍근수

김용한 님의 '용'자가 한자로 무언지 잘 모릅니다.
다만 용감할 용(勇)으로 용한 님이라 새기고 싶습니다.
그는 정의를 실천하는 일에 용감하기 때문입니다.

또는 용납할 용(容)으로 용한 님이라 새기고 싶습니다.
그는 부드럽습니다. 단호하면서도 일체를 다 안을 수 있는 품을 가졌다고 생각하기 때문입니다.

한 가지 더, 쓸 용(用)으로 용한 님이라 할 수 있지요.
그는 전문성이 있기 때문입니다.
그가 우리 민족을 위해 크게 쓰임 받길 바랍니다.

지금은 6·15 시대, 분단구조를 청산하고 통일구조를 이루는 변혁의 때입니다.
이북 대 한미일 동맹은 낡고 잘못된 것입니다.
남과 북, 해외, 우리 민족끼리 힘을 합쳐 우리 민족 대 일본, 우리 민족 대 미국, 우리 민족 대 중국, 이러한 구도가 원래적이고 올바른 것입니다.

금번 김용한 님의 『주한미군 이야기』가 독자에게 깊은 감동을 주며 우리 민족 자주 역사 창출과 세계 평화에 크게 기여하리라 믿으며, 기꺼이 추천합니다.

〈통일연대〉 상임대표

한상렬

'10억 원짜리 책'을 내며

바둑실력 6, 7급밖에 안 되는 사람이지만, 바둑의 고수들은 한 수 한 수 둘 때마다, 가장 큰 곳과 가장 중요한 맥점에 착점한다는 것 정도는 안다.

이 시대를 살아가는 한국인으로서, 한국이 안고 있는 가장 큰 문제는 무엇이고, 그 문제를 푸는 가장 중요한 맥점은 무엇일까?

물 밖에 있는 모든 사람들이 빤히 다 보고 있는 '쉽게 살아나올 수 있는 길'을 보지 못해, 물에 빠져 죽어 가는 사람이 있다면 얼마나 억울할까? 그래서 우리가 허우적대며 살고 있는 이 시대를 훌쩍 뛰어넘어 1백 년쯤 뒤로 날아가 보았다.

거기서는 우리의 후손들이 우리가 살고 있는 지금의 시대를 '2국 시대'로 배우고 있었다. 2국의 이름은 대한민국과 조선민주주의인민공화국!

그래서 알았다. 우리가 안고 있는 가장 큰 핵심 문제는 분단이요, 이 문제를 극복하는 길은 통일뿐이라는 것을!

그러면 '우리나라'의 반밖에 안 되는 대한민국이 안고 있는 가장 큰 문제는 무얼까?

그것은 국가의 3요소라는 국민, 주권, 영토를 온전하게 갖춘 정식 국가가 못 되고, 이 3요소 모두를 미국에 조금씩 빼앗기고도 아무 말도 못하는 상태라고 보고, 나는 대한민국의 현 상태를 '미국의 준(準)식민지상태'로 규정한다.

이 문제를 해결하는 정답은 이미 문제 속에 들어 있듯이, 완전한 자주독립국가를 건설하기 위해 필요한 일은 '준독립운동'일 것이다. 준독립운동의 방법은 우리 민족 숫자만큼 다양할 것이다. 이미 많은 분들은 '직접적인 독립운동'과 '직접적인 통일운동'을 통해, 또 어떤 분들은 '철저한 민중해방운동'이나 '민주노동당의 집권운동'을 통해 '준독립운동'을 실천하고 계시다.

나는 '주한미군 문제 해결 운동'에 발 담근 지 16년, '민주노동당의 집권운동'에 발 담근 지는 5년 되었다. 일제 때부터 직접 독립운동을 해 오신 분들께는 죄송하게도, '준독립운동가'의 대열에서조차 한참 풋내기인 셈이다.

그래도 그 기간 동안 각종 매체를 통해 발표한 글을 골라 묶은 이 책은 연구실 책상머리에서 나온 책이 아니다. 평택에서 시작하여, 전국과 세계를 누비며, 실제 투쟁하고 경험하며 보고 느낀 것을 정리한 책이다. 그 동안 들어간 돈과 가정경제 책임까지 방기해 가면서 벌지 않은 돈까지 합산해 보니, 10억 원 넘게 투자된 책이다.

이 '10억 원짜리 책'이 나오게 된 데는, 물론 도서출판 잉걸의 김진수 사장 덕이 크다. 하지만 구속과 수배와 벌금은 물론, 사적인 영달을 포기해 가족과 친척들에게 '사람 노릇' 못하면서까지, 함께 싸워 왔고, 지금도 싸우고 있는 수많은 선배와 동지들의 희생은 그보다 훨씬 더 큰 역할을 했다.

평택 주민들의 생존권을 지키고, 한반도의 전쟁을 막기 위해 오늘도 힘겹게 투쟁하고 있는 <미군기지확장반대팽성대책위>와 <평택대책위>, <평택범대위>에 속한 수많은 평화 애호 동지들, 그리고 사랑하는 아내 강순원 선생과 귀여운 두 딸, 민주와 하나에게 이 책을 바친다.

2005년 7월

민주노동당 평택시위원회 사무실에서

김용한

차례

제1부

미국은 우리에게 무엇인가?

미국은 어떤 나라인가?*

– 전쟁의, 전쟁에 의한, 전쟁을 위한 나라, 미국

전국 미군기지가 거의 다 평택으로 온다는데, '제2의 부안'이 되어야 할 평택이 너무 조용하다. 서민 경제가 어려워, 먹고 살기 바빠설까? 집과 땅을 빼앗기는 분들만의 문제라고 생각해설까? 미군이 우리에게 고맙고 아름다운 군대여설까? 아니면, 평택 경제에 도움을 준다는 '평택지원특별법' 때문일까?

주한미군기지 평택 총집결의 의미를 정확히 알리기 위해 쓰는 이 글은 다음 네 부분으로 나누어 연재하고자 한다. 첫째, 미국은 어떤 나라인지, 둘째, 미군기지가 있는 다른 나라들의 상황은 어떤지, 셋째, 주한미군 관련 상황은 어떤지, 넷째, 평택미군기지 총집결과 평택지원특별법은 어떤 의미를 가지는지.

우선 미국이 어떤 나라인지를 보자. 나는 학생 때, '아메리카(미국)는 1492년에 콜럼버스가 발견했다'고 배웠다. 지금도 온 세계의 학생들이 그렇게 배운다. 그런데 그 때 콜럼버스가 밟았던 땅은 바하마 군도였고, 거기에는 아라워크 족이라는 원주민들이 살고 있었다. 그러니, 미국을 콜럼버스가 발견했다는 말은, '조선을 하멜이 발견했다'는 얘기만큼이나 웃기는 거짓말이다.

---

* 이 글을 포함, 이어지는 네 편의 글은 필자가 《평택시민신문》에 2004년 12월 29일부터 2005년 1월 19일까지 네 차례에 걸쳐 '알기 쉬운 미군기지 이야기' 시리즈물로 연재한 글이다. 이번 출판을 위해 《평택시민신문》의 편집자 주는 뺐고, 약간 다듬었다.

미국은 스페인·영국·프랑스 같은 나라 사람들이 원주민들과, 또는 자기들끼리 전쟁을 해서 세운 나라다. 당시 이른바 '미국 건국공신'들은 저항하는 원주민을 대량으로 학살하고, 살아남은 원주민을 노예로 삼고, 나중에는 '멸종'(?)을 막으려고 '보호구역'에 격리시키기까지 했다.

주인공(미국인)이 '악당'(원주민)을 물리치는 게 태일반인 미국영화를 보면, 미국은 참 좋은 나라다. 그런데 옛날에 콜럼버스가 조선을 '발견'했다면, 그래서 주인공인 미국인들이 원주민인 조선인들을 마구 학살하고, 살아남은 조선인들은 노예로 삼았다면? 우리 민족은 지금쯤 군데군데 미국인들이 지정해 준 '코리안 보호구역'에 살고 있지 않을까?

미국은 230년 동안 무수한 전쟁을 일삼았다. 최근 약 10년 동안에도 걸프전, 아프가니스탄 침략, 이라크 침략까지 전쟁을 세 번이나 하고 있으면서, 다음 침략 대상국으로 이란과 북한을 '찜'까지 해 두고 있다.

도대체 미국이 이렇게 전쟁을 자주 일으키는 까닭은 무엇일까?

여러 요인이 있지만, 나는 미국의 정치 경제 구조가 잘못되어 있기 때문이라고 본다. 전쟁은 군인들이 일으키는 것으로 착각하기 쉽지만, 군인들은 이용만 당할 뿐이다. 전쟁을 일으키는 건 대통령이고, 대통령이 전쟁을 일으키는 것은 자기에게 거액의 정치자금을 댄 무기회사·석유회사·건설회사를 비롯한 군산복합체들의 로비에 넘어가기 때문이다.

그런 사실은 미 해군 소위로 시작해서 33년 4개월 동안 근무하다 제독으로 전역한 스메들리 버틀러의 양심선언에 잘 나타나 있다. 그는 해군 생활의 대부분이 "대기업과 월스트리트 은행가들의 앞잡이 노릇이나 하는 고위 폭력단원" 생활이었다고 고백했다.

멕시코 침공은 "미국 석유회사의 이익", 아이티와 쿠바 침공은 "내셔널 시티은행의 이익", 니카라과 침공은 "국제 금융회사인 브라운 브라더스의 이익", 도미니카 침공은 "미국 설탕회사의 이익", 온두라스 침공은 "미국의 과일회사의 이익" 때문이었다는 것이다.

그는 이런 말도 남겼다. "그 기간 동안 나는 거물급 사기꾼이었다. 나는 명예와 훈장, 칭찬을 받았다. 알 카포네가 우리한테 무언가 배운 것 같은데, 그는 기껏해야 3개 도시를 누볐을 뿐이지만, 우리 해군은 3개 대륙을 누볐다." 국익이 아니라, 모두 정치인들과 그들에게 뒷돈을 댄 회사들의 이익을 위해 전쟁에 동원됐다는 것이다.

7, 80년 전의 고백이지만, 오늘의 이라크 침략에도 딱 맞는 얘기다. 이라크 침략에 미국이 지금까지 쏟아 부은 돈이 1천억 달러라는데, 앞으로 2천억 달러는 더 쏟아 부어야 한단다.

이 돈이 모두 일반 국민의 세금이지만, 이익을 얻는 것은 일반 국민이 아니라, 무기 판매와 전리품 챙기기, 전후복구사업 같은 것으로 떼돈을 버는 헬리버튼과 벡텔 같은 회사들이다. 딕 체니 현 부통령이 회장으로 있던 헬리버튼은 이라크를 침략하기도 전에 전후복구사업권을 수의계약으로 따내기도 했다.

제2차 세계대전 때도 그랬다. 당시 미국 기업가들은 적국 독일의 히틀러한테 전쟁자금을 지원했다. 그 때 핵심적인 역할을 한 사람은 부시 현 대통령의 할아버지 부시다. 이들은 당시 자본주의 종주국 미국이 사회주의 종주국 소련과 연합하여 히틀러의 독일과 전쟁을 하는 것을 못마땅해 했다. 그러면서 지구상에 소련을 무너뜨릴 가능성이 있는 독일의 전쟁 영웅 히틀러한테 뒷돈을 댄 것이다.

국민의, 국민에 의한, 국민을 위한!

민주주의를 가장 잘 요약했다며, 온 세계가 즐겨 인용하는 이 말은 원래 미국의 전 대통령 링컨이 게티즈버그에서 연설할 때 한 말이다. 정확한 문장은 이렇다.

"국민의, 국민에 의한, 국민을 위한 정부는 결코 멸망하지 않을 것입니다."

링컨은 당시 미국 정부가 바로 그런 정부고, 그래서 미국은 결코 멸망하지 않을 것이라는 점을 강조하려 했을 것이다. 그러나 미국 정부는 '국민의, 국민에 의한, 국민을 위한 정부'였던 적이 없다. 건국 때부터 거의 일관되게 '전쟁의, 전쟁에 의한, 전쟁을 위한 정부'였을 뿐이다.

그래서 나는 다음과 같이 패러디하는 걸 즐긴다. 얼마 전 한국을 떠난 허바드 주한미대사가 나의 이 패러디에 극도로 불쾌감을 표시한 바 있지만, "칼 쓰는 자, 칼로 망한다!"는 말처럼, 진리는 진리다.

"전쟁의, 전쟁에 의한, 전쟁을 위한 나라는, 영원히 멸망할 것이다!"

세계 여러 나라의 미군기지

미군기지는 하와이·괌·푸에르토리코 같은 미국 식민지와 미국 본토까지 합쳐서 50개 나라에 있다. 그런데 나라마다 조약과 협정 내용이 다르다. 미국의 '인종차별과 자존심 없는 나라 뭉개기' 때문에 한국이나 에티오피아처럼 아주 불평등한 대우를 받는 나라도 있고, 그렇지 않은 나라도 있다.

필리핀에선 25년, 한국에선 무기한 주둔

필리핀에는 미군이 1991년에 다 철수했다. 1947년에 유효기간 99년짜리 '기지 협정'을 맺었다가 19년 뒤에 '25년'으로 고쳤고, 1988년부터 재협상을 벌였는데, 이 때 필리핀은 '임대기한을 늘려 줄 테니, 기지 사용료를 더 올려 달라'고 했고, 미국은 '자꾸 그러면 미군을 철수시켜 버리겠다'고 했다.

이런 협박과 회유에 넘어간 코라손 당시 대통령이 상원에 '미군 주둔기간 연장안'을 올렸지만, 상원이 부결시켰다. 그러자 '철수 카드'로 협박하던 미국은 이른바 '방문군'이라는 말을 만들어 '주둔'하지는 않고 가끔 '방문'해서 훈련할 수 있도록 해 달라고 했다. 그래서 지금 필리핀은 미군의 '방문'을 받고 있다.

유효기간이 정해져 있는 나라는 필리핀 말고도 많다.

호주의 경우, "본 협정은 최소 25년간 효력을 존속한다. 단 동 기간이 연장된 때에는 어느 일방 정부가 본 협정의 효력을 종료시킬 의사를 상대국에 통고한 후 180일이 경과하면 효력을 상실한다"고 되어 있다.

스페인의 경우는 "본 협정은 서명과 동시에 효력을 발생하며 이후 10년간 효력을 지속하며 후술할 절차를 밟지 않는 한 그 기간이 만료된 후 2회에 걸쳐 매회 5년을 한도로 기한을 연장할 수 있다"고 되어 있다.

하지만 한국은 "본 조약은 무기한으로 유효하다"고 적시되어 있어서, 주한미군은 무기한으로 주둔하게 되어 있는 것이다.

미군기지 돌려받아 미술관, 목장, 관공서 지어

일본도 한국처럼 무기한이기는 한데, 일본 정부는 한국 정부와 전혀 다르게 접근하고 있다. 미국과는 '무기한', 지주들과는 '유기한'인 것이다. 예컨대 일본 정부는 지주들에게 다음과 같이 아주 자세한 조건을 제시한다.

"이 땅을 정부에 5년(또는 7년이나 10년)간 임대해 달라. 임대료는 얼마를 주겠다. 이 땅은 미군기지로 제공할 것이다. 미군은 어떤 용도로 쓴단다." 이런 식의 기지 협상은 밀실이 아니라, 대규모 강당에서 공개 심리 형태로 열린다. 사키마 씨도 이런 과정을 거쳐 미군기지를 돌려받아 자기 이름을 딴 미술관을 지었다.

후텐마 기지 철조망과 맞붙어 있는 이 미술관은 세계의 반전 평화 화가들의 미술품을 전시하는데, 일본 고등학교 수학여행 코스에 들어 있을 정도로 유명하다.

공무원이던 이시하라 씨는 미군기지 한복판 땅을 돌려받았다. 미군이 불도저로 경계를 모두 갈아엎는 바람에 자기 땅의 정확한 위치를 알 수 없었기 때문이었다. 그는 그 땅에 닭을 놓아 기르며, 그 핑계로 미군기지를 매일 드나들었다. 거기서 얻은 달걀에는 "반전 계란"이라는 상표까지 붙여 팔았다.

나중에는 돼지도 기르고 소도 기르는 목장으로 만들고, 한술 더 떠서 축산조합을 만들어, 거꾸로 미군기지를 임차해서 목장을 조성하기도 했다. 요미탄 촌처럼 아예 촌 청사 같은 관공서를 미군기지 안에 지은 곳도 있고, 사탕수수를 재배하는 지주들도 있다.

자치단체에 미군기지대책실 두고 자료수집, 민원처리

오타 마사히데 국회의원은 오키나와 지사 시절 주일미군의 초등학생 윤간 사건이 터졌을 때, 현민 10만 명을 모아 '현민총궐기대회'를 열었다. '미군기지 축소'와 'SOFA 개정' 두 가지 사안을 내걸고 현민투표까지 했다.

우리나라가 88올림픽을 선전할 때처럼, 네거리, 공원 가릴 것 없이 높은 탑에 '현민투표 며칠 전, 며칠 전' 하면서 카운트다운까지 했다.

그 결과 이 두 가지 사안에 대해 90% 넘는 현민들의 찬성표를 끌어냈다. 중앙정부의 반대를 무릅쓰고 미국에 건너가 《뉴욕타임스》 전면광고도 내고, 정계인사들에게 항의도 했다. 현청에는 '미군기지대책실'을 두어, 주일미군과 관련한 모든 자료를 수집·정리할 뿐만 아니라, 미군 관련 각종 민원도 처리해 주고 있다.

후텐마 기지를 옮기기로 한 헤노코 지역에서는 시민투표를 통해 90%

가 넘는 반대를 이끌어 내는 등 벌써 몇 년째 격렬한 반대투쟁을 벌이고 있다. 미일 두 나라 정부는 지금 기지 이전을 엄두도 못 내고 있다.

미군기지 이전 엄두도 못 내고, 이전 비용 일부는 미국이 부담하기도

독일은 일본처럼 전범국이요, 패전국이었지만, 일본과는 달리 분단이라는 쓰라린 경험을 했다. 뿐만 아니라, 306개의 미군기지에는 미군만 6만5천 명, 군속과 민간인까지 합쳐서 10만 명 가까운 인원이 살고 있다.

하지만 주독미군은 별로 문제를 일으키지 않는다. 그래서 자기 나라에 미군이 있는지 없는지조차 모르는 사람이 많다.

미군기지 이전도 한국과는 다르다. 프랑크푸르트공항주식회사가 공항을 넓히겠다며 라인마인 미군기지의 이전을 요구했다. 그래서 라인마인 기지를 람슈타인과 슈팡달렘으로 이전하고 있다. 그런데 이전 비용의 21%인 1억5천7백50만 마르크는 나토군이 댔다.

나토군의 핵심이 바로 미군이니까 미군이 댄 것이나 마찬가지다. 하지만 한국 정부는 "이전을 요구한 나라가 이전 비용을 대는 게 세계적 관례"라고 거짓말을 해 왔다.

주한미군과 한국, 한국인

- 대한민국은 미국의 준(準)식민지

스스로 점령군이라는 맥아더, 해방군이라는 한국

"우리 미군은 오늘 북위 38도선 이남의 조선 땅을 점령했다." 이 말은 1945년 맥아더가 한국에 첫발을 내디디면서 발표한 '맥아더포고령 1호'에 나오는 말이다. 맥아더는 그 뒤로도 여러 차례 한국을 '점령'했다고 고백했는데, 많은 한국 사람들은 맥아더를 '해방군'으로 믿고 있다. 인천의 한 공원 꼭대기에 맥아더 동상까지 세워 놓고.

"미국은 6·25 때도 지켜줬고, 전쟁 직후 밀가루와 우유도 줬고, 지금까지 안보를 지켜 주고 있다." 이런 말을 하는 이도 많지만, 그것은 '나라는 군인이 지키는 것이고, 한국 군대는 힘이 약하고, 그래서 미군의 도움을 받는 것은 당연하다'는 그릇된 믿음에서 나오는 미신이다.

나라는 군인만이 아니라, 노동자와 농민은 물론, 여성과 환경미화원을 포함한 온 국민이 지키는 것이다.

나는 군대를 다녀오고 예비군, 민방위 다 거쳤다. 하지만 그것이 '집에서 애 보는' 일보다 더 큰 일이었다고 생각하지 않는다. 그냥 역할분담일 뿐이다. 대통령은 체포당하고, 군대는 항복을 선언한 이라크를 지금까지 누가 지키는지 보라!

주한미군 주둔도, 철수도 미국의 권리

얼마 전 미국이 한국 정부와 협의하지 않고, 주한미군 일부를 이라크로 뺀 적이 있다. 이 문제를 놓고 말도 많았지만, 그렇게 난리법석 칠 일이 아니다. 현 조약상, 미국이 한국에 미군을 주둔시키는 것은 미국의 '권리'이지, '의무'가 아니기 때문이다. 그 조약을 고쳐서 한국이 그 권리를 환수하지 않는 한.

김대중 전 대통령은 "미군은 통일 이후에도 주둔해야 한다"고 했고, 노무현 대통령은 "미군은 미래에도 주둔해야 한다"고 했다. 하지만 현 조약에 미군은 "무기한으로" 주둔하게 되어 있으므로, 이런 말은 쓸데없는 말이었다.

형식적 민주주의가 모양새를 갖춰 가고 있는 시기의 대통령들도 이 정도니, 미국이 제주도 사람들을 학살하며 초대 대통령으로 만들어 준 이승만이나, 군사반란과 미국의 인정으로 대통령까지 된 반란의 수괴들은 오죽했겠는가!

"주일미군은 집 지켜주는 개"라고 한 나카소네 전 일본 총리의 발언 정도는 바라지도 않는다. 미국을 상전으로 여기는 정치인들과 어용 지식인들을 비롯한 이른바 '여론 주도층' 때문에 생긴, "미국 대변인, 미국에는 한 명, 한국에는 수만 명"이라는 말이나 사라졌으면 좋겠다.

남북의 경제력 25:1, 군사비 15:1, 그런데도 남한이 뒤진다?

"남한 군사력이 북한 군사력에 뒤지기 때문에 주한미군은 반드시 필요하다"는 정부 관료들의 거짓말을 무슨 경전이라도 되듯이 믿고 따르는 이들이 많다. 이런 주장을 하나하나 다 반박하자면 지면이 좁지만, 이는 미국의 노예를 자처하는 이들의 허울 좋은 핑계이거나, 국민을 속이기 위해 역대 정권이 만들어서 퍼뜨린 거짓말일 뿐이다.

남한 경제력이 북한 경제력의 25배나 되고, 남한 군사비가 북한 군사비의 15배나 된다. 남한은 해마다 세계 최대 무기수입국 5위 안에 들지만, 북한은 통계에도 잡히지 않거나, 기껏해야 6, 70위권에 든다.

국방비도 그렇게 많이 쓰고 무기도 그렇게 많이 사들이면서 몇 십 년째 열세라니! 역대 국방장관들이 이양호 전 국방장관처럼 국방비를 국방에 쓰지 않고, 린다 김 같은 미녀 로비스트의 사랑을 사는 데 썼기 때문일까? 아니면, 역대 국방차관들이 문일섭 전 국방차관처럼 무기거래상들한테 뇌물을 받고, 값은 엄청 비싸면서도 성능은 턱없이 떨어지는 미제 무기만 사들였기 때문일까? 그게 사실이라면 한국 군대는 해체하든가, 북한 군대한테 배워야 한다.

미국의 준식민지, 올해는 완벽한 자주독립국가로!

국가의 3요소는 보통 국민과 영토와 주권이라고 한다. 그런데 한국은 이 세 요소를 조금씩 미국에 넘겨 준 상태다.

첫째, 한국에 국민은 있지만, 국가가 국민의 생명을 책임지지 못하고 있다.

2002년 여중생 두 명을 50톤이 넘는 장갑차로 깔아 죽인 주한미군들이 무죄 출국한 사건을 보라! 이런 일이 미군정, 한국전쟁을 거치며 지금까지 60년 동안 계속돼 오고 있다.

둘째, 한국에 영토는 있지만, 국가가 영토를 책임지지 못하고 있다.

1945년 미국이 찰스 본스틸, 딘 러스크 두 대령을 시켜 우리나라를 38도 선으로 분단시켰고, 그 뒤로도 미국은 한국 영토 일부를 없애고 있다.

매향리 앞바다를 보라! 섬 3개 가운데 한 개는 완전히 사라지고, 한 개는 거의 다 사라지고, 나머지 한 개는 반도 안 남지 않았는가! 주한미군만이 아니라, 오키나와·괌·미국 본토 미군들까지 몰려와 50년 넘게 폭격을 해대고 있기 때문이다. 전국 105개 미군기지는 치외법권 지역이기도 하다.

셋째, 한국에 주권은 있는 것 같지만, 중요한 일부인 군사주권을 미국에 상납해 놓았다. "막상 전쟁이 나도 국군에 대한 지휘권을 한국 대통령이 갖고 있지 않다." 노무현 대통령이 당선자 시절 한 말처럼, 한국 군대의 '전시작전통제권'은 유엔군사령관, 한미연합사령관, 주한미군사령관을 겸하고 있는 미군 장성이 갖고 있는 것이다.

그렇다고 한국이 형식상 국가의 3요소를 통째로 넘긴 것은 아니므로 '준식민지'라고 할 수 있다. 늦었지만 분단과 미군 주둔 60주년이 되는 올해라도 한국이 완벽한 자주독립국이 되었으면 좋겠다.

미군기지 평택 총집결과 평택 지원법
- 50년 뒤에도 평택이 살아남아 있을까?

노무현 대통령 임기 안에 전쟁은 없다? 그럼 다음 대통령 때는?

정부 관료들 가운데 이런 말을 하는 이들이 있단다. "노무현 대통령 임기에는 한반도 전쟁이 없다. 미국이 이라크에서 전쟁을 벌이고 있고, 미2사단과 용산 기지를 평택으로 옮기는 동안에는 한반도 전쟁을 일으키지 못할 것이기 때문이다. 대통령이 자기 임기만 걱정하면 되지, 임기 뒤까지 책임져야 하나?"

얼핏 들으면 맞는 말 같다. 하지만 노 대통령 임기가 끝난 뒤, 이라크 전쟁과 미군기지 평택 총집결도 끝낸 다음에는? 북한은 미국이 이란과 함께 이미 오래 전에 다음 공격 대상으로 찜해 놓은 나라이므로, 미국의 북한 침략은 날짜만 안 정해졌지, 침략 자체는 이미 결정된 셈이다.

우리 민족이 공멸할 이 전쟁을 막는 길은 주한미군 평택 총집결을 막고 하루라도 빨리 남북 수교나 통일을 해서 미국의 북한 침략 명분을 한 가지라도 줄이는 길 뿐이다.

지금은 미군기지 5적이 아니라, 준(準)독립운동가들이 필요한 때

"용산 기지는 국가시책이니까 어쩔 수 없이 받을 수밖에 없고, 2사단은 우리도 반대한다"고 사기 치던 자들이 있다. "결사반대한다고 막을 수 있나? 미군기지를 받는 대신, 정부 지원을 따내 지역 발전의 계기로 삼는 지혜가 필요하다"는 자들도 있다.

일제 때도 매국노와 친일파들은 "독립운동한다고 독립될 리 있나? 어떻게든 일본에 동화해서 잘 먹고 잘 사는 게 중요하다"고 했다. "미군기지 반대하는 자들이 성공하나 어디 두고 보자!"는 자들도 있다. 일제 때 적극 친일을 하거나 그냥 하루하루 살던 자들이 독립운동가들에게 "너희들이 우리나라를 독립시키는지 두고 보자"던 식과 꼭 빼닮았다.

심지어 "우리나라가 독립운동 때문에 독립됐냐?"고 주장하는 자들도 있다. 그러나 나라가 독립되지 못한 책임은 독립운동가들이 아니라, 일제와 매국노, 친일파들에게 있는 것이다.

식민지 시절 독립운동가들이 필요했듯이, 지금 같은 준식민지 시절에는 미군기지 5적이 필요한 게 아니라, 준독립운동가들이 필요한 것이다.

"나는 우리나라가 식민지이기 때문에 독립운동을 한다"시던 한용운 선생 같은 분은 바라지도 않는다. 독립이 안 되면 독립될 때까지 "독립! 독립!" 외쳐야 한다. 독립운동가 아닌 자들이 '식상'해 할지라도.

평택지원법, 내용도 형식도 문제투성이

앞으로 50년 뒤에도 평택이 존재할까? 이대로 가면 어렵다. 그 때까지 미국이 북한을 침략하지 않아서 평택이 살아남는다 치면, 평택은 지금의 동두천이 될 것이다. 그렇게 큰 희생의 대가 치고는 국가가 준다는 특혜의 형식과 내용이 애들 장난 수준이다.

평택지원법의 형식과 내용이 모두 크게 잘못돼 있는 것이다. 팽성 주민들의 생존권을 담보로 나머지 평택 시민들을 잘 살게 해 주겠다는데, 그것은 여성들의 생명과 인권을 볼모로 돈을 챙기는 포주들 심보 같은 형식이다. 내용도 그렇다.

평택에 대학이나 공장을 짓게 해 주겠다는데, 평택 땅을 알아보던 중앙대가 안성에 터 잡은 게 '수정법' 때문이었나? 평택지원법 때문에 경동보일러가 평택에 남기로 한다는데, 그럼 지금까지 멀쩡하게 잘 있던 LG전자는 왜 WLL 단말기와 시스템사업부를 서울과 청주로 이전하고, 전자부품연구원[1]은 왜 성남으로 이전하는가?

그러나 어쨌든 정부가 평택에 뭔가 특혜를 주겠다는 것은 뒤늦었지만 잘하는 일이다. 평택은 지난 60년 동안 미군기지 때문에 온갖 피해를 당해 온 지역이기 때문이다. 하지만 그 특혜는 미군기지 총집결 대가가 아니라, 과거 60년 희생에 대한 대가이어야 한다. 그것도 민자가 아니라, 국비여야 한다. 따라서 그 내용은 국립공단·국립대학·국립병원·국립도서관·국립극장 같은 것이 될 수밖에 없다.

정부가 지금의 특별법을 당장 폐기하고 진정한 특별법을 새로 제정해야 하며, 평택의 시민들은 지금이라도 이를 위해 힘을 합쳐야 한다. 그러면 꿈이나 민원이 아니라, 분명 현실이 될 것이다.

팽성 주민 생존권사수투쟁 적극 연대로, 주민 생존권과 한반도 평화 함께 지켜야

대추리를 중심으로 한 미군기지 수용대상 농민들은 집과 땅과 삶의

1) 1993년 11월부터 평택시 진위면에 있던 전자부품연구원은 2005년 2월, 성남시 분당구 야탑동으로 완전히 이전했다.

터전을 모두 빼앗기게 됐다며, 생존권 보장 차원에서 "목숨 걸고" 미군기지 확장저지투쟁을 하고 있다. 칠팔십 어르신들이 해를 넘겨 가며 이 엄동설한에 150일 가까이 촛불을 밝히고 있다.

이런 상황에서 정부는 미군기지 평택 총집결을 전제로 한 '평택지원법'을 선전하느라 택시광고, 언론광고, 홍보물 대량 배포, 어용인사 해외여행 지원 따위에 세금을 멋대로 쓰고 있다. 일부 언론은 시민이나 독자를 위한 감시기능을 포기하고, 뒷돈 대는 광고주들만을 위한 '불온 유인물'이 된 지 오래다.

믿을 건 양심 있고 지각 있는 시민들의 연대뿐이다. 전국의 준독립운동가들이 지금 <미군기지 확장저지 범국민대책위>에 몰려들고 있다. 생각 있는 사람은 팽성 주민들의 생존권사수투쟁을 적극 지원, 연대해야 하며, 그렇게 한반도 평화도 함께 지켜야 한다.

앞으로는 한미상호방위조약 개정회의를! *

– 제33차 한미연례안보협의회의의 결과 분석

1. 한미연례안보협의회의란?

2001년 11월 14일부터 15일까지 미국 워싱턴에서는 제33차 한미연례안보협의회의(SCM)라는 회의가 열렸다. 결론부터 말하면 앞으로 이런 회의는 열지 말아야 한다. 이 회의는 이름 그대로 한미 두 나라 국방장관과 실무자들이 서울과 워싱턴을 해마다 오가며 '안보' 문제를 협의하는 회의이다. 이번에 워싱턴에서 열린 이 회의는 33차였고, 34차는 내년 11월 서울에서 열리게 된다. 문제는 이들이 다루는 안보가 미국의 안보일 뿐이라는 데 있다.

2. 안보란 무엇인가?

우선 군사안보만 '안보'는 아니다. '환경안보', '식량안보', '인간안보', 나아가 '민중안보'라는 말에서도 알 수 있듯이, 나라의 안전은 군대만으로 보장할 수 있는 것이 결코 아니다. 군인들이 몸 바쳐 나라를 지킨다고 독극물로 오염된 한강물을 마신 국민이 무사할 리 없다. 식량을 자급자족

* 이 글은 2001년 11월 29일부터 12월 3일까지 오키나와에서 열린 '오키나와 국제 평화 회의'에 초대받아 발제한 내용이다.

하지 못하고 수입도 할 수 없으면 수많은 국민이 굶어죽을 수 있다.

그런 점에서 세계의 시민사회는 한 사람 한 사람의 안전보장이 곧 나라의 안전보장이라고 주장한다. 나라의 안전보장을 위한다는 명분으로 힘없는 국민의 생명을 희생시켜서는 안 된다는 것이다. 오키나와 사람들은 1995년 미 해병들이 초등학교 5학년 여학생을 윤간했을 때, "이런 소녀의 안전조차 지켜주지 못하는 안보가 무슨 안보인가?"라며 들고일어나지 않았던가?

한 발 더 나아가 "민중안보"를 외치는 사람들도 있다. "지배층이야 인류의 태초부터 오늘까지도 안보를 누리고 있는 데 반해, 안전을 보장받지 못한 것은 언제나 민중이었다"는 것이다. 전쟁에서 총알받이가 되는 것도 민중, 전쟁 때 야근, 특근, 조출, 철야 같은 폭압 착취 구조에서 온갖 무기를 만드는 일에 몸 바치다 죽는 것도 민중이라는 것이다. 이들의 안전을 보장하지 않는 안보는 안보가 아니라는 것이다.

이미 온 세계의 시민사회가 안보 문제와 관련하여 여기까지 다다랐는데도, 한미 두 나라 정부는 오로지 군사안보만을 안보로 생각하고 있다. 이번에도 군사안보, 그나마도 미국의 군사안보만을 생각했다.

3. 제33차 한미연례안보협의회의에서 다룬 안건들

이번에는 크게 다섯 가지의 안건을 다룬 것으로 알려졌다. 연합토지관리계획(LPP) 문제, 주한미군 주둔비 가운데 한국 분담비 인상 문제, 미국이 벌이는 전쟁에 대한 한국의 지원과 한국군 파병 문제, 월드컵 테러 공동 대비 문제, 한국 정부의 미국 무기 구매 문제 따위가 바로 그것이다. 하나하나 살펴보자.

(1) 연합토지관리계획

이것은 미국이 앞으로 10년 동안 주한미군 공여지 7천4백45만 평 가운데 4천45만5천 평을 반환하고, 한국 정부는 그 대신 75만 평을 새로 공여한다는 계획[1]이다. 이번에 반환한다는 공여지 가운데 3천9백만 평은 파주·동두천·포천 같은 데 흩어져 있는 주한미군 훈련장이고, 실제로 미군기지와 시설은 1백44만5천 평밖에 되지 않는다.

부산 하야리아 부대를 돌려받기로 한 것은 다행이지만, 1996년 말까지 돌려받기로 했던 용산 기지는 2011년까지도 돌려받지 못하게 됐다. 원주와 하남에 있는 미군기지는 돌려받는 게 아니라, 평택으로 이전한다. 그런데 돌려받는 두 곳의 미군기지를 합쳐도 16만6천 평인데, 이 두 기지를 받는다며 평택에서 넓히려는 땅은 17만 평이나 된다. 평택에서는 그 밖에도 아무 이유 없이 송탄 미 공군기지를 24만 평이나 넓힌다. 평택에서 늘어나는 미군기지만 41만 평이니까, 이번에 새로 공여한다는 75만 평 가운데 54%가 평택 땅이다. 평택에서는 지난 1987년에 미군이 쓰던 탄약고 터를 다른 곳으로 옮길 수 있도록 드넓은 터를 공짜로 주었는데, 실제로 다 옮긴 뒤에도, 쓰지도 않는 옛 탄약고 터를 아직까지 돌려주지 않고 있는 데다, 앞으로도 10년 뒤까지 돌려줄 생각이 없다는 것이다. 의정부에서도 17만 평을 돌려받는 대신 24만 평을 새로 내주어야 한다. 그리고 포항에는 해병대 훈련장 터를 10만 평이나 생짜로 내주어야 한다.

문제는 또 있다. 지난 50년 동안 미군이 폭격과 사격으로 황폐화시켜 놓은 훈련장 터를 돌려받아 아무 탈 없이 이용하려면, 환경을 조사해야

1) 이 연합토지관리계획협정은 2004년 10월 26일 서울에서 서명하여, 2004년 12월 17일 발효된 '2002년 3월 29일 서명된 대한민국과 미합중국 간의 연합토지관리계획협정에 관한 개정협정'에 따라 일부 개정되었다.

하고, 파괴된 환경은 원상 복구해야 한다. 문제는 그에 필요한 천문학적 인 돈을 미군에게 부담시켜야 하는데, 한국 정부는 그런 능력도 의향도 없다는 데 있다.

미국이 이번 계획을 제안하면서 겉으로 내세운 것은 주한미군의 효율적 재배치와 복지 향상이다. 흩어져 있는 미군을 한곳으로 모으되, 그렇게 커진 미군기지에는 골프장, 기숙사, 호텔, 슬롯머신, 클럽 같은 부대시설을 많이 지어 미군들의 복지를 향상시키겠다는 것이다. 국방부의 거짓말처럼 우리 국민의 민원을 들어주려는 것이라면, 용산 기지와 매향리 폭격장, 파주 스토리사격장 같은 곳을 반환해야 하지만, 그런 곳은 반환하지 않는다.

미군기지가 없던 지역에 새로 만들거나 넓히는 것도 미국이 중요하다고 판단하는 기지를 만들고 넓히는 것이지, 그 지역의 민원이나 우리나라의 이익과는 아무 상관이 없다.

돈도 문제인데, 새 땅을 공여하려면 엄청난 돈이 든다. 용산 기지를 1996년 말까지 평택으로 이전하겠다고 해 놓고 물거품을 만든 데도 돈 문제가 있었다. 미국이 처음엔 10억~20억 달러로 얘기했다가 나중에는 100억 달러 가까이 부른 것이다. 이번에는 2조 원을 예상했다. 그 가운데 한국 정부가 7천억 원을 댄단다. 그 돈은 돌려받는 땅 가운데 국방부 소유지 360만 평을 팔아서 마련한단다. 이 돈이 국방부 돈이 아니라, 국민의 돈임은 물론이다.

앞으로 10년 동안 미군기지가 남아 있거나 넓어지거나 새로 생기는 곳은 이제 큰일이다. 한미상호방위조약에 따라 미군은 우리나라에 무기한으로 주둔하게 되어 있지만, 이번에 미군기지를 통폐합해서 만드는 주요 기지, 대형 기지는 바로 그 무기한 주둔의 근거지가 될 것이고,

특히 이런 지역은 전쟁과 테러의 '주요 목표'가 될 것이기 때문이다.

미국은 이번 계획을 미사일 정책과 연계시키고 있기도 하다. 앞으로 한반도에서 미국이 벌이게 될 전쟁에는 미사일과 최첨단 무기 단추를 누를 공군 중심의 병력과 한국이 지원하는 돈이 필요한 것이지, 넓은 땅이 필요한 것이 아니다. 많은 학자들이 '전쟁 10년설'을 말하고 있다. 10년에 한 번꼴로 전쟁이 터지고 있다는 것이다. 그래야 미국의 무기회사들이 재고를 팔아 살아남을 수 있고, 미국의 무기회사들이 살아남아야 미국 경제가 살 수 있기 때문이라는 것이다. 정확한 말이다. 그런데 우리는 1994년 미국이 일으키려던 한반도 전쟁을 다행히도 피해 갔다. 이번에도 불행을 맞고 있는 아프간 덕분에 다행히도 또 한 번 피하고 있다. 그러나 앞으로 10년 안에 벌어질 전쟁은 한반도 전쟁이 될 가능성이 높다. 우리 민족이 사는 길은 미국의 온갖 방해를 뿌리치고, 그 안에 통일하는 길뿐이다. 적어도 화해와 협력이 증오와 갈등을 압도하지 않는 한, 10년 안에 우리는 반드시 '미국에 의한 한반도 전쟁'을 겪게 될 것이다. 악담이 아니다.

(2) 주한미군 주둔비 지원금

이번에 두 나라 정부는 주한미군한테 한국이 올해보다 10.4% 많은 4억9천만 달러를 대주기로 합의했다. 앞으로 3년 동안 해마다 10% 정도씩 올려 주기로도 합의했다.

결론부터 말하면 주한미군 주둔에 필요한 모든 돈은 미국이 대야 한다. 불평등한 한미주둔군지위협정 제5조 1항을 봐도 우리는 한 푼도 주지 않아도 된다. 아니 한 푼이라도 주어서는 안 된다. 그런데 우리는 미군에게 직접 현찰로 주는 것 말고도, 땅값, 전기세, 수도세, 통행세 같은 온갖 세금도 안 받고 있다. 깡패들한테 돈을 빼앗기는 학생이 '돈을 빼앗기는 게 아니라, 지원하는 것'이라고 하는 것 같다.

미군이 주둔하고 있다고 해서, 독일이나 일본 같은 전범국과 우리나라를 단순 비교하는 것도 기분 나쁘지만, 그런 나라보다 우리나라가 몇 배나 높은 비율로 미군 주둔비를 지원한다는 점에서도 그렇다.

우리는 1991년 주한미군한테 1억5천만 달러를 방위비 분담금이라는 이름으로 빼앗긴 것을 시작으로, 1998년 3억1천4백만, 1999년 3억3천3백만, 2000년 3억9천1백만, 2001년 4억4천4백만 달러를 빼앗겼다. 미국은 지금 아프간과 전쟁을 치르느라 주한미군의 운영 자금이 압박을 받고 있기 때문에 한국 정부가 2002년에는 예상보다 많은 4억9천만 달러를 '빼앗기기로' 했다니, 정말 어처구니없다.

1991년에 빼앗긴 1억5천만 달러는 당시 우리나라 국방 예산의 1.5%였다. 그러나 올해 빼앗긴 4억4천4백만 달러는 3.3%나 된다. 그 돈을 서민 복지나, 이북 지원과 화해·신뢰 회복을 위해 쓰면 얼마나 좋을까? 그러면 앞으로 훨씬 많은 국방비를 줄일 수도 있을 것이다. 정부가 이번 회의 합의 내용을 국회에 올려 비준 받을 때, 쓸 만한 국회의원 몇 명이라도 이런 주장을 하며 비준을 거부할 수 있을지 모르겠다.

(3) 미국이 벌이는 전쟁을 지원하는 문제

한미 두 나라 정부 대표들은 한국이 의료지원단과 연락장교를 보내는 정도에 합의했다. 한국이 보낸다는 의료지원단이나 연락장교는 도대체 그 전쟁터에 가서 하는 일이 뭘까? 초등학생 때리고 다니는 대학생을 졸졸 따라다니다가, 그 대학생이 손이라도 다치면 재빨리 달려가서 치료해 주는 '똘마니' 짓은 아닐까? 도대체 명분도 실익도 없는 전쟁을 왜 지원하는가? 대통령을 비롯해 국무총리, 장관, 국회의원 같은 정부와 입법부 핵심 인사들의 자식들을 보내는 것도 아니잖은가? 1991년 걸프전 때 한국이 5억 달러를 지원했다. 전쟁이 49일 만에 끝나는 바람에 1억4백만 달러가 남자, 미국은 악착같이 다 받아 갔다. 이번에는 우리가 얼마나 많은 돈을 내야 할 것인가?

(4) 월드컵 테러 연합대비 문제

이번에는 또 내년에 우리나라에서 있을 월드컵과 부산 아시안게임에서 있을지도 모르는 테러에 함께 대비하자며 공동 기구를 구성하기로 합의했다. 물론 테러에 함께 대비하는 것은 옳은 일이지만, 문제는 그 내용이다. 미국은 항공모함 전투단과 공중조기경보통제기(AWACS)를 한반도에 배치한단다. 이것은 한 마디로 빈대를 잡자고 초가삼간을 다 태우겠다는 짓이다.

생각해 보자. 월드컵 경기장에서 '정말 있어서는 안 될' 테러가 벌어졌다고 치자. 공중조기경보통제기가 수시로 정찰 비행을 해서 테러의 순간을 정확히 포착했다고 치자. 그럼 동해안이나 남해안, 서해안에 있던 항공모함이 뭘 어쩌겠다는 것인가? 월드컵 경기장에 미사일이라도 날리겠다는 것인가?

1988년 서울 올림픽 때처럼 공중조기경보통제기의 항공 정찰 횟수를 평소보다 늘리고, 전술 초계 비행과 대잠수함 초계기, 항공모함 전투단 운용을 강화하겠다는 것인데, 이는 미국이 이북을 일부러 자극하여 한반도의 평화 분위기를 깨고, 그 긴장과 분쟁과 갈등을 핑계 삼아 미국 무기를 팔아먹으려는 얄팍한 술수라고 볼 수밖에 없다.

테러를 막으려면, 쓸데없이 이슬람권을 자극하지 않기 위해 미국이 벌이는 전쟁을 조금이라도 지원하지 말아야지, 항공모함을 끌어 올 일이 결코 아니다.

(5) 한국의 미국 무기 구매 문제

미국은 이번에 한국의 4조1천억 원대 차세대 전투기(F-X) 사업과 관련해서 미국의 보잉사가 만드는 F-15K라는 전투기를 사라고 강요했다. 미국 국방부 고위 관료들이 보잉사의 로비를 받았다는 결정적 증거다. 1972년 록히드 스캔들 때도 문제의 뇌물을 받아 구속되고 수상직에서 쫓겨났던 당시 일본 수상 다나카는 직전에 하와이에서 닉슨과 정상회담을 했는데, 그 자리에서 닉슨한테 "록히드 것을 사라"는 말을 들은 적이 있다. '정상'이나 국방부 장관들이 겨우 무기회사 로비스트 역할이나 하고 있으니 안타까운 일이다.

4. 글을 맺으며

불평등한 한미관계는 한미상호방위조약에서 출발한다. 한미상호방위조약에 따라 미군이 우리나라에 무기한으로 주둔할 수 있다. 바로 그 때문에 정치, 경제, 사회, 문화의 모든 분야에서 온갖 왜곡 현상이 빚어지고 있다. 이제는 한미연례안보협의회의는 열지 말아야 한다. 그 대신 한미상호방위조약 개정 회의를 하루빨리 시작해서 수시로 열고, 최소한 미군이 무기한으로 주둔하는 근거는 이른 시일 안에 고쳐야 할 것이다.

제2부

미군기지와 한국

모두 진술*

목소리를 높여 주세요

재판부에 몇 가지 부탁드리고 싶은 말씀이 있습니다. 우선 이 재판이 진행되는 동안 발언하시는 모든 분의 목소리를 약간 높여 달라고 주문해 주셨으면 합니다.

제가 재판을 받아 보는 건 처음이지만, 공개 재판 방청은 여러 번 해 봤는데, 이게 공개 재판인가 싶을 정도로 소리가 안 들리는 경우가 많았습니다. 심지어는 구형량조차 제대로 안 들려 웅성웅성해 보지만 아무도 정확히 들었다고 자신하지 못하는 경우까지 있습니다. 어렵게 몇 시간씩 시간을 내서 방청하시는 분들이 대충 분위기만 읽다 가시지 않도록 크고 정확하게 해 주셨으면 합니다.

특히 이번 재판은 매향리 미 공군 국제폭격장 폐쇄투쟁과 관련되어 있기 때문에 매향리 주민들이 많이 방청하고 계신데, 아시다시피 매향리에서는 50년 동안 계속되는 미군의 사람 잡는 폭격 소음 때문에 가는 귀 먹으신 분들이 많습니다.

그리고 이 재판에는 외국인들도 일부 참석하고 있습니다. 특히 일본

---

* 이 글은 매향리 폭격장 폐쇄투쟁으로 구속기소된 필자가 2000년 8월 21일, 수원지방법원에서 열린 1차 공판에서 밝힌 모두 진술 전문이다. 이 모두 진술의 일부는 월간 《인물과 사상》에도 실렸다.

이나 오키나와 같은 곳에서 미군기지 반환운동을 벌이고 계신 분들입니다. 우리가 연행되던 지난 7월 16일 매향리와 오키나와에서 동시에 열린 '한-오키 평화기원 보름달축제' 때 매향리 현장에 참석하셨던 분들도 계십니다. 이분들 가운데는, 우리말을 크고 정확하게만 해 주면 거의 정확히 알아듣는 분들이 계십니다.

그런 분들까지 배려해서 재판을 진행하시는 게 힘드실 수도 있겠지만, 이 재판은 재판부의 의지와 관계없이 이미 국제적인 재판이 되어 있다는 점을 참작해 주셨으면 합니다.

재판의 과정과 내용이 사람과 인터넷을 통하여 전 세계로 퍼져 나갈 것이며, 특히 미군기지가 있는 세계 85개국의 평화운동가들이 주목하고 있다는 점을 말씀드리고 싶습니다.

공소장을 고쳐 주세요

두 번째는 잘 몰라서 드리는 말씀인데, 검찰의 공소장을 지금이라도 고칠 수 있다면 고쳐 주셨으면 하는 겁니다.

공소장을 여러 번 읽어 봤는데, 도저히 무슨 말인지 이해할 수 없는 부분이 너무나 많습니다. 내가 매향리에서 한 행동 가운데 어느 것이 어떤 죄에 해당한다는 건지 정확하게 들어오지를 않습니다.

16년째 대학에서 어문학 강의를 해 오고 있고, 여러 도서관 같은 데서 초등학교 어린이들에게까지 글쓰기를 지도해 온 저 같은 사람이 이해할 수 없을 정도이니, 어문학이나 글쓰기를 전공하지 않은 분들이 보면 엄두도 안 날 것입니다.

법률 용어 같은 게 어려워서가 아닙니다. 대한민국 검찰의 명예와 관련되는 것 같아 죄송스럽지만, 정확하고 알기 쉬운 기록을 남기기 위해 말씀드리자면, 우선 문장이 안 돼 있는 게 너무 많습니다. 원래 규정이 그런지, 관행이 그런지 모르지만, A4 용지로 15쪽이나 되는 공소장의 공소사실이 한 문장으로 돼 있더군요. 저는 그렇게 긴 문장을 태어나서 처음 봤습니다. 문제는 문장의 길이만이 아닙니다. 아무리 길어도 주어가 어떤 건지, 술어가 어떤 건지, 목적어나 보어, 수식어는 어떤 건지 제대로 구별만 되면, 갑갑하지만 뜻은 이해할 수 있겠는데, 저희들에게 날아온 공소장은 그런 걸 구별할 수 없는 곳이 너무 많습니다.

이 재판이 그냥 보통 재판처럼 재판으로만 끝나 버릴 것 같으면 이런 부탁을 드리지 않겠습니다. 그러나 이 재판은 미국의 준식민지 같은 생활을 하는 우리나라에서 준독립운동을 하고 있는 사람들에 대한 재판으로써 준독립운동사에 길이 남을 재판이라고 생각합니다. 그래서 후세까지도 이 재판 기록을 읽을 때 쉽게 읽고 정확하게 이해할 수 있도록 해 주는 것이 우리의 의무라고 생각합니다.

그래서 지금이라도 공소장을 고칠 수 있는 거라면, 주어·동사를 분명히 하고 짧게짧게 끊어서 새로 써 주셨으면 하는 겁니다. 그게 안 되는 거라면 나중에 검사 심문 때 제가 그 뜻을 정확히 이해할 수 있도록 질문할 수 있는 기회를 주셨으면 합니다.

매향리 폭격장은 군수업체 록히드 마틴의 폭격장입니다

다음은 오늘 재판과 관련하여 가장 중요한 말씀이라고 생각되는 점을 말씀드리고자 합니다.

이 재판은 매향리 미 공군 폭격장 폐쇄운동 과정에서 생긴 집시법

위반 등과 관련된 재판이 아니라는 것입니다. 다시 말해 우리가 범국민적으로 폐쇄운동을 벌이고 있는 매향리 폭격장이 록히드 마틴 사의 폭격장이지 미 공군의 폭격장이 아니라는 것입니다.

다들 아시는 대로 이 폭격장은 미국인들이 '쿠니 레인지'라고 부르는 바람에 우리나라를 포함해서 전 세계에 '쿠니'라 알려져 있고, '레인지'는 우리말로 '사격장'이라고 불러 왔습니다.

하지만 '쿠니'는 '고온리'의 미국식 틀린 발음이라는 게 드러났고, 《한겨레》 같은 일부 언론에서는 '고온리 사격장'이라고 부르기 시작했습니다. 그러나 여기서 영어의 '레인지'를 '사격장'으로 번역한 것은 잘못입니다. 물론 '레인지'가 사격장이란 뜻을 가지고 있긴 하지만, 여기서는 사격만 하는 'Shooting range'가 아니라, 폭격기들이 폭격을 퍼부어 대는 'Bombing range'이기 때문입니다.

설사 영어의 레인지에 폭격장이란 뜻이 없다 하더라도 실제로 사격만이 아니라 폭격을 주로 하는 곳이기 때문에 우리는 '폭격장'이라고 불러야 할 것입니다. 이처럼 미군들이 부르는 대로 따라 부르다 보면 엉뚱한 오류를 범하게 되는데, 오산 미 공군기지도 그런 예에 속합니다.

미국인들이 오산에어베이스, 오산에어베이스 하니까 우리나라 사람들까지도 오산 미 공군기지로 부르는데, 그러다 보니까 오산 미 공군기지가 오산에 있는 줄 아는 사람들이 많습니다. 그러나 오산 미 공군기지가 오산에 있다고 생각하면 큰 오산입니다.

오산에는 미 공군기지가 없고, 오산 미 공군기지라는 이름의 미 공군기지는 평택에 있습니다. 평택이라는 발음이 좀 어렵다고 생각했는지 자기들 멋대로 근처에 있는 오산이라는 지명을 따다 붙인 건데, 우리가 그걸 따라 부를 필요는 없는 것입니다.

어쨌든 우리는 그런 이유 때문에 '매향리 미 공군 국제폭격장'이라고 부르게 되었습니다. '국제'라는 말을 붙인 것은 주한 미 공군뿐만 아니라, 오키나와나 일본·필리핀·괌 같은 곳은 물론 미국 본토에 있는 미군들까지 날아 와서 폭격을 해대는 점을 분명히 밝히기 위해서입니다.

그러나 이제는 이 이름조차 잘못되었다는 확신을 갖게 되었습니다. 이 사실은 맨 처음에 양심적 미국인 서 로베르토 신부님께서 제게 알려 주셨습니다. 서 신부님은 안타깝게도 저희들이 구속된 지 열흘밖에 안 된 상태에서 하느님 나라에 가셨습니다. 늦게나마 이 자리를 빌려 서 신부님의 영혼을 위해 명복을 빕니다. 서 신부님은 지금 하늘나라에서 이 재판을 지켜보고 계실 것입니다.

서 신부님은 소천하시기 바로 얼마 전까지도 미대사관과 매향리를 부지런히 오가시며 주한미군의 만행과 미국의 제국주의 정책을 규탄하시며 매향리 폭격장 폐쇄를 소리 높이시던 분입니다.

바로 그런 분이 하루는 제게 폭격장 정문 간판에 록히드 마틴의 이름이 있다시며, "이 폭격장의 프로그램 디렉터가 록히드 마틴임에 틀림없다"고 덧붙이셨습니다. 그러면서 록히드 마틴은 펜텀기를 비롯한 각종 전투 폭격기와 무기를 만들어 파는 회사라고 설명해 주셨습니다.

그 뒤로 폭격장 정문에 가 봤는데, 서 신부님이 말씀하신 입간판은 틀만 남아 있고 판이 없어져 버린 뒤였습니다. 저는 폭격장의 프로그램 디렉터라는 게 어떤 역할인지 감이 잘 잡히지 않았는데, 우리가 체포되던 날 밤 그 뜻을 정확하게 이해하게 되었습니다.

지난 7월 16일 밤 9시쯤 매향리 주민대책위 사무실 앞마당에서 '한-오키 평화기원 보름달축제'의 일환으로 본 행사를 마치고, 손에 손에 횃불을 들고 정문까지 행진을 하려다가 채 100m도 못 가서 체포된 우리는 일명 '닭장차'에 실려 폭격장 정문을 지나 미군 CP 앞까지 들어갔습니다.

한 10분 남짓 차 안에 갇힌 채 밖을 내다볼 수 있었습니다. 그때 저는 정문에 있는 것과 똑같은 크기의 입간판을 발견하고는 "바로 저거다!" 하고 소리를 질렀습니다.

그 입간판에는 석 줄이 써 있었는데, 맨 윗줄에는 아주 큰 글씨로 Welcome To Koon-ni, 다음 줄엔 중간크기로 Lockheed Martin, 마지막 줄엔 작은 글씨로 Pad Elevation 80Feet 이렇게 되어 있었습니다. 80피트인지[1] 그 부분은 지금 제 생각이 정확하지 않습니다만, 그것은 해발 몇 미터인지를 밝히고 있는 것이기 때문이 그리 중요한 게 아니라고 생각합니다.

문제는 둘째 줄에 있는 록히드 마틴입니다. Welcome To Koon-ni, 쿠니 그러니까 "매향리 폭격장에 오신 걸 환영합니다"라는 말 바로 뒤에 있는 록히드 마틴! 이게 무엇을 뜻하는지는 금방 알 수 있었습니다. "공사 중 불편을 드려 죄송합니다. 주인 백", "환영합니다. 주인 백", 바로 그 "주인 백"이라는 것입니다.

그래서 서 신부님께서 말씀해 주셨던 프로그램 디렉터라는 말의 뜻을 정확히 이해할 수 있었던 것입니다. 그것은 사장 또는 주인이라는 뜻이었습니다. 무기 제조판매상 록히드 마틴이 왜 매향리 폭격장에 들어오는 손님들을 환영할까?

저는 닭장차 안에서 계속 그 생각을 했습니다. 미 공군의 국제폭격장이라면, 주한 미7공군 사령관 갖고는 안 되겠고, 미 공군 참모총장이나 미 국방장관이 환영해야 맞을 텐데, 왜 국제무기상 록히드 마틴일까?

1) 8월 24일 석방된 뒤 확인한 바에 따르면 34피트였음.

록히드 마틴에 대해서는 좀 더 자세한 자료를 나중에 찾아서 보완을 하겠습니다만, 제가 알고 있는 부분만을 간단히 말씀드리겠습니다.

록히드 마틴의 이름이 우리나라에 처음 알려진 것은 일본 수상 다나카에게 5억 엔이나 뇌물을 준 것이 들통 나 다나카가 수상직을 물러나고 구속까지 됐던 이른바 '록히드 스캔들'이란 이름으로 전 세계 정가를 뜨겁게 달구었던 76년도인 것으로 기억합니다. 그는 미국에서 민주·공화 양당에도 엄청난 정치자금을 대고, 그 대가로 미국 정부에 엄청난 무기를 팔아먹는 사람으로 알려져 있습니다.

당시 닉슨 대통령이 하와이에서 다나카를 만나 정상회담이란 걸 하면서도 "록히드 사의 항공기를 사 달라"고 요청한 데서도 알 수 있습니다.

뿐만 아니라 전 세계 각국의 대통령이나 수상·총리 같은 사람들을 포함해서 전 세계 정치권에 뇌물을 바치거나, 여성의 몸을 상품화하여 바치는 이른바 '몸 로비'를 하게 해서 무기를 팔아먹고 있는 사람이며, 그 중에 크게 드러난 것이 바로 '록히드 스캔들'인 것입니다.

전범국가로 패전국이기도 한 일본은 최근 자기들도 군대를 가질 수 있는 '보통국가'가 돼야 한다며 이른바 평화헌법을 고치기 위해 발악을 하고 있습니다. 얼마 안 있으면 분명 그런 야욕을 실현하고야 말지도 모릅니다. 그래서 전 세계의 평화 애호가들, 특히 일제의 식민지와 전쟁을 치가 떨리도록 경험한 우리 민족은 일본의 군사대국화와 재무장, 일본군의 부활, 일본 제국주의와 군국주의의 팽창을 막기 위해 온 힘을 기울여야 할 것입니다.

그러나 그런 일본조차도 평화헌법을 흠집 낼 엄두조차 못 내던 시절에 수상에게까지 뇌물을 바치며 무기를 팔아먹기 위해 안간힘을 썼던 록히드 마틴이 남북 분단과 동족상잔의 비극을 겪고도 아직까지 정신

못 차리고 서로 못 잡아먹어 안달안달하고 있던 우리나라 역대 대통령들이나 정치권 실세들한테는 어떻게 했을까?

형식적 민주주의나마 살아 있는 일본이니까 수상과 관련된 뇌물사건이라도 언론에 보도할 수 있었고, 검찰이 수상을 소환할 수 있었고, 법무부장관이 이를 막지 않았기 때문에 일본에서만 터진 것은 아닐까 생각도 해 봅니다.

제가 여기서 말씀드리고자 하는 것은 바로 이 록히드 마틴이 매향리 폭격장의 주인이라는 사실입니다. 간판 하나 갖고 어떻게 그렇게 단정적으로 말할 수 있냐고 하실지 모르겠습니다. 그러나 그렇게 말고는 설명할 수가 없습니다. 물론 미국 정부에 정확한 해명과 근거 자료를 요청할 수 있고 그 해답을 듣는 방법이 있긴 합니다.

다들 아시겠지만, 미국에는 Freedom of Information Act라고, FOIA라는 이름의 정보자유법, 즉 정보공개법이 있어서 지금 문제가 되는 자료를 구하는 것이 시간이 걸려서 그렇지 충분히 가능합니다. 저는 이보다 훨씬 군사기밀에 속할 것 같은 것들도 이 FOIA에 근거하여 자료를 받아내어 책으로 펴내는 미국과 일본의 많은 평화운동가들을 친구로 갖고 있습니다.

어쨌든 지금은 매향리 폭격장의 주인이 록히드 마틴으로 된 과정이나 시기, 이유 같은 것은 정확히 알 수 없습니다. 다만, 추측할 수 있는 것은 있습니다.

한국동란 때 미군들이 아무 데나 천막치고 자리 잡아 쓰던 땅을 1967년에 SOFA를 제정할 때 소급해 인정해 주었습니다. 그게 바로 이른바 공여지라는 것인데, 미군 또는 미국 정부가 이 공여지의 관리와 운용을 록히드 마틴에게 맡긴 게 아닐까 하는 것입니다.

과정이 어떻든 록히드 마틴이 매향리 폭격장의 주인이라는 점은 미국의 군산복합체적 성격을 적나라하게 보여주는 것일 뿐입니다. 조선민주주의인민공화국의 남침을 막기 위한 방어훈련을 하는 폭격장이 아니라는 것입니다.

록히드 마틴 같은 무기 생산업체에게 매향리 폭격장은 천혜의 폭격장일 것입니다. 신무기를 개발하면서 폭파력이나 파괴력 같은 성능 실험도 할 수 있고, 팔아먹은 무기를 미국을 비롯한 각국 정부들이 탄약고에만 쌓아 놓지 않고 하루에도 수백, 수천 발씩 마냥 써먹을 수도 있는 데다, 주변에 적당히 참을성 많은 주민들도 살고 있고, 이들이 어쩌다 반발이라도 할라치면 주동자는 잡아 가두고 나머지는 회유 협박해서 저항하지 못하도록 하는 준식민지 정부까지 있으니, 지구상 어디에 또 이만한 폭격장이 있겠습니까?

어떻게든 이번에 매향리 주민들과 전국의 시민사회 운동단체들이 모여 만든 <매향리 미공군 국제폭격장 폐쇄 범국민대책위원회>가 이겨서 매향리 폭격장을 폐쇄하게 되면 한미 두 나라 정부는 발칵 뒤집힐 수도 있다고 생각합니다.

록히드 마틴이 이 매향리 폭격장 같은 안정적인 폭격장을 확보하기 위해 그동안 한미 두 나라 정계 지도자들에게 갖다 바친 게 얼만데, 가만히 앉아만 있겠습니까?

그래서 한미 두 나라 정부는 엊그제 발표한 미봉책처럼 기총사격장 사격은 중지하고 농섬 폭격장은 연습용탄 폭격용으로 계속 사용하겠다느니 하는 발표를, 문제가 생겨 주민들이 들고 일어날 때마다 되풀이하고 있다고 봅니다.

특히 미국은 '악마의 제국'이라던 소련이 무너진 뒤, 이란이나 이라크·쿠바·리비아·조선 같은 나라들을 '작은 악마'니, '깡패국가'니 하며, 아무리 주변국에 무기를 팔아먹으려 해도 잘 팔리지 않아 애를 먹고 있는 실정입니다. 게다가 요즘엔 군데군데 일어나 주던 전쟁마저 잘 안 터져 주는데다, 남북정상회담 이후 한반도에서마저 평화분위기가 무르익고 있으니, 매향리 같은 천혜의 폭격장을 잃으면 록히드 마틴 같은 군수산업이 얼마나 어려움을 겪게 될지 뻔합니다.

그러면 열 명에 두 명꼴로 군수산업에 근무하는 미국의 노동계가 흔들리고, 나아가 가족은 물론 하청공장까지 연쇄로 무너져 미국경제 전체가 무너져 내릴 수밖에 없죠. 하기야 무기산업으로 세계경제 전체를 지배하려는 미국의 경제는 세계평화를 위해 마땅히 무너져 줘야 한다고 봅니다만, 미국은 저 비도덕적인 서머스 같은 자를 재무장관으로 발탁해 쓰는 나라입니다.

그는 독성폐기물을 미국이 아니라 미개한 나라에 버리는 것은 도덕적으로 비난 받을 일이 아니라며, 그 까닭은 미개한 나라에서는 그렇잖아도 불치병도 많고 영아사망률도 높기 때문이라는 거였습니다. 미개국 사람들한테 맞아 죽어도 싼 이런 발언을 해서 엄청난 반발을 산 인물을 재무장관으로 발탁해 쓰는 나라가 미국입니다. 미국은 그렇게도 자기 나라만 생각하는데 우리나라는 도대체 어떻게 돼먹은 나란지 이해할 수가 없습니다. 국가의 3대 요소가 국민, 영토, 주권으로 알고 있는데, 그 가운데 하나도 제대로 책임을 못 지고 있으니 말입니다.

수백, 수천 명의 양민을 학살하니 항의를 할 줄 아나? 폭격 훈련한다고 수십, 수백 명씩 죽이거나 부상을 입히니 대들 줄을 아나? 50년 폭격으로 섬들을 없애버리니 지도가 바뀌었다고 슬퍼할 줄을 아나? 살인범, 강간범을 잡으니 재판권을 행사할 줄 아나? 군사작전통제권을 돌려 달란 소릴 할 줄 아나? 이게 도대체 나랍니까? 너랍니까?

겉으로만 독립국이지 속을 보면 거의 아직도 식민집니다. 그래서 어떤 학자들은 신식민지라고도 하는데, 저는 준식민지라고 하는 겁니다. 그런 점에서 보면 오늘의 이 재판도 준식민지의 상황을 크게 벗어나지 않습니다. 말이야 바른 말이지 우리 같은 사람들을 끌어다가 재판을 하는 나라가 독립된 주권국입니까? 그것도 인멸할 증거는 뭐가 있고 도주할 데가 어디 있다고 신병까지 한 달 이상씩 구속시켜 놓고 말입니다.

거기까진 인정한다 해도 아직은 무죄 상태인데 여기저기 불러낼 때마다 수갑도 채우고 포승줄로 꽁꽁 묶고 그것도 모자라 굴비 엮듯이 여러 명을 한꺼번에 엮어서 끌고 다닙니다. 오늘도 그렇게 끌려 왔습니다. 그리고는 언제 그랬냐는 식으로 요 문 앞에서는 다 풀어 줍니다.

재판 끝나고 나가기만 하면 다시 채우고 묶고 엮어서 끌고 갈 거면서 말입니다. 우리는 이런 대우를 받고 있는데, '92년 엽기적 살인으로 세상을 떠들썩하게 했던 살인마 주한미군 케네스 마클은 지금 천안 외국인 교도소에서 호텔 생활을 하고 있습니다. 우리는 1.31평 독거실에 3명, 2.31평 중방에 7명, 3평 남짓한 대방에 12명씩 때려 넣는 바람에 자다가 몸만 뒤척이면 옆 사람 어깨와 살이 달라붙습니다. 종교시간도 없습니다. 무죄 추정이 아니라 살인마보다 더 악랄한 대접을 하고 있는 것입니다.

미국은 지금 전 세계의 평화분위기를 깨기 위해, 조선이 자기 나라 본토를 미사일로 공격하려 한다고 떠벌려 위기의식을 고취시킨 뒤 NMD다 BMD다, TMD다 하는 미사일 방어체제를 구축해야 한다고 난립니다.

우리도 우리의 국익을 생각해야 합니다. 사람이 죽어나가는 안보는 세상에 없는 겁니다. 김대중 대통령은 틈만 있으면 통일 뒤에도 미군이 주둔해야 한다고 강조하는데, 통일이 돼도 매향리 사람들은 계속 죽어 나가야 한다는 건가요? 그 따위 통일을 매향리 주민들이 바라기나 하겠습니까?

매향리 폭격장이 주한 미 공군의 폭격장이라고 해도, 더 이상의 인명 피해와 자연환경, 인문환경 파괴를 막기 위해 공여를 해제하여 돌려받아야 합니다.

하물며 록히드 마틴이라는 무기회사의 폭격장인데 뭘 망설일 필요가 있습니까? 즉각 반환을 요구해야 합니다. 그래서 매향리 폭격장은 즉각 폐쇄하여 평화적으로 활용해야 하는 것입니다.

매향리에 한 번 다녀오신 뒤 판결해 주십시오

한 가지 비유를 말씀드리겠습니다.

어머니가 심장병에 걸린 집이 있습니다. 식구 가운데 심장병 전문의가 없습니다. 그래도 누구 하나 가만히 앉아서 지켜만 보는 이가 없습니다. 치료비를 구하려, 심장병 전문 병원이 어딘지 알아보러 여기저기 뛰어 다닙니다. 경험자 얘기도 들어보고 인터넷도 뒤져 가며 여러 가지 정보도 찾아봅니다. 기도원이나 요양원, 심지어는 점쟁이나 무당까지도 찾아가 봅니다. 물론 민간요법도 알아보지요.

거기서 그치는 게 아니라, 실제로 투약도 하고 치료도 받고 주사도 맞고, 수술도 받게 합니다. 심장병을 실제로 고치는 게 목적이기 때문입니다.

이렇게 온 집안 식구가 뛰어다니며 어머니 심장병을 고쳐 드리는 집안이 '된 집안'이라고 생각합니다.

그런데, "나는 돈도 없는데, 뭐", "나는 심장병 전문가가 아니라서……" 하며 서로 책임을 미루는 집안은 '볼 장 다 본 집안'이 아닐까 싶습니다.

그런데 지금 우리 민족의 어머니라고 할 수 있는 우리 조국이 미군기지라는 심장병을 앓으며 죽어가고 있습니다.

남들은 어떻게 생각하는지 몰라도 저는 그렇게 생각합니다. 그래서 나섰습니다. 저는 물론 미군기지 전문가도 아니고, 그렇다고 국제 정치나 국제법, 심지어는 정치학이나 사회학·군사학·법학 같은 유사 학문을 전공한 사람도 아닙니다. 하다못해 조금이라도 관련이 있을 것 같은 국사나 세계사 같은 역사학이나 국문학이나 영미문학을 전공한 사람도 아닙니다. 저는 독일문학을 전공한 사람입니다.

그래서 지난 16년 동안 서울대·한양대·광운대·순천향대·충북대·대구대·영남대·경문대 같은 대학에서 독일어와 독일문학을 강의해 오고 있는 사람입니다.[2] 괴테나 쉴러, 토마스 만, 하이네, 헤세, 카프카, 브레히트, 피스카토르 같은 작가들의 작품을 읽고, 감상도 하고 분석도 하고 평가도 하며 학생들을 가르치는 사람입니다.

번역도 하고 여기저기 매체에 기고도 하고, 강연이나 방송 평론 같은 것도 합니다. 심지어 초등학생 글쓰기 지도까지 해오고 있습니다. 이번에 구속되는 바람에 12주짜리 강의를 9주밖에 못하고, 방송도 한 달 이상 펑크 내고, 강연은 모조리 취소할 수밖에 없게 됐습니다. 이 자리를

2) 지금은 성공회 대학교에서 5년째 '역사 속의 한국과 미국'을 강의하고 있다. 매향리 사건으로 구속됐다 석방된 뒤, 독어독문학 관련 시간강사 자리조차 박탈된 필자에게 성공회 대학교가 "10년 넘는 현장 경험을 살려 미국 문제를 직접 강의"할 수 있는 '외래교수'의 기회를 주었기 때문이다.

빌려 모든 관련자 분들께 죄송한 마음을 전합니다. 재판의 경과에 따라서는 2학기 강의조차 못하게 될지도 모르겠습니다.

어쨌든 저는 SOFA나 한미상호방위조약 같은 것과 전혀 무관할 수도 있는 사람입니다. 그러므로 저 같은 사람이 나서는 것보다는, 대학 때부터 법학을 전공하신 재판장님과 판검사님들이 나서 주시는 게 훨씬 도움이 된다고 확신합니다.

법을 모르는 저희 같은 사람들이 나서니까 이런 데까지 붙잡혀 와서 재판이란 걸 받아야 하지 않습니까?

대한민국 최고의 지성이요, 엘리트들이신 여러분 같은 법조인들께서 한미상호방위조약과 SOFA 전면 개정, 매향리 록히드 마틴 폭격장 폐쇄를 위해 적극 나서 주실 것을 간곡히 부탁드립니다.

그런 점에서 한 가지 부탁이 있습니다. 저희들에게 형량을 선고하시기 전에 매향리를 한 번 다녀와 주셨으면 합니다. 과중한 업무에 시달리시는 줄 알지만, 역사에 길이 남을 재판이니만큼 꼭 한 번 시간을 내 주셨으면 합니다. 그래서 재판장님과 판사님들께서 나중에 대법관 인사 청문회에 나오실 때 이번 재판 기록이 영광스럽고 자랑스럽고 유리한 자료로 쓰일 수 있기를 간절히 기원합니다.

네 분 모두 대법관까지 승진하시길 빌며, 이상으로 모두 진술을 마칩니다. 감사합니다.

주한미군기지와 지역문화*

1. 머리말

글을 쓰기 전에 먼저 밝힐 게 있다. 문화의 한 분야인 '문학'을 전공했고, 그 전공을 살려본답시고 '용산미군기지 평택이전 반대투쟁'과 관련한 대본을 써서 공연해 본 적이 있긴 하지만, 나는 주한미군기지와 지역문화라는 주제에 대해 전문으로 연구한 사람이 아니다.

우리나라 미군기지는 95개나 되고, 전체 면적은 7천4백만 평이나 된다. 그 가운데 동두천, 의정부, 평택, 군산 하면 누구나 기지촌을 떠올릴 정도다. 지역의 정치·경제·사회·문화 모든 면에서 미군기지 의존도가 높기 때문이다. 그렇다고 미군기지가 그런 지역에만 있는 것은 아니다. 비록 기지촌은 아닐지라도 서울, 부산, 인천, 대구 같은 대도시에도 미군기지가 있고 미군기지는 그런 지역에서도 정치·경제·사회·문화 모든 면에 영향을 미치고 있다.

그 순서가 뒤바뀌는 경우가 있긴 하지만, 사람의 삶을 보통 정치·경제·사회·문화 순으로 나눈다. 그러나 사실은 사람의 삶은 따로 떨어져 있는 것이 아니라 완전히 뒤섞여 있는 것이다.

---

* 이 글은 사단법인 한국민족예술인총연합(민예총)이 발간하는 월간 《민족예술》(2000년 7월호)에 실렸다. 당시 필자는 〈미군기지반환운동연대〉 집행위원장 자격으로 이 글을 기고했다.

다시 말해 언제나 꼴찌로 나오기 때문에 가장 덜 중요한 것처럼 느껴지는 문화가 정치·경제·사회·문화를 모두 포함하기도 한다는 것이다. 그것을 가리켜 정치문화·경제문화·사회문화·교육문화·예술문화 따위로 표현할 수 있다. 여기서는 미군기지가 이 모든 문화에 미치는 영향을 살펴보고자 한다.

2. 미군기지와 정치문화

어느 지역이든 미군기지는 1년에 한두 번씩 사나흘 동안 일반인에게 개방된다. '한미 친목 축제'니, '한미 친선 페스티발'이니 하는 이름의 행사 때문이다. 평상시에는 한 번도 못 들어가 보기 때문에 뭔가 호기심 같은 것을 갖고 있던 사람들이 상당히 많이 몰려간다. 물론 이런 행사의 목적은 각종 미군범죄나 환경파괴 같은 부정적 이미지를 덮어 지역주민들의 반미 감정을 누그러뜨리려는 것이다. 따라서 미군들이 나와서 정치 연설을 하지는 않지만, 지극히 정치적인 행사다.

미국의 정치 계산은 여기서 그치지 않는다. 각 지역의 미군 부대장은 이따금씩 지역 유지들을 부대 안으로 초청한다. 특히 종교계 지도자들이 주요 대상이다. 그리고는 '미제 진수성찬'으로 대접을 한다. 때로는 민간인이 접근하기 힘든 이런저런 시설을 안내하기도 한다. 이 때 미군 장교들은 지역 유지들을 아주 정중하게 모신다.

이렇게 미군 부대장의 초대를 받아 미군기지에 다녀온 사람들은 사적인 자리는 물론 설교나 강론, 설법이나 강연을 통해서도 입에 침이 마르게 미국을 찬양한다. "미군 사령관 초대를 받고 미군부대 안에 들어가 봤더니"로 시작해서, "미국 사람들 정말 교통신호도 잘 지키고, 운행 속도도 40km를 절대 넘기지 않고, 예의도 바르고……"로 끝난다.

그뿐이 아니다. 각 지역의 미군 부대장은 그 지역의 시장·군수 같은 지방자치단체장을 비롯해서, 경찰서장, 교육장, 상공회의소장, 지방의회 의장, 기업체 대표 같은 사람들에게 기가 막힌 미국 여행 기회를 제공한다. 여름에는 알래스카에서 더위를 피할 수 있게 해주고, 겨울에는 하와이에서 추위를 피할 수 있게 해준다. 복잡한 절차를 밟지 않아도 되고, 김포 국제공항을 거칠 필요도 없다. 미군기지 안에서 미군 비행기 타고 그냥 날아갔다 날아오면 그만이다.

또 있다. 미국이 세계 각국에 도청 체제를 갖춰 놓고 적국의 통신을 도청·감청하고 있다는 사실은 널리 알려져 있다. 그러나 도청·감청의 대상은 적국만이 아니다. 같은 편이라고 해서 대상에서 제외된 적은 없다. 각 지역 미군기지는 그 지역에서 주의를 끄는 사람들뿐만 아니라, 자치단체장을 비롯해, 우리나라 최고 권력의 중심인 청와대까지 도청·감청을 한다. 물론 통신기지에서 하는 것이다. 어떤 때는 특정한 단어가 들어가는 말이나 전화 내용, 팩스 내용만 자동으로 감청하기도 하고, 특정한 사람의 음색을 입력시킨 뒤 그 사람의 발언은 모두 감청하기도 한다. 이 때 주요 표적은 대통령이다. 지역과 나라의 정치문화가 친미로 흐를 수밖에 없는 구조가 바로 여기에 있다.

3. 미군기지와 경제문화

미군기지도 한국군 기지처럼 군사기지의 하나다. 어떤 군사기지든 그 정문이나 후문 쪽에는 상권이 형성되게 마련이다. 그런데 미군기지는 한국이라는 약소국에 있는 세계 최강대국 미국의 군사기지라는 점에서 한국군 기지와는 다른 모습을 띤다.

먼저 미군기지는 한국군 기지처럼 '애들이 고생하는 곳'이 아니라, 지역 사람들이 '궁금해서라도 한 번쯤 들어가 보고 싶어 하는 곳'이다. 한국군 PX야 별 매력이 없지만, 미군기지 안의 PX는 미제 물건을 싸게 살 수 있다는 점 때문에 많은 사람들이 들어가 보고 싶어 하는 게 사실이다.

바로 그렇기 때문에 대부분의 미군기지에 있는 파친코나 술집, 식당, 극장, 볼링장, 햄버거 가게, 커미서리 같은 데서 한국인 상대 영업이 불티나고 있다. 그러나 그런 곳의 한국인 상대 영업은 모두 불법이다. 한 조사 자료에 따르면 주한미군이 한국인을 상대로 하는 영업 가운데 슬롯머신 한 가지만을 통해서 한 해에 벌어들이는 돈이 3천억 원이나 된다. 그 가운데 1천억 원은 미국으로 송금까지 하는 것으로 알려져 있다.

이런 것은 각 지역 유지들의 행태를 보면 전혀 놀랄 일이 아니다. 지역에서 어깨에 힘깨나 주고 다니는 사람들은 거의 모두 미군기지 출입증이 있다. 미군기지에 들어가서 골프도 치고, 술도 마시고, 고급 식사도 하기 위해서 합법과 불법을 가리지 않고 디켈이라는 패스를 발급 받기 때문이다.

주말에 고급 승용차를 타고 가족과 함께 미군기지에 들어가 식사 한 끼 하고 나오는 유지들은 그것을 통해 최고로 훌륭한 가장 행세를 하는 것으로 여긴다. 귀하게 대접해야 할 거래처 손님이 있을 경우도, 미군기지에 모시고 들어가 골프 한 게임 쳐드리면 극진한 대접을 한 것으로 여긴다.

앞에서 밝힌 '한미 친목 축제' 같은 때는 공공연하게 미제 물건들이 대량으로 빠져 나간다. 고기·양주·맥주·음료수는 물론, 검역도 거치지 않은 레몬이나 쌀 같은 농산물, 가전제품까지도 마구 빠져 나간다.

이런 물건은 미군 PX 물건 전문 브로커나 이른바 양공주들을 통해 평상시에도 엄청나게 빠져 나온다. 그렇기 때문에 미군기지 지역에는 미제 물건이 없는 집이 거의 없을 정도다.

최근에는 미군기지 주변이 관광특구로 지정된 경우가 많다. 그러나 미군기지 주변 관광특구는 퇴폐 향락 분위기와 청소년 범죄 확산에만 도움을 줄 뿐, 경제 활성화에 도움을 주고 있다는 통계는 없다.

선물용 고급 양주를 팔거나, 영어 개인교습을 하는 미군도 많다. 위조 달러나 위조 수표를 만들어 유통시키는 경우까지 있다. 물론 불법이기 때문에 공식으로는 통계조차 잡히지 않지만, 사실 미군 관련 암시장은 한국 경제를 뒤흔들어 놓았을 정도다.

4. 미군기지와 사회문화

미군기지가 일으키는 문제 가운데 가장 많이 거론되는 것이 바로 사회 문제다. 특히 하루 평균 두세 건씩 터지는 미군 범죄는 우리 사법부에서 거의 처벌할 수 없기 때문에 국민에게 반미 감정마저 불러일으킬 정도다.

우리나라는 미군이 주둔하고 있는 세계 85개국 가운데 가장 불평등한 협정을 맺고 있는 나라 가운데 하나다. 보통 아프리카의 에티오피아와 비교할 정도다.

범인을 구속 위주로 다루는 우리나라 행형 제도에도 문제가 있긴 하다. 그러나 널리 알려져 있는 것과 같이 주일미군은 기소 단계에서 구속시킬 수 있는 데 반해, 주한미군은 대법원 판결 때까지 구속시킬 수가 없게 돼 있다.

특히 일본에서는 주일미군의 성폭행에 대해 클린턴이 나서서 사과를 했지만, 우리나라에서는 성폭행을 넘어 엽기적인 살인사건이 줄을 이어 벌어져도 클린턴은커녕 부대장조차 사과한 적이 없다. 물론 미군기지 주변 주민들이 미군 범죄에 가장 많이 노출돼 있긴 하지만, 미군범죄가 기지촌에서만 일어나는 것은 아니다. 대표적으로 한미주둔군지위협정 2차 개정 협상에 불을 댕겼던 주한미군 집단 난동이 일어난 곳은 기지촌이 아니라, 충무로 지하철 환승역이었다. 마찬가지로 피해자도 여성이나 어린이만이 아니다.

매향리에서 보듯이 주한미군의 환경 파괴 또한 엄청난 사회문제를 일으키고 있다. 50년간 엄청난 폭격 전쟁을 치르고 있는 매향리 사람들은 수시로 죽거나 다치고 난청, 기형아 출산, 유산, 납중독 따위의 중병을 앓고 있다. 그래도 한미합동조사반의 조사 결과는 "아무 피해 없다"는 것이다. 그래서 요즘에는 평화를 사랑하는 모든 단체와 사람들이 매향리로 모여들고 있다. 2000년 6월 6일에는 3천5백여 명이 모여 미군폭격장 철조망을 1km 가까이 끊어 버리기도 했다. 온몸으로 폭격을 중단시키고 마침내 폭격장을 폐쇄시키겠다는 결의를 가진 '결사대'는 정말 '목숨을 걸고' 미군 폭격기의 표적인 농섬을 여러 차례 점거했다. 농섬은 세 개였지만, 이미 한 개는 완전히 없어졌고, 한 개는 2분의 1, 다른 한 개는 4분의 3 정도가 사라진 상태다. 군사 시설물을 집단으로 파괴하고 점거해도 이제 한미 두 나라 정부가 어쩌지 못하는 지경까지 다다랐다. 미군기지는 이 나라에서 법이 서지 못할 정도로 이 사회를 파괴시켜 놓은 것이다.

5. 미군기지와 교육문화

군사기지 주변이 거의 그렇긴 하지만, 대부분의 미군기지 주변에는 어느 곳이나 술집과 클럽이 많다. 대부분 우리나라 사람들은 들어갈 수 없고, 미군들만 전용으로 이용하는 곳이다. 그러나 사업주 쪽에서 보면 미군들만 상대해 갖고는 수지를 맞추기가 쉽지 않다. 미군들은 1, 2달러짜리 맥주 한 병 놓고 하루 내내 즐기다 가기 때문이다. 그렇기 때문에 위험 부담이 있긴 하지만, 한국인들을 받아야 장사가 된다. 그러다 보니 미국인과 같이 오는 여성은 공짜로 술을 주는 것에서부터 한국인 남자 손님들을 공공연하게 집단으로 받을 정도까지 아주 다양한 편법이 판을 친다.

또한 미군기지 주변에서 주말쯤이면 여중생 정도 된 아이들이 화장을 하고 야한 복장을 한 채 미군 클럽에 드나드는 모습을 쉽게 볼 수 있다. 관광특구로 지정된 미군기지 주변에서는 그 현상이 훨씬 심해지고 있다.

영외에서 거주하는 미군들의 하숙을 치는 집도 있어서, 주말에 모든 규율에서 해방된 미군들이 술 먹고 밤새 고래고래 소리쳐 골머리를 앓고 있는 집도 많다.

한 기지촌에서는 초등학교 5학년 여자 어린이가 학교 화장실에서 담배를 피우고 나오다 선생님한테 걸린 적이 있다. 학교 오가는 길에 미군들이 버린 콘돔을 주워 갖고 노는 아이도 많다. 심지어는 창문 너머로 미군들이 한국인 여성을 껴안고 뒹구는 모습을 본 아이들이 충격을 받기도 하고, 실제로 성폭행을 당하는 어린이도 많다. 어린이들이 '퍽큐' 하며 가운데 손가락만 길게 내미는 모습은 전혀 낯선 풍경이 아니다. 고등학생쯤 되면 담배는 물론 대마초 같은 마약을 하는 청소년들도 많다. 개인적으로 알고 있는 한 언론인은, 기지촌 근처 여고생들과 원조교제를 하는 동료 기자들이 있다고 전해 주기까지 했다.

게다가 미 공군기지에서 수도 없이 뜨고 내리는 미군 전폭기의 이착륙 소음도 만만찮다. 비록 폭격 소음보다는 못하지만 폭격기 전투기의 이착륙 소음도 정말 견디기 힘들다. 폭격기에서 내뿜는 배기가스는 자동차 1천여 대에서 동시에 내뿜는 양과 맞먹는다고 한다.

또 하나 있다. 미군 클럽에 나가는 한국인 여성 가운데 많은 사람들이 미군에게 버림을 받거나 맞으며 산다. 그 동안 주한미군은 우리나라에서 1년 정도 근무하다 다른 나라로 가거나, 전역하거나, 미국으로 돌아가 군대 생활을 좀 더 한 뒤 전역한다. 그래서 미군이 현지처인 한국인 여성을 버리고 도망가 버리면 여기저기 수소문해 보지만, 거의 못 찾는다. 그나마 아직 전역을 하지 않은 채 돌아가 버린 경우에는 찾기가 쉽다. 그러나 기껏 힘들게 찾아본들 무엇하랴! 이미 아내가 있는 사람이거나, 미혼이라 하더라도 마약과 술로 지새는 건달인 경우가 많다. 그래서 '아메리칸 드림'을 안고 미국까지 찾아갔다가 시신이 되거나 폭행을 당하고 폐인이 돼 돌아오는 경우가 많다.

그런 여성들의 자녀 문제도 심각하다. 이들은 이른바 결손 가정의 자녀일 뿐만 아니라, 혼혈이라는 굴레를 하나 더 쓰고 살고 있다. 그래서 그 아이들은 옛날부터 왕따라는 걸 온 몸으로 느끼며 살아 왔다. 그래서 잘 풀리면 권투 선수가 되거나 가수가 되고, 못 풀리면 깡패가 된다. 어려서부터 차별을 받으며 자란 아이들이라 세상에 대한 복수심으로 가득 차기 때문이리라. 이 문제는 흑인 혼혈의 경우 훨씬 더 심하다. 물론 모두 그런 것은 아니지만, 이토록 퇴폐적인 인문환경, 자연환경 속에서 건전한 교육문화가 싹틀 리 만무하다.

6. 미군기지와 예술문화

미군기지 주변에서 수준 높은 예술문화를 찾는 것은 불가능하다고 단언할 수 있다. 최근에는 영화관조차 아예 사라진 곳도 많다. 그 대신 퇴폐적인 비디오방이 자리를 잡았다. 민족 고유의 문화를 잊고 사는 사람들이 많다. 특히 태어날 때부터 그 지역에 미군기지가 자리 잡고 있던 경우가 대부분이기 때문에 민족 고유문화에 대한 아련한 향수 같은 게 없는 사람이 많다. 심지어 미군 트럭 쫓아다니며 초콜릿이나 껌을 얻어먹던 추억을 향수로 갖고 사는 사람들마저 있다.

그러나 이런 현상이 미군기지 주변만의 독특한 현상일까? 비록 미군기지 주변이 아니더라도 우리나라에 민족의 고유문화가 살아 있는 곳이 있을까? 글쎄. 미군기지 주변의 문화가 미국의 하류 문화인 것만은 확실하다. 그러나 그것이 미군기지 주변만의 문화라고 할 수는 없을 것 같다. 오히려 우리 민족 고유의 문화를 목말라 찾는 사람들은 미군기지 주변에도 많이 있다. 물론 대학생들이나 청년들, 아니면 노동조합 같은 데를 중심으로 발달하긴 했지만, 웬만한 미군기지 주변 지역에는 제법 수준 높은 공연을 할 만한 풍물패 한두 개씩 있는 것도 사실이다.

7. 맺음말

이 글은 전문적인 논문으로 쓴 게 아니다. 미군기지 주변에서 학교를 다니고, 그 지역에 살면서, 미군 범죄 근절운동과 미군기지 되찾기 운동, 불평등한 한미주둔군지위협정 개정운동 같은 이른바 '평화운동'을 벌이면서 느끼고 겪은 것들을 그냥 스치듯 정리한 초안일 뿐이다. 그렇기 때문에 이것은 어떤 책에 나온 자료를 수집하고 체계적으로 가다듬은 것이 아니라 몸으로 만든 초안이다. 그렇기 때문에 아주 거칠게 표현된 부분이 많이 있음을 인정한다.

특히 도저히 시간을 내기 힘들 정도로 급박하게 돌아가는 매향리 폭격장 폐쇄투쟁 현장에 있어야 했기 때문에 자료를 찾을 시간이 없었던 것도 사실이다. 그래서 민족의 문화와 예술을 사랑하는 사람들이 원하는 글이 못된 것 같아 부끄럽기 그지없다. 그러나 이번에는 이 정도에서 그치고, 앞으로 좀 더 많은 자료를 보완하고 연구해 아주 깔끔한 작품이 되도록 노력할 것을 다짐해 본다.

농섬에서 살아 온 그를 만났더니*

– 매향리의 거지성자 이야기

그 놈들이 사람이여? 짐승이지!

최종수 신부. 그가 살아 돌아왔다. "목숨 걸고 사격장을 폐쇄하겠다"던 최 신부가 죽음의 농섬에서 정말로 죽을 뻔 하다가 살아 돌아온 것이다. 매향리 앞바다 농섬, 질퍽거리는 개펄, 점점 차오르는 바닷물, 머리 위를 나는 정찰기들, 쉬익 꽈과과광 꽈과과광 바로 머리 위에서 쏘아대는 미 공군 A-10기의 섬광과 기총사격……, 이 모든 사선을 뚫고 그는 살아 돌아왔다.

그러나 그는 아직도 우리 곁으로 돌아오지 못하고, 화성경찰서 유치장에서 단식 투쟁을 하고 있다. "전만규 위원장을 석방하라"며, 그리고 "미군한테 죽지 못했으니 단식해서 죽겠다!"며.

6월 20일 오후 5시 18분 경찰 헬기가 마지막으로 최 신부를 연행해 갔다. 그러자 매향리 대책위 현장에서 분 단위로 상황을 정리하며 지켜보던 문정현 신부가 외쳤다.

"농섬에 사람이 있다는 얘기를 한두 군데 했어야지. 청와대, 국방부, 미대사관, 미군사령부……. 그런데도 사람 머리에다 대고 타다다닥,

---

* 이 글은 2000년 6월 20일 매향리에서 폭격장 폐쇄투쟁을 벌이다 화성경찰서로 연행됐던 최종수 신부를 면회하고 와서 정리한 글로, 6월 22일 《오마이뉴스》에 기고하였다. 당시 필자는 <불평등한소파개정국민행동> 공동집행위원장직을 맡고 있었다.

타다다닥 쏴대는 놈들이 사람이여, 짐승이지!"

그는 기자들이 다 보는 데서 엉엉 울었다.

분해서 도저히 견딜 수가 없어! 이 분노를 이기지 못하면 난 죽을 거야

최종수 신부 일행이 실신 상태로 화성경찰서에 들어왔다는 연락을 받고, 세 팀이 화성경찰서에 도착했다. 한 팀은 문규현 신부, 최병모 변호사였고, 다른 한 팀은 서 로베르트 신부(미국인)와 오두희 공동집행위원장(<불평등한소파개정국민행동>), 나승구 신부(<천주교정의구현전국사제단> 총무), 김영옥 편집장(<전북평화인권연대> 인권신문)팀이었고, 마지막으로 도착한 것은 장영애 씨(<새세상을여는천주교여성공동체>)와 필자였다.

밖에서 만난 우리가 화성경찰서에 들어서자 최 신부는 수사2계 안 소파에 죽은 듯 누워 있었다. 온몸에 묻은 뻘흙이 거의 말라 있었다. 거칠게 표현하면 '거지성자'였다. 최 변호사가 다가가 '접견'을 시작했다. 사람들이 찾아온 걸 안 최 신부는 퉁퉁 부은 눈에서 또 다시 왈칵 눈물을 쏟아냈다.

"내 이 분노를 이기지 못하면 죽을 거야. 죽어!" 그리고는 또 엉엉 울었다.

"사람도 아니야, 사람도! 며칠 전 가수 안치환이 매향리에서 어렸을 때 사격소리 듣고 울었다고 할 때 실감이 안 났어. 근데, 내가 얼마나 울었는지 몰라. 경찰 헬기 안에서도 창피한 줄도 모르고 엉엉 울었어. 매향리 주민들이 미군들 때문에 50년 동안 그런 사선을 넘으며 살아왔다는 생각에 하도 분해서……."

오두희 집행위원장과 문규현 신부가 사들고 온 옷으로 갈아입을 것을 권했다.

"죽을 각오하고 갔지만, 죽음의 공포 때문에 눈도 못 떴어. 그래도 불이 번쩍번쩍 번쩍번쩍하는 게 보여. 사람도 아니야. 바로 앞에서 섬광이 번쩍번쩍해. 바로 타다다닥 갈기고는 머리 위로 휙 날아가. 곧바로 돌아와선 번쩍번쩍해. 이번엔 뒤에다 대고 타다다닥 갈겨. 그리고는 다시 앞으로 날아가……."

우리는 물 좀 마시고 몸을 씻고 옷을 갈아입으라고 권했다. 최 신부는 간신히 일어나 앉았다. 모습은 역시 영락없는 거지 성자였다. "미군들한테 못 죽었으니 단식해서 죽겠어."

우리는 같은 방의 김상진 씨, 다른 방의 한 여성, 벌써 조사 다 받고 유치장에 들어가 있는 르포 비디오 작가 고안원석 씨를 면회했다. 모두들 밝은 표정이었다. 목숨을 걸고 농섬을 점거했다고 보기에는 너무 순해 보이는 사람들이었다.

미군한테 못 죽었으니, 단식해서 죽겠어!

매향리에서 밤을 지새운 문정현 신부 일행은 11시쯤 화성경찰서에 도착했다. 거기서 민주당 임종석 의원을 만나 함께 수사과장실에서 최 신부를 면회했다. 미군들의 폭격 만행에 여전히 분을 삭이지 못하고 있었다.

최 신부는 눈이 퉁퉁 부은 채 농섬 점거 과정을 자세히 설명하며 또 울었다. 그 말을 듣다가 문 신부도 엉엉 울었다. 어제 최 신부 전화가 마지막으로 끊어지고 경찰 헬기가 최 신부를 태우고 사라지던 순간,

문 신부가 기자들 앞에서 엉엉 울었는데, 그 감정이 다시 복받쳤다고 했다.

최 신부는 "미군한테 못 죽었으니, 단식해서 죽겠다!"고 했다. 지금도 너무 서글프다고 했다. 한국 정부의 모습이 그렇게 처량맞게 느껴질 수가 없었다. 미군은 그렇게 마음대로 범죄를 저지르는데……. 그래서 119 구급차 안에서도 간호사한테 창피한 줄도 모르고 엉엉 울었다.

우리는 모두 "우리가 이토록 애절하게 시위하는데, 그리고 농섬에 사람이 있는 걸 빤히 아는데 설마 폭격을 할까" 했다. 그런데 진짜로 폭격을 하니까 피가 거꾸로 솟았다. 한국 정부고 미군이고 모두 야수가 아닌 다음에야 이럴 수는 없는 노릇이었다. 베트남 전쟁 때 베트콩한테 이렇게 했을 것이다. 우리의 생명은 미군들에게 아무것도 아니다.

"우리는 책임 못 진다. 누가 농섬에 들어가랬나? 안 들어갔으면 될 것 아닌가?"

농섬에 사람이 들어가 있으니 사격을 중단하도록 조치를 취하라는 전화를 받은 미대사관 직원의 반응이었다.

"사격 중단을 요청할 순 없다. 그건 우리 권한 밖이다. 김 위원장이 전화한 내용을 미군사령부에 전하기는 하겠다."

같은 내용의 전화를 받은 우리나라 국방부 간부의 답변이었다. 평시 작전통제권을 돌려받아 갖고만 있으면 뭘 하나? 언제 어떻게 써먹는지도 모르는데. 하기야 언제 그런 걸 써먹어 봤어야지.

국민의 생명을 외면한 채 미군 눈치만 보는 국방부는 차라리 해체하는 게 낫다는 생각이다. 미군이 다 해주는 마당에 그 따위 국방부가 무슨 필요가 있나? 문 신부 일행은 김상진 씨와 구은주 씨도 면회하였다.

개펄을 지나 죽음의 선을 넘어 농섬에 태극기 펼치기까지[1)]

6월 20일, 최종수 신부는 아침도 굶은 채, 남녀 학생 한 명씩을 데리고 매향리 미군 사격장 바로 옆 백철금속 쪽에서 한 시간쯤 걸어서 농섬으로 들어갔다. 개펄을 걷는다는 게 그렇게 힘든지 몰랐다. 다리가 덜덜 떨렸다. 하도 힘들어서 더 이상 걸을 수 없을 정도가 되었다. 최 신부는 함께 왔던 여학생을 돌려보냈다. 그렇게 해서 김상진 씨와 둘이만 갔다.

12시 반쯤 대책위에 전화를 했다. 오전에 들어갔던 팀이 다 연행됐다는 사실을 알았다. 1시 30분쯤 농섬에서 2km쯤 떨어진 곳에 다다랐다. 만조 시간인 3시까지는 시간이 좀 남아 있어 기다리는데, 2시쯤 미군 헬기가 두어 바퀴 공중을 선회했다. 그러더니 최 신부 일행을 확인하고는 바로 사정없이 사격을 했다. 그 뒤로도 먼지가 뿌옇게 날 정도로 진짜 사격을 두 차례나 더 했다.

'저 놈들이 우리를 정말 죽이는구나' 생각했다.

바로 앞에서 실탄이 탁 튕겨나는 소리가 들렸다. 너무 떨리고 겁이 났다. 김상진 씨가 바로 앞에 떨어진 실탄을 줍기도 했다. 유탄이라도 맞으면 죽겠다는 생각이 들었다.

대책위에 다시 전화를 했다. 이놈들이 진짜로 사격을 한다고. 대책위에서는 미대사관, 국방부, 청와대에 다 연락했다고 했다. 그런데도 미군들은 사격을 계속해댔다. 죽음을 각오한다고 했지만, '우리를 정말 죽이나 보다' 하고 생각하니 정말 무서웠다. 한편으로는 50년 동안 이렇게 당해 왔을 매향리 주민들이 떠올라 울컥 분노가 치솟기도 했다.

---

1) 농성 점거 과정과 그 때 느낀 심정은 지금 최 신부가 직접 정리하고 있다. 밑의 글은 문정현 신부가 최종수 신부를 면회하며 메모한 뒤 구술한 내용을 받아 정리한 것이다.

바닷물은 계속 들어왔다. 물에 잠겨 죽겠다 싶은 공포도 몰려왔다. 그래서 농섬으로 다가갔다. 한 300m쯤 남았을까? 머리 위로 A-10기가 선회하며 폭격을 해대기 시작했다. 번쩍번쩍하는 섬광이 얼마나 무서웠는지 모른다. 눈을 감고 달달 떨었다.

섬광이 끝난 뒤에 무엇이 터지나 머리를 들어보니 바로 앞이 화약 연기로 자욱해졌다. A-10기는 반대편에도 폭격을 해댔다. 고공투하도 했다.

함께 있던 김상진 씨가 "무서우니 농섬에 들어가지 말자" 했다. 충분히 이해가 됐다. 앞으로 다시는 농섬 점거 같은 생각을 못하게 하려고 미군들이 일부러 위협사격을 했다는 생각이 들었다.

'여기까지 왔는데' 하는 생각과 '진짜 죽는다면' 하는 생각이 엇갈렸다. 어떻게 해야 할지 몰라 대책위에 연락해 봤지만 대책위도 뾰족한 수는 없었다. 죽을힘을 다해 농섬 100m 앞까지 접근했다. 다시 다가오는 A-10기를 향해 최 신부는 로만칼라를 보여주며 신호를 보냈다. 소용 없었다.

드디어 오후 4시, 농섬 진입 결심을 하고 본부에 전화를 걸었다. 그리고는 농섬 꼭대기에 올랐다. 어제 밤새 만든 전지 6장짜리 대형 태극기를 정면을 향해 펼쳤다. 그 순간 한국 정부가 원망스러웠다.

막상 죽을 각오하고 온 농섬이었지만 사람이 있는데도 그렇게 폭격을 해대다니, 그 심정은 말로 표현할 수가 없었다. 역사적인 현장을 카메라에 담고 싶어 하던 《로이터 통신》 기자가 함께 오지 못했기 때문에 전화를 걸었다.

그러자 이렇게 저렇게 포즈를 취해 달라고 했다. 주문대로 포즈를 취해 주었지만, 농섬 점거를 기뻐할 수가 없었다. 죽을힘조차 없을 정도로 지쳐 있었기 때문에.

《오마이뉴스》 오연호 대표한테서 전화가 걸려왔다. 짧은 인터뷰를 마치는 순간 경찰 헬기가 도착했다. 김상진 씨를 먼저 싣고 간 뒤 다시 와서 최 신부를 연행했다. 헬기에서 내릴 때 걸을 수가 없었다. 결국 부축을 받았다. 미군 막사에서 30분 정도 기다렸다. 그러자 119 구급대가 왔다. 그 차는 비포장도로를 무지막지한 속도로 달렸다.

최 신부는 그 안에서도 미군 폭격 순간이 떠올라 엉엉 울었다. 그렇게 화성경찰서에 도착했다.

밤중에 문규현 신부와 최병모 변호사, 오두희 집행위원장 일행이 다녀간 뒤로도 밥과 진술을 다 거부했다. 선잠에 들었다가 눈을 뜬 때는 새벽 2시 반이었다. 또 울었다. 이게 매향리의 눈물이구나 하는 생각이 들었다.

어제 일을 정리해야겠다는 생각으로 담당수사관에게 필기도구 좀 달랬더니, 취침시간이라 안 된다고 했다. 밤을 꼬박 새우고 아침부터는 경찰 조사에 응했다. 계속 묵비권을 행사하다간 감옥에 갈 수 없을 것 같았기 때문이었다.

그래서 6월 6일 철조망 뜯어낸 것부터 경고판 뜯어낸 것, 불법으로 집회한 것, 마무리 집회 도중에도 철조망을 계속 잘라낸 것, 17일에도 몸싸움하다 시멘트 덩어리에 맞아 머리를 여섯 바늘 꿰맨 것, 농섬 점거팀을 구성하고 학생들 동원한 것 따위를 모두 주도하고 직접 했다고 진술했다.

학생들과 최 신부가 목숨 걸고 미군 폭격 훈련 표적인 농섬을 점거한 2000년 6월 20일과 21일은 그렇게 지나가고 있었다.

평택을 넘어, 전국으로, 세계로*

- 평화운동으로 승화된 주한미군기지 반환운동

가. 미군기지 반환운동의 약사와 현황

1. 용산 미군기지 평택 이전 저지 운동(1990~1993)
- <용산미군기지평택이전을결사반대하는시민모임> 결성(1990)
- <용산미군기지평택이전저지공동대책위원회> 결성(1991)
- <미군기지편입반대고덕서탄주민대책위원회> 결성(1992)
2. '용산 미군기지 평택 이전 저지 운동' 성공(1993)
3. '용산 미군기지 지방 이전 운동' <민주주의민족통일서울연합> (1993)
4. '범국민적 미군기지 반환운동' 제안(1993)
5. <민주주의민족통일전국연합> '미군기지대책위원회' 구성(1996)
6. '미군기지주변지역지원특별법'(가칭) 제정 운동 시작(1996)
7. '미군부대 안 내는 수돗물 값 받아 내기 운동' 성공(1996)
8. <우리땅미군기지되찾기전국공동대책위원회> 결성(1997)
9. <PCDS>(Pacific Campaign for Disarmament & Security)와 연대 (1997)
10. <한-오키 민중연대>와 연대(1997)

* 이 글은 2000년 12월 7일 춘천에서 열린 한 토론회에서 발제한 것이다.

11. '테러방지용 콘크리트 구조물 철거 운동' 성공(1999)
12. <불평등한소파개정국민행동> 결성(1999)
13. '미군 전용 철도 철거 요청'(평택시 의회)(2000)
14. <매향리미공군국제폭격장폐쇄범국민대책위원회> 결성(2000)
15. '미7공군기지 항공유 70드럼(3천7백 갤런) 유출' 항의(2000)
16. '평화를 위한 작은 음악회' 개최(<나눔선교회> 주최)(2000)

나. 〈우리땅미군기지되찾기평택시민모임〉의 최근 활동 상황

<우리땅미군기지되찾기평택시민모임>의 활동은 요즘 상당히 부진한 편이다. 그런데는 몇 가지 까닭이 있다. 맨 먼저 꼽을 수 있는 것은 전업 활동가가 없다는 점이다. <평택새물결청년회>의 '미군기지 대책위원회' 이철형 위원장이 간사를 겸하고 있으나, 이 간사도 상근하는 것이 아니라, 지역 언론사의 기자로 활동하고 있다.

그 다음으로 꼽을 수 있는 것은 별도의 사무실이 없다는 점일 것이다. 지금은 <평택새물결청년회>와 <새교육공동체평택시민모임>과 사무실을 함께 쓰고 있다.

그렇다 보니 상설회의 구조를 갖지 못하고, 미군기지와 관련하여 특별한 사안이 생길 때만 따로 연락해서 결합하고 있는 실정이다.

현재 <우리땅미군기지되찾기평택시민모임>에는 <평택새물결청년회> 말고도, <민주노총 평택지구협의회>, <평택민주노동자회>, <평택농민회>, <평택사람들>, <평택시민아카데미>, <민주주의민족통일전국연합 평택지부>, <청년21>이 참여하고 있다.

그러나 맨 처음 미군기지 되찾기 운동을 제안하던 때와는 달리 '미군기지 반환운동' 단체보다는 '미군철수' 주장 단체의 목소리가 더 크고 그런 단체들의 운동이 더 활발한 상태다.

작년에 미군이 서정동 외인 아파트 울타리 둘레에 설치했던 '테러 방지용 콘크리트 장벽 철거운동'을 성공시킨 뒤 별다른 운동을 하지 못했다. 그러다가 올 6월부터 매향리 미 공군 국제폭격장 폐쇄운동에는 적극 참여하는 편이다. 매향리에서 가까운 곳에 있는 '만도기계'나 '한라공조', '기아자동차' 노조원들은 매향리로 직접 가지만, 평택 시내에 있는 단체의 구성원들은 관광버스를 대절하여 함께 간다.

해마다 열리는 '미군부대 개방 행사' 때는 홍보물을 돌리며 문제점을 드러내고 있지만, 큰 반향을 불러일으킬 정도는 못 된다. 올 여름에는 홍수와 미군부대의 관리 소홀로 항공유를 유실한 데 항의하는 시위를 벌였다.

대학생 또는 청년들의 '기활'이 가끔씩 있는데, 최근에는 성공회대에서 '역사 문화 기행' 강좌를 진행하고 있는 한홍구 교수가 수업을 받는 학생들과 함께 평택과 매향리를 2학기째 방문하고 있다.

평택에는 아주 특이한 단체가 하나 있다. <야리 친목회>라는 이름의 이 단체는, 1952년 한국동란이 한창이던 때에 마을에 미군 비행장이 들어서는 바람에 쫓겨난 분들이 이따금씩 모여서 망향의 한을 달래는 모임이다. 이 분들은 1년에 한 번씩 미군기지 담장 바로 밑에서 모이는데, 우리는 이 분들이 회포를 푸는 자리에 2년째 참가하고 있다.

다. 다른 지역보다 상대적으로 힘든 것 같은 평택의 미군기지 반환운동

미군과 관련한 운동을 해본 사람이라면 어느 지역이든 쉬운 곳이 없음을 온 몸으로 느낄 것이다. '빨갱이' 소리나 안 들으면 다행이고, 일부 기지 주변 상인들의 협박이나 받지 않으면 다행이다.

경찰이나 공안 기관의 직접적인 탄압은 최근 들어 전혀 없다고 할 수 있다. 물론 우리 단체와 일반 주민을 이간질시키기 위해 흑색선전을 하고 다니는 경우는 있지만, 그 정도는 충분히 견딜 만하다. 그 정도는 다른 지역도 비슷할 것이라 생각된다.

그러나 평택은 다른 지역에 비해 미군기지에 의존해서 생활하는 사람이 많은 지역 가운데 하나다. 동두천과 의정부가 평택과 비슷하지 않을까 싶다.

우선 평택에는 미군도 많고, 미군기지 노동자도 그만큼 많다. 정확한 통계는 나와 있지 않지만, 미군은 K-55에 8천 명 정도, K-6에 4천 명 정도, 합쳐서 1만2천 명 정도가 주둔하는 것으로 알려져 있다. 그 두 개의 대규모 미군기지에서 일하는 한국인 노동자도 3천 명을 넘는 것으로 알려져 있다. K-6 주변에는 그리 많지 않지만, K-55 주변에는 외국인 전용 업소도 200여 개나 된다. 평택에서 가장 큰 기업인 쌍용자동차 임직원과 노조원을 합쳐야 5천 명 정도인 것을 생각해 보면 미군기지가 얼마나 큰지를 알 수 있을 것이다.

평택은 인구 36만 명으로 비교적 큰 도시에 속한다. 그런데 K-6 주위에 5만 명, K-55 주변에는 12만 정도의 인구가 산다. 그렇기 때문에 평택 전체 경제의 미군기지 의존도는 다른 지역에 비해 상당히 높을 것으로 추정할 수 있다.

이분들에게는 어떤 이론도, 논리도 먹히질 않는다. 그저 "먹고 살겠다는데 왜 방해하느냐?"는 주장만 있다. 심지어 "걸프전이 터지니까 주한미군도 그쪽으로 빠져 나가는 바람에 장사가 안 됐다. 그런 게 이쪽에서 터져 줘야 장사가 잘 될 것이다." 이런 얘기를 서슴없이 할 정도다. "비무장지대에서 총격사건이 발생하거나, 동해안에 북한 잠수함이 나타나고 서해안에서 교전이 벌어지고, 그래서 오키나와 미군들까지 이쪽으로 와 줘야 장사가 잘 된다"는 것이다.

몇 년 전에는 합법적인 평화 집회에 뛰어들어 인분을 뿌려 방해한 적도 있다. 바로 엊그제 <나눔선교회> 소속 목사님들과 그 가족 30명 정도가 모여서 열었던 '평화를 위한 작은 음악회'조차도 막무가내로 욕설을 퍼부으며 방해할 정도였다. 물론 미군의 '사주'를 의심할 만한 몇몇 사람이 있는 것은 사실이지만 우리는 그런 사람들을 솎아낼 수도 없다.

라. 개점휴업 상태인 〈미군기지반환운동연대〉

그러나 평택만 그렇게 힘든가? 다른 지역도 다 힘들지 않을까? 그래서 서로 힘든 지역 운동단체들끼리 이따금 모여 서로 의지하고 협의할 수 있는 틀을 만든 게 이니던가?

우리가 처음 <우리땅미군기지되찾기전국공동대책위원회>를 꾸릴 때만 해도, 활동가들이 동두천부터 부산까지 돌며 하룻밤씩 묵으며 회의도 하고, 술도 마시며 의기를 투합했다. 몇 년 지나서 활동이 구태의연해지고 지지부진해졌다. 그래서 뭔가 심기일전할 모양으로 <미군기지반환운동연대>라고 성과 이름을 모조리 갈았지만, 제대로 안 굴러간다.

"한 달에 한 번씩은 일이 없어도 만나자"던 첫 약속이 어느덧 "두 달에 한 번만 만나자"로 바뀌더니, 이제는 "제발 한 번만이라도 모이자"고

몇 번씩이나 목소리를 높여도 모임조차 이루어지지 않는다.

지역 단체까지 합하여 130개가 넘는 단체를 모아 <불평등한소파개정국민행동>이라는 기구도 만들고, 그를 바탕으로 <매향리미공군국제폭격장폐쇄범국민대책위원회>까지 만든 게 누구인가! 바로 <전국기지공대위>다. 그런데 지금은 이 두 전국 기구에서 '기지공대위'는 중심에 있지 못하다. 이 두 운동에 뒤늦게 뛰어든 다른 단체들보다도 열심히 참가하지 못했기 때문이다.

이 두 전국 기구 속에는 "미군철수 얘기는 절대로 꺼내면 안 된다"는 단체부터 "군은 당장 철수시켜야 한다"는 단체까지 망라돼 있다. 그런데도 처음에 예상했던 것과는 달리 마찰이 그리 심하지 않다. 그저 누가 열심히 운동에 참여하느냐에 따라 발언권만 달라질 뿐이다.

TV와 라디오 등 온갖 언론매체가 10대만을 위한 프로그램으로 도배를 한다며 야단만 친다고 문제가 해결되지 않는다. 그런 현상을 '심각한 문제'로 느끼는 어른들도 자기가 좋아하는 연예인들에게 10대들만큼 열정을 보이면 된다. 팬레터도 보내고, CD도 사고, 몇 시간씩 줄을 서서 기다렸다가 공연도 보고, 홈페이지에 들어가 각종 의견도 내고, 팬클럽도 구성하고…….

지금 '기지공대위'에서 문제가 되는 것은 "운동을 어떻게 하느냐"가 아니라 "운동을 하느냐 안 하느냐"이다. 어떤 논리도 말도 필요 없다. 이제는 다시 모여야 할 때다.

마. 우리의 운동을 평화운동으로 승화시키기 위하여

몇 년 만에 만난 중학교 동창 하나가 이렇게 물었다. "야, 너, 아직도 그 미군기지 결사반대가 뭔가, 그거 계속 하냐?" 친구들이 다 웃었다. 그 친구가 덧붙였다. "네가 그런 운동을 오래 하니까 너한테서 미군기지 냄새 나는 거 같다. 너만 보면 미군기지, 미군 범죄 생각나고, 결사반대 생각나고 그런단 말이야. 그런 거 좀 그만할 수 없냐?" 아주 친한 친구 녀석이라서 애정을 갖고 해준 말이라고 확실히 믿는다.

그 뒤 나는 나의 이미지가 그렇게 부정적으로 굳어져 가고 있다는 생각에 치를 떨었다. 미국 문화원 점거와 방화를 통해 한반도에서 저지른 미국의 부정적 역할을 온 세상에 알렸던 사람들도 자신의 이미지가 그렇게만 굳어지는 것을 못 견뎌 하는 말을 직접 들은 적이 있기 때문에 기분이 더욱 착잡했다.

그런데 나는 외국의 평화운동에서 대안과 희망을 찾았다. 국내 운동이 '죽을 쑤는' 사이 국제연대는 상상 밖으로 잘 되었다. 나는 그런 국제연대를 통해서 내가 하는 운동이 '평화운동'이라는 사실을 알게 된 것이다. 잘만 하면 대인지뢰 금지운동처럼 노벨평화상을 탈 수도 있는 운동이었던 것이다. 뒤늦게 안 것이지만 '반전, 반핵, 반기지' 운동을 '평화운동'으로 분류했던 것이다. 물론 무엇을 '반대'하는 운동은 '부정적이고 소극적인(negative)' 운동이다. 그래서 평화운동가들은 '평화 교육'이니 '평화 문화'니 '인권과 평화'니 '여성과 평화'니 하는 '긍정적이고 적극적인(positive)' 화두를 찾아냈다. "평화를 원하거든 전쟁에 대비하라"는 군산복합체 미국 중심의 구호도 "평화를 원하거든 평화를 준비하라"고 바꿨다.

이제 우리도 우리의 운동을 적극적이고 긍정적인 평화운동으로까지 승화시켜야 할 것으로 생각한다. 그것이 운동을 하는 개인을 위해서도, 우리가 바라는 사회를 위해서도 도움이 될 것이다.

여중생들을 살려 내라*

지난 6월 13일, 경기 양주에서 여중생 두 명이 미군 장갑차에 깔려 압살 당했다. 중2, 중3 두 딸을 두고 있는 아빠로서, 온 몸을 떨었다. 딸만 한 애들이, 그것도 무게가 30톤이 넘는 미군 장갑차에 깔려 죽다니! 고인들의 명복을 빌며, 유족들에게 깊은 위로의 말씀을 전한다.

사고였을까? 아니다. 우리는 주저하지 않고 '살인사건'으로 규정했다. 그렇게 범국민대책위를 꾸렸다. 주한미군은 모든 범죄와 사고에 대해, 은폐하고 조작하고 아무 책임 없다고 거짓말을 늘어놓는다. 이번에도 똑같았다. 그래서 우리는 분노를 금할 수가 없다. 우리는 요즘 장갑차 운전병이 근무하는 의정부 미2사단 정문 앞에서 한 달 가까이 항의 시위를 벌이고 있다. 이 시위는 8월까지 계속될 것이다. 그러나 한미 두 나라 정부가 앞으로도 계속 국민 사기극을 벌인다면, 정권이 퇴진하고, 미군이 철수할 때까지 계속될 것이다.

이 땅에 미군이 주둔하는 한, 미군 범죄는 없을 수가 없다. 우리나라에도 지존파, 막가파, 영웅파 하는 끔찍한 범죄 집단도 있는 판에, 인디언을 수백만 명이나 학살해서 나라를 만든 미국 사람들이야 오죽하겠는가!

그런데 미군 범죄에는 두 가지 큰 문제가 있다. 하나는 우리를 도와준다는 미군이 우리 국민에게 저지른다는 것이고, 다른 하나는 우리 정부

* 이 글은 2002년 7월 7일 《교차로저널》에 실린 칼럼이다.

가 미국 눈치만 살피며 미군을 거의 처벌하지 못한다는 것이다. 똥개도 제집에서는 50% 먹고 들어가지 않는가? 그런데, 우리나라 사람이 우리 땅에서 미군한테 죽었는데 처벌도 못하는 것은, 우리나라가 여러 국민의 착각대로 자주독립국가가 아니라, 미국의 준식민지이기 때문이다. 국가의 첫 번째 의무인 국민의 생명을 지켜주지 못하는 나라가 무슨 자주독립국가인가?

대한민국은 국가 소리를 듣기 위해서라도 살인 미군을 한국 법정에 세워야 한다. 그러기 위해서는 SOFA 규정대로, 미군에게 "한국 법원에서 재판하겠다"고 통보해야 한다. 그러면 미군이 "호의적으로 고려"하게 돼 있으니까, 재판권을 한국에 넘길 수도 있고, 자기들이 재판할 수도 있다. 하지만 한국 정부의 요청을 거부할 경우 미군은 많은 부담을 안게 될 것이다. 미국은 어떤 수를 써서라도 자기들이 재판하려 할 테니까, 한국 정부가 알아서 길 수도 있다. 그러면 이런 정부는 필요 없다는 목소리가 높아질 게 뻔하다. 그러므로 정부는 퇴짜를 맞더라도, 재판관할권을 요청해야 하는 것이다.

아울러 이번에 불평등한 SOFA도 전면 다시 고쳐야 한다. 아울러 SOFA의 모법인 한미상호방위조약도 고쳐야 한다.

끝으로 우리 정부는 우리 딸, 미선이와 효순이를 살려내야 한다. 죽은 사람을 어떻게 살려낼까? 유관순, 안중근 이름과 함께 미선이 효순이 이름도 중고 교과서에 실어야 하는 것이다. 역사 교과서를 왜곡한다며 일본만 욕할 게 아니다. 우리 정부도 역사를 왜곡하지 말고, 하루빨리 주한미군의 각종 학살 만행과 범죄와 환경 파괴 실태를 교과서에 실어야 한다. 대한민국은 그 때서야 비로소 '자주독립국가'가 될 수 있을 것이다.

연합토지관리계획, 주한미군이 부르는 그 '두꺼비 노래'*

1. 두껍아, 두껍아, 헌 집 줄게 새 집 다오!

주한미군은 최근 우리의 구전가요인 '두꺼비 노래'를 끈질기게 부르고 있다. "한국아, 한국아, 헌 기지 줄게, 새 기지 다오!"

연합토지관리계획(LPP)은 미군이 처음 만든 말로써, 앞으로 10년 동안 주한미군을 다시 배치하겠다는 것이다. 현재의 미군기지는 옛날에 아무데나 자리 잡았기 때문에 너무 흩어져 있어서, 속도전이 필요한 현대전에서 효율적으로 관리·통제하기가 어려우므로 주한미군의 기지를 통폐합해서 다시 배치하겠다는 것이다. 그러면서 새로 만드는 미군기지에는 주한미군의 삶의 질을 향상시키기 위한 각종 편의시설을 지어 주겠다는 것이다.

이런 계획은 미군이 현재 쓰지 않거나 별로 쓰지 않는 땅을 반환할 테니, 새로 필요하다고 하는 땅은 새로 빌려 달라는 것으로 구체화되어 있다.

이 계획이 언론에 처음 알려진 것은 2000년 5월이지만, 미군이 처음 제안한 것은 1999년 11월 한미연례안보협의회의(SCM)에서였다. 처음에는 미군이 434만 평을 반환하겠다고 하다가, 나중에는 2천여 만

---

* 이 글은 2002년 3월 22일 인터넷신문《통일뉴스》에 실린 칼럼이다.

평을 반환할 테니 615만 평을 달라는 것으로 바뀌더니, 마침내는 "미군 기지와 훈련장 20곳, 4천만 평을 2011년까지 단계적으로 반환하고, 지방의 작은 미군기지를 줄일 테니, 중요한 미군기지들은 주변 땅 75만 평을 사들여 새로 공여해 달라"고 요구했으며, 한국 국방부가 2001년 7월 18일에 이 제의를 받아들임으로써 구체화됐다.

9월 6일에는 조금 더 구체화되어, 미군이 반환하겠다는 땅이 훈련장 3천934만 평과 서울, 의정부 같은 도심에 있는 미군기지 15~20곳 144만5천 평을 합쳐 4천44만5천 평으로 드러났다.

이 계획은 2001년 11월 한미연례안보협의회의에서 합의각서에 서명한 뒤 공식 확정할 예정이었으나, 그 서명이 2002년 3월 중순과 3월 말로 두 차례 연기된 상태이며, 지금은 마지막 자구 수정에 들어가 있는 것으로 알려져 있다.

2. 미군이 맘대로 정하는 '헌 집과 새 집'

한미 양국은 2001년 11월 15일 '의향서'에 서명했는데, 미군이 반환키로 한 기지와 훈련장은 면적 기준으로 현재 미군에 공여된 전체 땅 7천440만 평 가운데 54.3%이며, 기지수로는 레이더 사이트나 탄약고처럼 사람이 주둔하고 있지 않는 곳을 뺀, 전체 미군기지 41곳의 50% 정도이다. 구체적인 내용을 보면 다음과 같다.

용산의 캠프 킴 1만4천 평과 영등포 그레이에넥스 2천 평, 이태원 아리랑택시터 3천300평, 을지로 극동공병단 1만3천 평 같은 서울 미군기지 4개 3만2천 평은 반환하고, 시설은 용산 기지로 통합한다. 캠프 하우즈나 에드워드 같은 파주, 문산 지역의 미군기지 6개는 반환하고,

동두천 캠프 케이시와 의정부 캠프 스탠리로 통합한다. 캠프 라과디아, 캠프 시어스 같은 의정부, 동두천 지역의 미군기지 6개도 동두천의 캠프 케이시와 의정부의 캠프 레드클라우드와 합친다.

이밖에 군산 공군기지 주변 땅 26만2천 평도 반환하고 하남시의 캠프 콜번과 원주시의 캠프 롱 일부는 평택의 캠프 험프리로 이전하며, 대구 캠프 워커의 A-3 헬기장과 부산의 캠프 하야리아는 다른 곳으로 옮긴다. 인천 부평의 캠프 마켓을 비롯한 미군기지 3곳 36만3천 평에 대해서는 앞으로 협상을 계속한다.

그러나 그 동안 가장 큰 문제가 됐던 용산 미군기지나 매향리 폭격장, 파주 스토리 사격장, 미2사단 기갑부대 훈련장인 다그마노스 훈련장 같은 곳은 이 계획에서 완전히 빠져 있으며, 의정부와 평택, 포항처럼 오히려 미군기지가 넓어지는 지역도 있다. 의정부의 캠프 스탠리 주변에 20만 평, 평택의 미7공군 사령부 주변에 24만 평, 역시 평택의 캠프 험프리 주변에 17만 평, 포항 지역에 10만 평을 넓힌다는 것이다.

또 이들 지역에는 기지만 넓히는 것이 아니라, 주한미군의 삶의 질을 향상시켜 준다며 아파트를 비롯한 각종 편의시설을 지을 계획도 있다. 구체적으로 평택 캠프 험프리에 1,500~1,600가구, 평택 송탄 미 공군기지에 250~300가구, 왜관 캠프 캐럴에 500가구, 대구에 833가구, 용산기지에 1,066가구, 군산 미 공군기지에 500가구를 계획하고 있다.

그밖에 쇼핑센터와 우체국, 학교를 비롯한 생활편의시설도 건립할 계획이 있으며, 전체 예산은 13억7천500만 달러 정도로 잡고 있다. 이런 공사를 마무리한 뒤 막사 시설도 개선하겠다고 한다.

3. 연합토지관리계획의 배경

연합토지관리계획의 배경은 크게 셋으로 분석해 볼 수 있다. 첫째는 미국의 주장으로, 현재 미군이 지상군과 재래식 전력 위주로 돼 있어 첨단화하기도 힘들고, 기동성도 떨어지고, 시설이 낡고 비좁아 주한미군의 사기가 많이 떨어져 있으므로 효율적으로 지휘·통제하기 위해 주한미군을 재배치하고, 시설도 개선해 준다는 것이다. 한 마디로 주한미군의 전투력 향상에 절대로 필요한 계획이라는 것이다. 그럴 듯한 주장이다.

둘째는 우리 국방부의 주장과 일부 언론의 분석으로, 우리 국민의 반미 감정을 누그러뜨려 보겠다는 것이다. 매향리나 SOFA, 한강 독극물 무단 방류 같은 굵직굵직한 사건 덕에 한국에서 일반인들 사이에도 반미의식이 끓어올랐기 때문에 한미 두 나라 정부가 고심했다는 것이다. 이 주장은 실제로 민원이 가장 많이 제기되고, 사회적으로 국가적으로 가장 큰 문제가 됐던 용산 기지나 매향리 폭격장, 스토리 사격장 같은 곳을 빼놓았다는 점에서 설득력이 떨어진다.

셋째는 평화운동가들의 분석으로 미국이 한국에 MD라는 미사일체제를 구축하려는 계획의 하나라는 것이다. 미사일 체제에서는 쓸모가 없어질 훈련장을 반환하여 한국 국민의 반미여론을 잠재운 뒤, 패트리어트 PAC-3, 이지스 구축함 같은 첨단 고가의 무기를 팔고, 요격 미사일 부대를 확대하여 공군 중심, 첨단 무기 중심의 전쟁을 치르겠다는 것이다. 이것이 연합토지관리계획이라는 이름 아래 숨겨진 미국 정부의 의도라는 것이다.

이런 분석은 말 그대로 '숨은 의도'를 분석한 것이기 때문에 결정적인 증거를 들이밀 수는 없지만, 미국이 그 동안 벌여온 무기 강매와 MD 구축 강행 기도 같은 것을 보면, 가장 중요한 시사점을 준다고 할 수 있겠다. 미국이 우리나라를 비롯한 약소국들에게 정책을 펼 때는 겉으로 내세우는 명분이 무엇이든, 언제나 자기 나라의 무기나 물건을 파는 것과 연관 짓고 있기 때문이다.

4. 남은 절차와 예상되는 문제들

한미 두 나라 정부 대표들은 두 차례 연기 끝에 2002년 3월 말 최종 합의서에 서명하기 위한 협의를 이미 마쳤으며, 새 땅을 사들이기 위해 해당 지방자치단체에 통보까지 해 놓은 상태다.

일부 땅임자들은 "그렇잖아도 농사짓기 힘든데, 미군기지를 넓힌다면 정부가 빨리 내 땅을 수용해 주었으면 좋겠다"고 공개적으로 밝히고 있기도 하다. 그러나 한미 두 나라 정부가 반드시 해결하고 넘어가야 할 몇 가지 문제가 있다.

첫째는 반환하는 미군기지의 환경 영향 평가와 원상 복구의 문제다. 미군은 이 파괴된 환경을 정화하는 비용과 기술을 대고, 원상 복구시켜야 할 의무를 져야 한다. 미군이 수십 년 동안 쓰면서 완전히 파괴해 놓은 훈련장과 기지가 각종 발암물질로 오염돼 있다는 사실은 필리핀에서뿐만 아니라, 우리나라에서도 이미 확인된 바 있다. 미군기지의 환경 문제는 이렇게 파괴된 땅에 들어가 살거나 농사를 지을 수밖에 없는 사람들의 건강만이 아니라, 나라의 존재 이유와 관련되어 있는 중대한 문제다.

둘째는 국론 분열을 막는 문제다. 미군기지가 그대로 남아 있거나 오히려 넓히는 지역 주민들의 반발도 막아야 하고, 미군기지가 없어지는 지역과 미군기지를 새로 떠안아야 하는 지역주민의 국론 분열도 막아야 할 책임은 한국 정부에 있는 것이다. 한국 정부와 일부 언론은 분명 '지역 이기주의'로 매도할 것이며 이미 그렇게 나오고 있다. 그러나 이런 국론 분열과 지역 이기주의는 주민들이 불러일으키는 것이 아니라, 미국에 예속적인 한국 정부가 불러일으킨 것이며, 미국이 '이 땅을 지켜준다'고 하는데, 어느 지역에서건 핵쓰레기장 취급을 받는 것도 국민의 '배은망덕' 때문이 아니라, 미국의 자업자득이다.

어쨌든 이런 국론 분열의 틈새에서 연합토지관리계획은 그 자체가 폐기될 수도 있다. 벌써 일부는 서명도 하기 전에 백지화되기도 했다. 대구 남구의 헬기장 이전 계획이 그렇다. 남구의 헬기장을 동구로 이전하겠다는 계획이 알려지자, 동구 주민들이 집단으로 들고 일어나는 것은 당연한 수순이었고, 석 달도 채 안 되어 국방부는 "백지화하겠다"는 공문을 동구청장에게 보냄으로써 수습에 나서야 했던 것이다.

그러나 이 문제는 아직 끝난 것이 아니다. 동구의 주민들은 승리감에 젖어 있지만, 남구의 일부 주민들은 "동구 사람들 때문에 우리 동네만 계속 피해를 보게 됐다"며, 엉뚱하게 화살을 동구 주민들에게 돌릴 가능성이 큰 것이다. 이것은 국론 분열이고, 국가적 낭비인 게 분명한데, 이런 현상을 지역 이기주의로 매도해서는 결코 안 된다.

이런 경우는 또 있다. 연합토지관리계획과 별개처럼 보이면서도 하나로 묶여 있는 용산 미군기지 지방 이전 문제의 경우가 그렇다. 1996년 12월 말까지 용산 기지를 평택으로 이전하기로 두 나라 대표가 합의각서에 서명해 놓았지만, 평택 주민들의 강력한 반대투쟁에 한미 두 나라 정부는 무릎을 꿇은 적이 있다. 그런데도 일부 몰지각한 서울 사람들은 자기들의 지역 이기주의는 "민족 자존심 회복 운동"으로 미화하고, 평택 사람들의 지역 이기주의는 "매국적 지역 이기주의"로 매도하고, "수도 서울 한복판에 있는 것보다는 이미 미군기지가 있는 시골로 옮기는 게 나은 것 아니냐"며 아직도 용산 기지 지방 이전 운동을 벌이고 있다.

셋째는 미군기지 이전 비용 문제다. 그렇잖아도 미군은 미군기지의 이전 비용을 아무 근거도 대지 않은 채 터무니없이 높게 요구하고 있다. 용산 기지의 경우 처음에는 17억 달러를 요구하더니, 지금은 어느새 200억 달러라는 계산까지 나오고 있다. 한미 두 나라 정부는 앞으로 10년 동안 미군기지 재배치에 필요한 돈을 2조 원 정도로 추정하고 있다. 이 가운데 1조3천억~1조4천억 원은 미국이 부담하고, 나머지 7천5백억 원 정도는 한국 정부가 대기로 했다. 국방부는 이번에 미군한테 돌려받는 땅 가운데 사유지를 뺀 395만 평을 팔아 이 돈을 마련하겠다고 한다.

그러나 그 많은 돈을 우리가 댄다고 우리 정부에 어떤 권한이 있는 것도 아니다. 우리 정부는 그저 돈만 댈 뿐이다. 미군은 성수대교나 삼풍백화점의 예를 들면서, "세계 1등 국가의 군인인 미군의 생명을 그렇게 부실한 한국의 건축 기술과 부패한 한국 공무원들에게 맡길 수 없기 때문에, 설계부터 시공업체 선정, 자재 구입, 감리 같은 모든 과정은 미국이 할 테니 한국은 돈만 대라"고 말하고 있다. 이것은 국민의 자존심을 짓밟아 버리는 문제이기도 하다.

5. 결론과 대안

그렇다면 이 문제투성이인 연합토지관리계획을 어떻게 해결할 것인가?

우선 연합토지관리계획을 전면 폐기해서는 안 된다. 좀 갑갑해 보이더라도 전면 수정해야 한다. 왜냐하면 이 계획에 따라 미군기지가 없어지게 되는 지역에서는 이미 이 계획을 적극 찬성하며, 자기 지역 개발에 대한 기대감에 잔뜩 부풀어 있기 때문이다. 따라서 이 계획에 따라 반환하기로 한 미군기지와 훈련장은 마땅히 돌려받아야 한다.

그러나 새로 미군기지를 확장하거나 신설하려는 계획은 전면 백지화해야 한다. 예를 들어 미군기지 75만 평을 신설 확장해야 한다면, 이번에 4천445만 평을 반환하고 75만 평을 새로 빌려줄 것이 아니라, 4천445만 평에서 75만 평을 뺀 4천370만 평만 반환하는 것도 한 방법이다.

미군기지 문제를 이전이나 축소 통폐합 같은 방식으로 풀려고 하면 늘 이런 여러 가지 문제에 부닥칠 수밖에 없다. 그러므로 미군기지 문제는 '반환'으로 풀어야 한다.

어떤 명목을 내세우더라도 미군기지를 단 한 평이라도 넓히는 것은 반드시 막아야 한다. 미군기지가 넓어지거나 새로 생기는 지역에는 미군이 영구 주둔할 것이다. 그렇게 되면 이런 지역 주민들은 평상시에는 미군 범죄와 퇴폐 환경 확산, 자연환경·인문환경 파괴 같은 것으로 하루도 빠짐없이 고통을 당하다가, 전쟁 같은 유사시가 되면, 집중 공격목표가 될 것이다. 긴장만 고조돼도 테러를 걱정하며 안절부절못한 채 살아가야 할 것이 확실하다.

그러므로 이들 지역 주민들은 특히 역량을 모두 모아야 할 것이며, 시민사회운동 세력은 이들의 투쟁을 적극 지원해야 할 것이다. 이렇게 연합토지관리계획과 MD의 연결 고리를 끊어 미국의 한반도 전쟁 기도를 중지시키는 것은 남북 화해와 통일의 길로 나아가는 것만큼이나 중요한 요소이기 때문이다.

제3부

SOFA에 대하여

한미상호방위 조약 개정운동이 대안*

- 제6조를 "본 조약은 10년간 유효하다"로 고쳐야

1. 대한민국에 미군이 주둔하는 까닭

미군이 한반도에 주둔하는 까닭은 한반도의 안보 상황이 열악해서도 아니고, 북한의 남침이 우려되기 때문도 아니고, 한국 국민 대다수가 미국을 좋아하기 때문은 더더욱 아니다. 대한민국에 미군이 주둔하는 까닭은 한미상호방위조약 때문이다. 한국 정부는 한미상호방위조약 제4조에서 미국 정부에게 "한반도와 그 부근에 미군을 배치할 권리"를 주었다. 따라서 한미상호방위조약이 살아 있는 한, 미국은 한반도와 그 부근에 미군을 배치할 권리를 갖고 있다.

1953년도에 맺어진 이 조약은 50년이 지난 현재도 유효할 뿐더러, "본 조약은 무기한으로 유효하다"고 규정한 제6조 때문에 앞으로도 "무기한으로" 유효하다. 50년이나 500년쯤 지나면 아니, 통일이 되면 미군이 철수할 수도 있다는 막연한 생각을 갖고 있는 이들이 많다. 그러나 한미상호방위조약 제6조를 고치지 않는 한, 주한미군은 무기한으로, 다시 말해 영구적으로 주둔하게 돼 있다.

통일을 첫째, 남한이 북한을 흡수 통일하는 경우, 둘째, 남북이 연합제나 연방제로 통일하는 경우, 셋째, 북한이 남한을 흡수 통일하는 경우

* 이 글은 2003년 11월 용산구민회관에서 열린 '주한미군철수의 방법론 토론회'에서 발표한 글이다.

로 나눌 경우, 앞의 두 경우에는 남한이 그 동안 외국과 맺었던 모든 조약과 협정이 그대로 유효하기 때문에 한미상호방위조약도 그대로 유효하게 된다. 그런데 세 번째 통일 가능성은 0%다.

물론 한미 두 나라 가운데 어느 한 나라라도 "이 조약을 파기하자"고 상대국에게 통고를 하면, 1년 뒤에 한미상호방위조약이 폐기되게 돼 있다. 따라서 형식적으로는 미국 정부나 한국 정부라도 언제든지, 다시 말해 지금 당장이라도 파기하자고 요구할 수 있기는 하다. 그러나 지금도 계속해서 미군 배치 국가수를 늘려 나가고 있는 미국이 먼저 이 조약을 파기하자고 할 가능성은 0%이다.

미국에서 가끔 "그러면 차라리 미군을 철수시켜 버려!" 하는, 듣기에 따라 다소 '과격한' 주장을 하는 경우도 있는데, 그것은 한국의 정치인, 특히 고위급 정치인들을 향한 협박카드일 뿐이다. 필리핀에서 미군이 철수하게 된 과정을 살펴보면, 미국의 그런 협박 전술을 적나라하게 알 수 있다.

그렇다고 한미상호방위조약은커녕 그 하위법인 SOFA, 즉 '주한미군지위협정'의 개정조차도 요구하지 못하는 한국 정부가 먼저 "한미상호방위조약을 개정하자"도 아니고, "파기하자"고 주장할 가능성도 0%다.

따라서 현재의 한미상호방위조약을 고치지 않는 한, 미국은 한반도와 그 부근에 미국의 육해공군을 무기한으로 주둔시킬 당당한 권리가 있는 것이다.

2. 주한미군철수의 방법론

결론부터 말해, 주한미군 주둔 문제 해결의 대안은 한미상호방위조약을 개정하는 일이다.

물론 이론상으로는 한미상호방위조약을 고치지 않고도 미군을 철수시키는 방법이 몇 가지 있긴 할 것이다. 예컨대, 대한민국에 반미 혁명 정부가 들어서고, 그 혁명 정부가 혁명의 기세로 미군을 강제로 내쫓는 게 가능하다고 믿는 이도 있겠고, 주한미군 한 사람 한 사람이 한반도에 주둔하는 것을 두려워할 정도로 반미시위가 격렬하여 한국 주둔 명령을 받는 모든 미군이 명령을 거부하여 탈영을 하고, 이미 주둔하고 있는 미군이 모두 귀국해 버리든가…….

그러나 그럴 가능성은 0%이다.

한미상호방위조약 개정은 4년 전 <불평등한소파개정국민행동>을 만들 때도 일부 논의가 있었다. 그러나 그 때만 해도 '시기상조론'이 우세했다. 하지만 이제 SOFA 개정을 넘어서 SOFA의 모법인 한미상호방위조약 개정운동을 벌일 때가 충분히 되었다고 본다.

나는 이미 오래 전부터 "본 조약은 10년간 유효하다"로 바꾸자고 제안해 왔다. 그 10년 기간이 지나서 주한미군이 모두 철수하게 될 때, 여전히 불안해서 잠 못 잘 국민이 많을 것으로 우려된다면 2, 3년 전부터 정부 간에 협상을 하면 된다. 그래서 그 결과에 따라, 때로는 국회의 결의로, 때로는 국민투표로 그 기간을 연장해 주거나 연장해 주지 않거나를 결정하면 된다고 보고 있기 때문이다.

그리고 나는 그 10년 동안을 국민 재교육 기간으로 활용해야 한다고 보고 있다. 군사력이나 전쟁수행 능력, 무기 수출입 현황, 국가 재정 따위를 종합해 보면, 정확한 사실들을 근거로 할 때, 미군이 당장 떠나도 아무런 문제가 없으며, 오히려 미군이 떠나야 한반도에 평화가 찾아오게 돼 있다. 그러나 실제로는 현재의 상태에서 주한미군이 오늘 당장 전면 철수를 하면, 대한민국은 무너질 것이라고 본다. 거짓 교육이라도 "주한미군이 철수하면 나라가 무너진다"고 교육을 받아 온 국민들 사이에 정신 공황 상태가 도래할 것이라고 보기 때문이다.

물론 요즘 몇몇 언론에서, 예컨대 《MBC》의 "이제는 말할 수 있다"나, 《오마이뉴스》나 《통일뉴스》, 《민중의소리》 같은 대안 언론에서 진실을 알리고 있다. 시민사회운동 진영에서도 진실을 알리는 홍보 전단을 만들어 뿌리기도 하고, 정말 중요한 내용을 담은 주요 인사들의 훌륭한 명연설도 많아졌다. 그러나 이런 정도만 갖고는 지난 60년 세뇌당해 온 국민의 '철학'을 바꾸기 어렵다고 본다. 초중고 정규 교육에서, 언론의 시사프로만이 아니라 일반 프로그램, 오락프로그램 같은 데서까지 "주한미군이 철수해도 나라가 안 무너진대……" 하는 재교육을 할 수 있는 기간이 필요하다고 보는 것이다.

그런데 최근 들어 몇몇 학자들과 활동가들은 그 기간을 5년이나 3년으로 주장하기도 한다. 그러나 나는 여전히 10년을 주장하고 있다. 조선민주주의인민공화국도 옛 소련과 맺은 조소군사조약의 유효기간을 10년으로 정했다. 유효기간이 끝났는데, 어느 쪽도 이의를 제기하지 않으면, 자동으로 5년간 연장된다는 단서 조항도 있다. 호주도 미군 주둔을 10년 단위로 연장해 주고 있다.

물론 필리핀은 처음에 "99년간 유효하다"고 했다가, 19년 만에 "25년간 유효하다"로 고쳤다. 일본은 우리나라처럼 미군이 무기한 주둔할 수 있도록 해 놓았지만, 개별 기지들의 임대기간을 정하고 있다.

한미상호방위조약의 제6조를 어떻게 바꾸느냐에 따라 주한미군을 철수시키는 방법은 수억 가지가 될 것이다. 1년간 유효하다, 2년간 유효하다……, 수억 년간 유효하다.

그러나 예컨대 "통일 때까지 유효하다"고 하면 안 된다. 왜냐하면 현재도 미국이 통일을 방해하고 있지만, 한미상호방위조약 6조를 "통일 때까지 유효하다"로 바꿀 경우, 미국은 지금보다 더 노골적으로 더 강하게 통일을 방해할 것이고, 그렇게 되면 우리의 통일도 더욱 더 멀어질 것이기 때문이다.

따라서 10년이든 5년이든, 아니면 100년이라도 기간을 정해야 한다. 미국이 아무리 방해해도 100년이 오는 것을 막을 수는 없기 때문이다.

3. 문제는 한미상호방위조약의 유효기간

대한민국 국민 가운데 주한미군 철수를 반대하는 이는 없다고 본다. 글쎄, 한국이 미국의 한 주로 편입되어 영원히 미국 국민이고 싶어 하는 국민이 없지 않겠지만, 모든 국민은 주한미군의 철수를 바라고 있다고 봐야 맞다. 문제는 기간이다. 어떤 이는 즉각 철수, 어떤 이는 통일 이후에 철수, 어떤 이는 10억 년 뒤에 철수…….

따라서 주한미군의 단계적 철수를 주장하는 어떤 대안도 구체성은 떨어진다고 보겠다. 민주노동당의 주한미군 관련 강령도 '단계적 철수'이고, 여론조사에 따르면 국민의 71.5%가 주한미군의 단계적 철수를 주장했다고 좋아하는 이들이 있다. 그러나 '단계적'이라고 하는 것은 전혀 주장할 필요가 없다. 현재 3만7천 명 정도의 미군을 1천 년에 한 명씩 철수시키는 것도 단계적 철수인데, 그렇게 '단계적으로' 철수시킬 경우, 미군을 완전히 철수시키는 데는 3천7백만 년이 걸리기 때문이다. 경우에 따라 마지막 단계를 10억 년 뒤로 생각하는 사람도 있는 것이다.

주한미군 관련 운동이 일시적 정의감이나 울분으로 일회적으로 끝나거나, 책상머리에서나 머릿속에서만 계획해서 원칙만 주장하는 구호성 운동만으로 그칠 것이 아니라, 일반 대중과 함께하는 길고 긴 운동으로 성공했으면 좋겠다.

4. 더럽혀질 대로 더렵혀진 단어 '주한미군 철수'

히틀러 이후 독일에서 히틀러가 버려 놓은 독일의 좋은 말들을 어떻게 할 것인가를 놓고 독일의 학자들이 논쟁을 벌인 적이 있다.

이 때 "애기 목욕시킨 물이 더럽다고 애기까지 버릴 순 없다"는 독일의 속담을 인용하며, 아무리 히틀러가 버려 놨다 하더라도, 좋은 말이면 버리지 말고 세탁해서 써야 한다고 주장하던 사람들이 있다.

그런데 '새마을운동'이나 '정의사회 구현'이라는 말을 놓고 보자. 새마을이라는 말도 참 좋은 말이지만, 이 말은 박정희 냄새가 물씬 풍겨서 쓰기가 싫다. 아무리 세탁해도, 박정희의 흔적을 지울 수가 없다. 정의사회 구현도 마찬가지다. 정말 이 땅에 정의사회를 반드시 구현해야 한다. 하지만 전두환 냄새가 너무 많이 나서 쓰기가 힘들다는 것을 알 수 있다.

여기서 빼놓을 수 없는 보기를 하나 더 들자면, "예수 천당, 불신 지옥"이다. 사람들이 많이 모이는 곳이면 어김없이 나타나 "예수 천당, 불신 지옥"을 외치는 이들이 있다. 내가 보기에, 이 여덟 글자는 기독교인들이 금과옥조로 떠받들고 있는 성경 66권을 가장 압축적으로 축약한 단어라고 할 수 있을 것이다.

그러나 이런 주장을 하고 다니는 이들을 기독교인들조차도 싫어한다. 그러니 비기독교인들이야 오죽하겠는가! 예수 천당, 불신 지옥도 이미 세탁해서 쓰기 힘들 만큼 더렵혀진 것이다.

나는 '주한미군 철수'라는 말에서도 같은 현상을 본다. '주한미군 철수'는 내가 앞에서 주장한 대로 기간의 차이는 있을망정 모든 국민이 원하는 말이다. 그러나 이 말은 지난 60년 가까이 역대 정권의 거짓 교육으로 너무나 많이 더럽혀져 있다는 생각이다. 역대 정권은 주한미군이 철수하면, 북괴가 남침할 것이고, 미군 없는 남한 군대는 북괴군을 이길 수 없고, 대한민국은 무너진다고 가르쳐 왔기 때문이다. 이것은 이미 공식이 돼 있고, 이 공식을 달달달달 외우고 있는 국민이 아직도 많다.

이렇게 역대 정권이 학교와 사회, 가정, 언론 같은 모든 교육 기회를 통해 60년 가까이 더럽혀 놓은 말을 단 몇 년 안에 몇 명의 선각자들의 강연이나 극소수의 논문, 대안 언론, 또는 홍보 전단으로 세탁할 수 있다고 생각하지 않는다.

적어도 공교육 기관의 초중고 교과서에 '미군이 철수해도 대한민국이 무너지지 않는다'는 내용을 넣을 정도가 되어야 한다. 몇몇 진보적인 언론인들이 심혈을 기울여 만드는 극소수 시사 프로그램만이 아니라 9시 뉴스 앵커의 입에서, 드라마나 코미디 프로그램 출연자들의 입에서, 또 스포츠 같은 일반 프로그램에서 '미군이 철수해도 대한민국은 괜찮단다'는 말이 적어도 몇 년 동안은 이어져야 한다고 본다. 그래서 많은 국민들이 "어라? 미군 떠나면 대한민국이 무너지는데? 무너진다던데? 안 무너져? 이거 교과서가 잘못된 거 아냐? 저 뉴스가 잘못 된 거 아냐?" 하는 의구심들을 갖다가 차츰 진실을 알아 나갈 수 있도록 해야 한다.

5. 몇 가지 주장에 대한 반론과 대안

위와 같은 배경에서 발제자들의 주장에 몇 가지 반론을 제기하고자 한다.

먼저 <주한미군철수운동본부> 임찬경 상임공동의장은 미군기지 평택 총집결 저지 투쟁도 "주한미군 철수시켜 우리고장 지켜내자"로 바꿀 것을 제안하였다. 그렇게 주장하신 배경은 충분히 이해하지만, 나는 그런 주장에 반대한다.

하나의 예를 들겠다. 1990년부터 평택에서 용산 기지 평택 이전 반대 운동을 하고 있을 때였다. 주한미군 한 명에게 온 가족이 몰매를 맞았다는 제보를 받았다. 어처구니없게도 온 가족이 몰매를 맞은 이 가족을 만나 설득한 끝에 한 행사에서 미군 범죄 피해사례 발표를 하시도록 부탁했고, 어머니와 두 아들이 그 발표장에 나오셨다. 대표로 큰 아들이 당시 상황을 자세히 설명하며, 여전히 분을 삭이지 못했다. 그 바람에 어머니는 노이로제와 불면증으로 시달렸고 결국 이사까지 가야 했다고 했다. 그 때 청중석에 앉아 있던 한 내학생이 실분을 했다. "미군이 정말 나쁘다는 걸 다시 한 번 확인했다. 미군이 그렇게 나쁘기 때문에 용산 미군기지가 평택으로 안 오기만 하면 되는 게 아니라, 결국 미군이 철수해야 되는 것 아니냐?"는 것이었다. 그러자 어머니와 아들 둘이 "미군 철수는 안 된다. 우리 가족이 이런 피해를 당했지만, 미군이 철수하면 북한이 쳐내려 와서 전쟁이 난다"며 펄쩍 뛰었다. 물론 이 하나의 사례가 전체를 대변할 수는 없지만, 미군 관련 운동을 하는 현장에서 이와 비슷한 사례를 접하는 것은 너무 흔한 일이다.

총선과 미군 철수 국민투표 문제를 연계시키는 것도 반대다. 임찬경

의장은 "'국투'(미군철수국민투표)의 사업추진초기인 2004년 상반기에 총선이 있는데, 이때 '국투'에 동참하는 대중들이 모두 나서서 주한미군과 이해를 같이하는 친미수구정치인들의 사대매국 성향을 폭로하고 다양하게 그들을 타격하여 정치적으로 몰락시키는 것은 '국투'의 성공을 보장함은 물론 향후 주한미군 철수를 위한 획기적인 환경을 마련하는 것이 된다"며, "2004년 총선에서 세대교체가 예상되던" 한나라당 국회의원 130명 정도가 주한미군 철수 반대모임을 꾸린 것을 놓고, 그들이 "위기감을 느끼고 있다"고 분석했다.

그러나 보수적이고 부패한 정치인들이 미군 철수 반대모임을 꾸리면, 표가 자기들에게 모인다고 생각하는 것이고, 아직은 그런 그들의 꼼수가 먹히는 실정이라고 본다. 썩어빠지고, 정책이 없이 돈만 판치는 선거판에서 부패한 정치꾼들이 살아남는 길은 진보적인 후보들을 빨갱이로 몰아 붙여서 선거판을 보혁 대결로 끌고 가는 것이다. 유권자들은 수백, 수천억 원을 해먹은 부패 정치꾼보다 빨갱이를 더 싫어한다는 것을 누구보다도 잘 알고 있기 때문이다.

오키나와에서도 후텐마 미군기지의 나고시 이전을 놓고 벌인 주민투표에서는 90%가 넘는 절대 다수의 나고시 시민들이 반대표를 던졌지만, 바로 이어 진행된 시장선거에서는 미군기지를 받아들이는 대가로 지역을 발전시켜 주겠다는 공약을 내건 자민당의 후보가 당선됐다. 더구나 한국의 선거는 공약보다는 돈과 조직, 흑색선전 같은 것들이 더 먹히기도 하는 것이다.

그리고 <민족화해자주통일협의회> 유영재 사무처장은 신한미상호방위조약 제정운동을 벌인다고 했는데, 이름도 생소한 신한미방위조약을 제정하기보다는 현재 있는 한미상호방위조약을 개정하는 운동이 현실성 면에서 더 낫다고 본다.

전시작전통제권 환수, 유엔사와 한미연합사 해체, 매향리 투쟁, SOFA개정투쟁, MD반대투쟁, F-15K도입반대투쟁, 여중생투쟁 같은 것은 적극 동의한다. 그런데 여기에 덧붙여 몇 가지 문제를 더 제안하고자 한다.

우선 카투사(KATUSA) 해체 운동도 벌였으면 좋겠다. 카투사 제도는 미군이 주둔하는 100여 개 나라 어디에도 없는, 한국에만 있는 제도다. 미군이 한국군의 부족한 부분을 보완하기 위해 주둔한다면 미군이 한국군에 '배속'되어야 마땅하다. 따라서 한국군의 일부가 미군에 '배속'되어 있는 이 카투사 제도는 '유삿카(USATKA)'[1] 제도로 바꿔 미군을 한국군에 배속시키든가, 카투사를 없애든가 해야 한다.

또한 평택에 있는 주한미군 도·감청 부대의 해체나 국내 도·감청 금지운동도 포함했으면 좋겠다. 미국의 CIA 한국지부와 주한미군 도·감청부대는, 김대중 대통령이 도·감청이 완전 차단된 김정일 위원장의 차를 타고 평양 순안공항에서 숙소까지 오간 경우를 빼고는 대한민국의 역대 대통령들이 주고받는 모든 대화 내용을 도·감청한 것으로 알려지고 있다. 노무현 대통령이 후보 시절과 대통령 당선 이후 갑자기 태도를 바꾼 것도 미국 CIA와 주한미군 도·감청부대의 도·감청에 의해 뭔가 큰 약점을 잡힌 게 아닌가 의심하지 않을 수 없는 것이다.

2004년에는 SOFA 특별협정을 개정하지 못하도록 하는 운동도 벌였

1) 카투사(KATUSA)는 '주한미군에 배속된 한국군'이라는 뜻이다. 한국군이 뭔가 부족하기 때문에 외국군을 끌어다 쓴다면, 그 외국군은 한국군에 배속되어 한국 국군통수권자의 지시(적어도 또는 부탁이나 협조 요청)에 따라 한국군의 그 부족분을 채워 주는 식이어야 할 것이다. 따라서 한국에선 카투사 대신, '한국군에 배속된 미군'이라는 뜻의 유삿카(USATKA)가 필요한 것이다.

으면 좋겠다. 현재 한국이 주한미군의 주둔 비용 일부를 분담하도록 한 이른바 SOFA 특별협정은 현행 SOFA 제5조를 정면으로 위배하는 협정이다. 이 특별협정이 없으면 우리는 SOFA 제5조에 따라 주한미군의 주둔 비용을 전혀 분담하지 않아도 된다. 그런데 이 특별협정은 1991년에 처음 제정된 뒤, 2~3년 단위로 계속 갱신하며, 한국의 분담 비율과 분담액을 지속적으로 늘리고 있다. 그런데 다행히도 현행 특별협정은 2004년 12월 31일까지 유효한 것으로 되어 있다. 물론 한미 두 나라 정부는 내년에도 예년처럼 3년 연장하고, 한국의 부담을 높이는 쪽으로 고치려 할 것이다. 따라서 2004년에는 시민사회운동 진영에서 이 협정을 고치지 못하도록 하는 운동에 집중, 2005년 이후까지도 대체 협정을 만들지 못하도록 하여 방위비 분담금이라는 명목으로 해마다 증액하고 있는 주한미군 지원금을 한 푼도 주지 않아도 되도록 했으면 좋겠다.

그리고 정치운동도 제안하고자 한다. 2004년은 총선이 있는 해다. 모든 문제는 정치권에서 해결되게 돼 있다. 현재의 정치 구도에서는 진보적인 대통령이 당선되어 주한미군과 관련한 진보적인 정책을 펴기도 힘들지만, 설사 그런 대통령이 당선되어 주한미군과 관련한 진보적인 정책을 펴려고 애쓴다 하더라도 국회에서 발목 잡힐 가능성이 높다. 따라서 주한미군과 관련하여 진보적인 정책을 제시하는 정치인들이 당선되도록 하는 운동이야말로 아주 중요한 운동일 것이다.

끝으로 장기적으로는 통일운동도 활발히 벌여야 할 것이다. 국내 상황이 아무리 좋아진다고 해도 통일이 되지 않는 한, 주한미군 관련 운동은 늘 제약을 받게 마련이다. 그러나 우리의 소원은 통일이라고 외치는 사람들도 통일 방식이나 통일의 최종 형태에 대해서는 저마다 다르게 생각하고 있는 것 같다. 따라서 통일 방안도 좀 더 구체적으로 제시했으면 좋겠는데, 그런 점에서 나는 수교를 통해 통일로 나가야 한다고 본다. 36년간 우리나라를 식민지로 지배했던 일본과도 수교를 하고 나니까, "일본이 호시탐탐 북침의 기회를 노리고 있다"는 말을 하는 사람이 없고, 일본의 침략을 두려워하여 제주도 앞바다, 부산 앞바다를 최전방으로 생각하고 철통같이 방어해야 안심이 된다는 국민도 없다. 이것은 한국 사람들이 일본을 북한보다 덜 나쁜 나라로 믿기 때문이 아니라, 수교를 했기 때문이라고 본다. 우선은 통일 이전에라도, 북한을 반국가 단체인 '북한'이 아니라, 유엔을 비롯한 국제사회가 인정한 대로 조선민주주의인민공화국이라는 국가로 정식 인정한 뒤, 남북 수교를 한 뒤에 통일로 나아갈 필요가 있다고 본다.

평화는 국경을 넘어*

– 미국 평화운동단체 방문기

워싱턴, 그리고 〈아태정의평화센터〉

"CIA가 날씨마저 조작하고 있다."

결정적인 날 비가 내리는 걸 보며 우리는 모두 한 마디씩 했다. "불평등한 SOFA 한 번 개정해 보겠다고 없는 돈 처들여 미국까지 왔는데, 이 무슨 꼴이냐"는 거였다. 그런데 그 비를 맞으며 우리를 정말 열심히 안내하는 미국인이 있었다. <아태정의평화센터>라고 옮길 수 있는 <Asia Pacific Center for Justice and Peace>의 앤드류 웰스-당(Andrew Wells-Dang)이 그였다.

감리교 회관 5층에 <대인지뢰금지운동>(ICBL)과 나란히 붙어 있는 사무실은 그리 크지 않았다. 문을 열고 들어서자, 젊은 여성 활동가와 앤드류가 반갑게 맞이했다. 안쪽으로 들어서자 큰 탁자 위에 여러 종류의 홍보물이 가지런히 놓여 있었다. 무심코 내려다보니 "한국에서 <불평등한소파개정국민행동> 대표단이 오니, 며칠날 어딘가에서 모여 그들의 소리를 직접 들어보자"는 내용이었다.

---

* 이 글은 <불평등한소파개정국민행동>이 문정현 신부를 단장으로 꾸린 방미단에 포함되어 2000년 9월 20일부터 10월 9일까지 미국 백악관 항의 시위 등에 참여하고 귀국한 뒤, 보고서 형식으로 쓴 글이다. 방미단에는 문정현 신부와 필자 외에도, <평화를만드는여성회> 이김현숙 공동대표, <국제민주연대> 변연식 공동대표와 최재훈 간사가 함께했다.

앤드류는 그런 내용의 홍보물을 여러 종류 만들어 여기저기 뿌린 모양이었다. 그는 폴 웰스톤(Paul Wellstone)이라는 상원의원과 약속한 시간이 조금은 남아있다며, 우리를 맨 아래층에 있는 〈기독교교회협의회〉(NCC) 사무실로 안내했다. 우리보다도 더 열심히 우리에 대해 설명했다.

우리는 곧 빗속을 뚫고 상원의원 회관에 있는 폴 웰스톤 의원실로 갔다. 미네소타 출신으로 민주당 소속인 그는 미 상원에서 가장 진보적인 목소리를 대변한다고 했다. 우리는 보좌관과 만나 50분 정도 이야기하며, SOFA 전면 개정을 위해 이것저것 부탁했다. 그러자 그는 이렇게 물었다.

"한국 정부는 무얼 하고 있나요?"

우리한테는 서글프지만 당연한 질문이다. 나 같아도 그게 제일 궁금하겠다. '그런 일을 정부가 해야지 왜 당신들 같은 민간인들이 하느냐'는 것이 얼마나 당연한가! 그런데 우리는 지난 70년대 임금 떼먹고 도망간 일본인 사장을 찾아 일본까지 갔던 우리의 노동자 대표들이 일본에서 들었던 소리를 떠올렸다. "너희 정부한테 가서 따져!"

앤드류는 열심히 우리를 거들었다. 마침내 우리는 "자료를 요약한 질문지를 서너 개로 압축해 주면 곧 있을 국정 질의 때 올브라이트 국무장관에게 따지겠다"는 답변을 얻어냈다.

앤드류는 미국무부 앞에서 열린 '불평등한 소파 개정과 주한미군 만행 규탄 집회'에 참석하여 짧은 연설도 했다. 그 때 그의 얼굴에 흘러내린 것은 글쎄, 빗물이었겠지?

그는 제임스 맥거번(James McGovern) 하원의원도 만나게 해 주었다. 그 뒤 그는 우리를 정책연구소(Institute for Policy Studies)라는 곳으로 안내했다.

"몇 명이나 올지 몰라요. 아무도 안 올 수도 있어요."

몇 종류의 홍보물을 만들어 뿌리고 여기저기 연락도 했지만, 기자들이 많이 안 오면 어쩌나 고민이 되었던 모양이다. 그런데 쓸데없는 고민이었다. 기자들과 평화운동가 25명 정도가 모여들었다.

동포 통일운동단체 <자주연합> 워싱턴 지부의 이재수 회장이 사업도 부인에게 맡긴 채 한 주일 동안 우리의 숙식과 차량, 운전 등 모든 것을 다 보살펴 주었다. <우리문화나눔터> 식구들도 참 열심이었다. 그분들의 도움이 없었다면 유색인 영화에 좋은 백인 주인공 앤드류의 활약상만 돋보일 뻔했다.

뉴욕, 그리고 〈CAAAV〉, 〈IAC〉, 〈WRL〉, 〈QUNO〉

뉴욕에서는 동포 단체 <노둣돌> 덕분에 여러 곳을 찾을 수 있었다. 특히 서승혜 씨가 고생했다. 대학원 박사과정을 공부하면서 시간강사를 하고 있는 그는 <노둣돌> 활동을 하며 라디오 방송 한 꼭지를 진행하고 있었다. 당연히 문 신부님과 이현숙 대표를 초대하여 생방송을 했다.

그 사이에 변연식 대표와 최재훈 씨와 나는 고등학교 영어(ESL) 교사로 역시 〈노둣돌〉 회원인 김은희 씨를 따라 〈필리핀 포럼〉(Philippine Forum)을 찾았다. 일곱 명 정도가 뭔가 논의하다 말고, 우리의 말을 열심히 들어 주었다.

다음 날은 〈카브〉(CAAAV)를 찾았다. 〈Committee Against Anti-Asian Violence〉니까 직역하자면 〈아시아인에 대한 폭력에 반대하는 위원회〉라고 옮길 만하겠다. 필리핀 출신 두 여성이 우리를 맞았다. 한국 출신 여성도 있는데, 몸이 아파 결근했다고 했다. 그 날 저녁 헌터 칼리지(Hunter College)에서 통역을 똑부러지게 해서 우리를 감동시킨 바로 이현정 씨였다.

다음으로 우리는 <국제 행동 센터>라고 옮길 수 있는 <International Action Center>엘 갔다. 열 명 정도가 탁자에 둘러앉아 A-TV가 만든 매향리 비디오를 시청했다. 연신 감탄사를 퍼부으며 박수를 치는 모습을 보고 가슴 뜨거운 활동가들임을 알 수 있었다. 사무실을 나설 때 그들은 테이프에 각 나라 말로 자막을 넣겠다는 고무적인 제안을 했다. '미국에서 가장 진보적이고 힘이 있는 단체'라더니 역시……. 문 신부님은 사무실을 나오자 이렇게 말씀하셨다.

"여기는 정말 잘 왔다. 피곤이 싹 가셨다. 이런 델 오니까 힘이 솟는다."

젊은이들보다 훨씬 쌩쌩하시더니 강행군 일정이 남모르게 힘드셨나 보다.

우리는 <전쟁 반대자 연대>라고 옮길 수 있는 <War Resisters League>를 거쳐, <퀘이커 유엔 사무소>(Quaker UN Office)를 찾았다. 가정집처럼 생긴 이 사무소는 유엔본부에서 그리 멀지 않은 곳에 있었는데, 스무 명 정도가 와 있었다. 우리는 여기서 뜻하지 않은 복병을 만났다. 우리를 위해 <코리아 소사이어티>(Korea Society) 사람들도 초대한 것이었다. 그레그 전 주한미대사 같은 사람들이 있는 <코리아 소사이어티>는 극보수지만, 미국의 한국 정책 결정에 큰 영향력을 행사하는 사람들이니 이들에게 우리의 요구를 직접 전달하라는 취지였다. 네 시간 가까이 논쟁을 벌였지만, 서로를 설득할 수는 없었다. 그들한테서 "SOFA 개정에는 우리도 찬성한다"는 발언을 끌어낸 것이 성과라면 성과였을 것이다.

평화가 국경을 넘어 흐르고 있음을 확인할 수 있었다. 그러나 비에케스를 푸에르토리코의 매향리로 표현할 정도로 싸워야 하는 것은 우리의 몫이다.

SOFA 협상 왜 다시 해야 하나?*

1. SOFA란 무엇인가?

주한미군은 SOFA가 아니라 한미상호방위조약이라는 것 때문에 주둔한다. 이 조약은 6개 조항으로 되어 있는데, 4조에 우리나라와 그 부근에 미국의 육·해·공군을 배치할 수 있도록 해 놓았다. 언제까지? 한미상호방위조약이 살아 있을 때까지. 그게 언제? 그 답은 한미상호방위조약 6조에 규정되어 있다. '무기한!' 그렇기 때문에 김대중 대통령이 미군은 통일 이후에도 주둔해야 한다고 말하지 않아도 된다. 조약에 통일되면 떠나야 한다고 되어 있지 않기 때문이다. 물론 우리나라나 미국 가운데 어느 한 나라라도 "조약을 파기하지"고 하면 1년 뒤에 파기할 수 있긴 하다.

그럼 SOFA란 무엇일까? SOFA는 한미상호방위조약의 하위 법으로 4조와 6조에 따라 우리나라에 무기한 주둔하는 미군에게 땅을 어떤 조건으로 빌려줬다가 돌려받을 것인지, 범죄를 저지르는 미군은 누가 어떻게 처벌할 것인지, 미군의 지위는 어떻게 규정할 것인지 따위를 정해 놓은 협정이다. 외교통상부는 '한미주둔군지위협정'이라고 줄이지만, 그것도 정확하지는 않다.

* 이 글은 2001년 3월 인천교대 학보에 실린 글이다.

2. SOFA는 어떻게 만들었고, 어떻게 고쳐 왔나?

미군이 우리나라에 주둔하기 시작한 것은 1945년이다. 그 뒤로 일부 철수했다가 한국전쟁 때 34만 명 정도가 몰려들어 왔다. 휴전을 했지만, 한미 두 나라 정부는 미군을 다 철수시키지 않고 일부를 남기기로 합의하고, 1953년 한미상호방위조약을 맺었다. 앞에서 밝힌 대로 지금 우리나라에 미군이 주둔하는 것도 바로 이 조약 때문이다.

그런데 1967년까지는 SOFA가 없었다. 그 때까지는 미군들이 사용하는 땅과 미군 범죄를 다스릴 법적 근거가 없었던 것이다.

그래서 살인·강간 같은 끔찍한 미군 범죄가 줄을 이어도 우리는 멍하니 보고 있어야 했다. 이승만 친미 독재정권에 짓눌려 거의 꼼짝도 못하던 우리 국민은 마침내 4·19 혁명을 성공시킨 힘으로 SOFA를 만들자고 요구했다. 마지못해 협상에 응하던 미국은 박정희가 군사반란을 일으켜 국민의 기를 꺾어 놓자 협상을 계속 질질 끌었다. 그렇게 해서 7년 만에 가까스로 첫 SOFA를 만들 수 있었다. 살인, 강도, 강간, 국가안보사범만을 우리가 재판할 수 있었다. 그 네 가지 주요 범죄마저도 미국이 요구하면 포기해야 했다.

1987년 6월 항쟁을 통해 또 다시 힘을 얻은 우리 국민은 SOFA 개정을 요구해 1991년에 처음으로 SOFA를 약간 고칠 수 있었다. 그러나 SOFA를 고치면 뭘 하나? 고치자마자 케네스 마클이라는 주한미군이 보아란 듯이 엽기적 살인을 저질렀고, 거의 모든 시민단체들이 들고일어났지만, 구속 수사를 못했다. 그 뒤로도 끔찍한 미군 범죄는 계속 터졌다.

1995년 충무로 지하철역에서 주한미군 10명 남짓이 한 시민을 집단 폭행한 사건을 계기로 SOFA를 또 고쳐야 한다는 여론이 일었다. 한미 두 나라 정부 대표들은 그 해 11월부터 협상에 들어가 이듬해 7차까지 협상하다가 냄비 끓던 국민의 관심이 다른 데로 옮겨 가자, 슬그머니 중단해 버렸다. 그 뒤 이른바 50년 만의 정권교체라는 호기를 맞았으나, 대통령이 틈만 나면 "통일 뒤에도 미군은 주둔해야 한다"고 되뇌는 바람에 그 좋은 기회를 놓칠 뻔했다.

SOFA 개정이 물 건너 갈 것을 우려한 사회운동단체들은 1999년 9월 <불평등한소파개정국민행동>이라는 단체를 만들었다. 그 때 참여한 단체는 120개가 넘는다. 그 때부터 달마다 둘째 주 화요일 오후 2시면 어김없이 미대사관으로 달려가서 시위를 하고 있다. 그리고 미군기지는 물론 백악관과 미국무부 앞에까지 쫓아가 시위를 했다. 마침 매향리 폭격 사고가 터지자, 2000년 한 해를 매향리 미군 국제폭격장 폐쇄투쟁과 SOFA 전면개정투쟁으로 물들였다.

해방공간 이후 처음으로 일어난 범국민적 미국반대 여론에 놀란 한미 두 나라 정부 대표들은 뒤늦게 호들갑을 떨면서 서울과 워싱턴을 오가며 협상한 끝에 마침내 2000년 12월 28일, 결과를 발표하게 된 것이다.

3. SOFA, 무엇이 아직도 문제인가?

외교통상부는 A4 용지 44쪽짜리 합의문을 11쪽으로 요약해서 발표했다. 우리는 정부 발표만 가지고 평가할 수밖에 없다.

우리의 첫 느낌은 착잡함을 넘어 분노 그 자체였다. 겨우 요 정도 하려고 그렇게 국민 세금을 축내며 6년 가까이 끌었단 말인가! 물론 일부 형식적인 진전이 없었던 것은 아니다. 그러나 근본은 전혀 달라지지 않았고, 일부는 개악되었다.

몇 가지만 예를 들어 보자. 먼저 미군 피의자를 기소하고 나면 신문할 수 없도록 했다. 매향리 투쟁으로 구속 재판을 받을 때 기소 뒤에도 수갑과 포승줄로 꽁꽁 묶인 뒤 굴비처럼 엮여 검찰에 끌려가 그 자세로 몇 시간씩, 며칠씩 신문을 받은 사람으로서 분노하지 않을 수 없다.

또 이번에 '공여지 침해 방지' 규정을 새로 만들었다. 지금 누가 미군 공여지에 마음대로 들어간다고 이런 조항을 만들었을까? 누가 뭐래도 이것은 파주 농민들에게 족쇄를 채우기 위해 만든 게 분명하다. 작년에 미군들은 파주에서 땅임자들이 자기 땅에 농사지으러 들어가는 것을 막았다. 그 때 농민들은 때를 놓치면 1년 농사를 망친다며 밀고 들어갔다. 그러자 미군은 사방에 "경고, 미국 정부 재산, 출입금지"라는 팻말을 꽂고 출입을 막았다. 어이가 없던 땅임자들은 "내 땅인데, 미국 정부 재산이라니!" 하고 외쳤지만, 미군들은 총을 겨누었고, 탱크로 벼와 승용차를 수십 차례씩 짓이기고 지나갔다. 차마 사람에게는 총을 쏘지 못하고 논바닥에 마구 총질을 해댔다. 이에 맞선 땅임자들은 포클레인과 산소용접기를 동원해 차단기를 부수고 자기 땅에 들어가 추수를 끝냈다. 미군은 2001년부터는 아예 농사를 못 짓게 하겠다고 나섰다. 어떻게 이런 일이 벌어질 수 있었을까? 이는 한국 정부가 땅임자 몰래 미군에게 쓰라고 주었기 때문에 벌어진 일이다. 땅임자들 말마따나 한국 정부는 땅 도둑, 미군은 장물아비다. 남의 땅을 훔쳐서 인심 쓰듯 미군에게 공짜로 준 도둑질이 들통 난 한국 정부는 뒤늦게 땅을 강제로 사들이겠다고 한다. 새 규정이 발효되더라도 땅임자들은 어떻게든 자신의 땅에 들어가 농사를 지을 것이다. 그렇게 되면 미군은 당연히 땅임자와 한국 정부에 이 규정을 들이밀 것이다. 그 때 한국 정부는 어떻게 할 것인지 볼 만할 것이다.

이번에 2001년 12월 31일까지 협상을 마무리 짓기로 합의한 조항도 있다. 미군부대 안의 이른바 '비세출자금기관' 조항이 그렇다. 비세출자금기관이란 골프장, 도박장, 클럽, 술집, 식당처럼 미군부대 안에서 영업을 하는 기관들이다. 원래는 미군들을 상대로 만들어 놓은 것이지만, 불법으로 한국인 상대 영업을 하지 않으면 장사가 안 되니까 그 동안 한미 두 나라 정부는 그들의 불법 영업을 묵인하거나 노골적으로 권장해 왔다. 그런 기관들의 불법 영업 이익을 정확히 알 수는 없으나, 해마다 수천억 원에 이른다는 조사 결과도 있다. 앞으로 1년 더 협상한다지만, 미국에 밀려 몇 년 협상하게 될지도 모르고, 그 기간 동안 미국이 몇 조의 불법 이익을 챙겨갈지 눈에 선하다.

지금까지 합법적인 방식을 통해서는 미군 가족이 우리나라에서 취업을 할 수가 없었다. 물론 그들이 영어강사 따위로 불법 취업을 해서 떼돈을 벌어 왔다는 것은 널리 알려진 사실이다. 그런데 이번에 취업비자 없이 군인 가족으로 입국한 사람도 취업을 할 수 있게 했다. 이제까지 저질러 온 불법을 처벌하고 따지기는커녕, 양성화해 준 것이다.

환경 조항은 새로 만들었으나 겨우 없는 것보다는 나은 정도고, 노무조항이나 민사청구권 조항도 비슷하다.

이번에 건드리지 않은 부분은 너무나 많다. 미군이 1심에서 무죄를 받으면 검찰이 항소할 수 없게 한 규정, SOFA의 유효기간, 통관·관세와 관련된 각종 특혜 조항, SOFA의 모법인 한미상호방위조약 따위가 그렇다. 우리는 기지촌 여성과 혼혈 어린이 인권보호 조항을 새로 만들어 넣어야 한다고 주장했지만, 정부 대표들은 들은 척도 하지 않았다.

4. SOFA 어떻게 고쳐야 할까?

지금까지 밝힌 내용만 가지고도 한미 두 나라 정부는 SOFA 협상을 다시 해야 한다. 그런데 정부 대표들은 "협상이란 주고받는 것"이라며 재협상은 없다고 못 박았다. 이미 국무회의를 통과했고, 국회 비준만 남았다. 다른 협상에는 어느 정도 통할지 모르지만, SOFA 협상에서는 '미국의 요구를 하나라도 들어 주면 그 부분은 개악'이었다.

한국 정부는 시간이 걸려도 미국과 맞설 수 있는 전문가를 길러야 한다. 그에 앞서 민간단체와 공청회를 열어 머리 맞대고 최선을 찾아야 한다. 우리는 SOFA의 본 협정 31개 조항 전체와 합의의사록, 양해 사항, 그리고 SOFA의 모법인 한미상호방위조약까지도 전면 개정해야 한다고 주장하며 그 안을 만들어 놓았다. 정부는 민간 시민사회운동단체가 주장하는 안 가운데 어떤 것은 받을 수 있고, 어떤 것은 어떤 까닭으로 받을 수 없는지 이유를 밝혀야 한다. 그리고 토론을 통해 최선의 안을 만들어 미국을 압박해야 한다. "협상은 원래 밀실에서 하는 것"이라는 주장만 되풀이해서는 백 번 싸워 백 번 질 수밖에 없다.

주인은 우리지, 미군이 아니다. "미국은 우리를 해방시켜 주고, 6·25 때 도와주고, 남침을 막아주는 고마운 나라"라는 신앙에서 벗어나야 한다. 불난 집에 불 꺼준 소방수가 그 집 물건 훔쳐가고 아내와 딸을 겁탈해도 되나? 그 소방수가 "내가 불 안 꺼줬으면 다 타 없어졌을 물건이고 여자들인데, 좀 가져가고 겁탈 좀 하면 어때?" 하는데 고개 끄덕이며 "맞아, 맞아!"만 하는 사람이 세상에 어디에 있는가?

SOFA 개정 협상의 문제와 바람직한 전개 방향*

가. 한미 SOFA의 문제점

1. 원상회복 의무 면제

SOFA에는 환경이라는 단어가 없다. 환경과 관련된 조항으로 인용하는 본 협정 제4조는 원래 '시설과 구역-시설의 반환' 조항이다. 그 1항에 보면 이렇게 되어 있다.

"합중국 정부는 본 협정의 종료 시나 그 이전에 대한민국 정부에 시설과 구역을 반환할 때에 이들 시설과 구역이 합중국 군대에 제공되었던 당시의 상태로 동 시설과 구역을 원상회복하여야 할 의무를 지지 아니하며, 또한 이러한 원상회복 대신으로 대한민국 정부에 보상하여야 할 의무도 지지 아니한다."

이 조항의 문제는 두 가지로 꼽을 수 있을 것이다. 먼저 조문의 제목과 내용이 다르다. 조문의 제목은 '시설과 구역-시설의 반환'인데, 그 내용을 보면 '시설과 구역-시설과 구역의 반환'이다. 이것은 별로 중요하지 않은 것이지만, '시설과 구역-구역의 반환'이라는 항목이 없는 것으로 보아 '시설과 구역-시설과 구역의 반환'이 맞을 것이다.

그 다음은 내용의 불평등성을 꼽을 수 있겠다. '원상회복하지 않아도

* 이 글은 2001년 <경기환경운동연합>이 주최한 한 토론회에서 발제한 글이다.

되고, 돈도 내지 않는다'는 바로 이 조항 때문에 미군들이 이 땅을 아무리 파괴해도 모든 책임을 면제받는다는 것이다.

2. 공여지 밖의 손해배상 청구는 현재 SOFA로도 가능

SOFA를 개정할 때 4조는 반드시 고쳐야 하며, 특히 '환경'이라는 단어를 반드시 집어넣어야 한다. 그런데 이 조항을 고치기 전이라도 '시설과 구역' 밖의 환경과 관련하여 미국의 책임을 물을 수 있을 것 같다. 왜냐하면 불평등한 현재의 SOFA에도 '시설과 구역의 원상회복 의무'를 면제했을 뿐이라 그 바깥 지역, 그러니까 '공여지' 밖의 지역에 대해서는 원상회복 의무를 지울 수 있을 것이다. 미군이 환경을 오염시키는 곳은 자기들이 사용하는 '시설과 구역'뿐만이 아니기 때문이다. 미군기지 철조망 밖으로 미군들이 무단 방류하는 오폐수와 폐유 때문에 시설과 구역 밖에 사는 많은 주민들이 소음이나 대기 오염, 하천과 지하수, 토양 오염 따위로 시달리고 있지 않은가? 법률 전문가들이 잘 검토하면, 지금이라도 이런 문제를 걸어 집단소송을 할 수 있지 않을까 싶다.

3. 환경 이외의 불평등한 조항들

SOFA는 본 협정이 31개 조항으로 되어 있고, 합의의사록과 양해각서 같은 부속 문서가 둘이나 더 있다. 우리 <불평등한소파개정국민행동>은 이 모두를 개정해야 한다고 주장하고 있다. 아울러 이번 기회에 SOFA의 모법인 한미상호방위조약도 세밀히 검토해 확실하게 고쳐야 한다. 특히 무기한으로 되어 있는 한미상호방위조약의 유효기간은 반드시 고쳐야 한다. 우리는 '조소군사조약'처럼 "10년간 유효하되, 어느 나라도 이의를 제기하지 않으면 5년간 자동 연장된다"는 정도로 고칠 것을 요구하고 있다. 한미상호방위조약의 체결 목적도 바꿔야 한다. 지금은 상호방위 지역을 '태평양 지역'으로 넓혀 잡고 있는데, 한미상호방위조약이니만큼 '한국과 미국'으로 명확히 구획을 지정해야 할 것이다. SOFA의 적용대상 범위도 축소해야 한다. 특히 SOFA의 유효기간은 반드시 고쳐야 한다.

시설·구역, 형사재판권, 청구권, 과세, 교통, 노무, 검역, 비세출자금기관 같은 조항도 당연히 전면 개정해야 한다.

그러나 이번 SOFA 개정 협상에서 한미 두 나라 정부 대표들은 형사재판관할권과 환경, 검역, 노무, 시설·구역, 비세출자금기관 같은 6~7개 분야 정도만 다룬 것으로 알려졌다.

나. SOFA 개정 협상의 주요 쟁점 비교

1. 형사재판 관할권 분야

지난 8월 2일부터 3일까지 서울에서 열린 8차 협상에서 미군 피의자의 신병 인도 시기를 기소 시점으로 앞당기는 합의를 한 바 있다. 공동초안도 마련돼 있었다. 그러나 미국은 그 대신 재판관할권의 축소를 주장했다. 3년 징역형 이하에 해당하는 범죄는 아예 재판을 하지 말라는 것이다. 우리는 한국에 재판관할권이 있는 범죄라도 "미군 당국의 요청이 있으면 특히 중요한 경우를 제외하고는 포기한다"는 현 규정도 삭제할 것을 요구하고 있다. 그런데 중대한 범죄 말고는 자동으로 재판관할권을 포기하라는 억지는 결코 받아들여서는 안 될 것이다.

또 미국은 미군 피의자가 신고자나 피해자, 또는 증인을 직접 신문할 수 있도록 하라고 요구하고 있다. 법정 밖에서 싸울 때야 당사자끼리 얼마든지 따질 수 있을 것이고, 멱살잡이도 할 수 있을 것이다. 그러나 일단 법정에 오면 당사자끼리가 아니라, 판검사와 변호사를 통해서 잘잘못을 가리는 것이 상식이다. 그런데 법정에서까지 당사자끼리 싸울 수 있도록 하자는 것은 우리나라 사법부의 권위를 일부러 깎아 내리려는 술책이 아닌가 의심스럽다.

2. 환경 분야

미국은 SOFA에 환경 조항을 신설할 수 없다는 태도다. 절대로 법적 의무를 지우게 하는 SOFA 개정은 안 된다는 것이다. 지난 10월 워싱턴에서 열린 제9차 협상에서 한미 두 나라 정부 대표들은 "환경 문제를 SOFA의 틀 안에서 다룬다"는 데 인식을 같이 한 바 있다. 그를 바탕으로 우리 쪽은 SOFA 본문이나 합의의사록, 합의양해사항, 합동위 합의 사항 같은 데 포함시켜 법적 구속력을 지니게 만들자고 주장하는 것으로 알려졌다. 그러나 미국은 현재 미독 SOFA에만 있는 환경 조항을 한미 SOFA에도 넣으면, 미군이 주둔하고 있는 세계 80여 개 나라도 같은 요구를 하지 않겠냐며, 반대하고 있는 것으로 알려졌다. 그 대신 미국은 지난 9월 발표한 '미일 공동선언문'이나 권고 같은 형식으로 하자고 고집하고 있다. 그것도 '노력한다'는 식의 선언적 문안만 담자는 것이다. 환경오염에 대해 책임을 지려면 돈이 많이 드는데, 예산이 없어서 그렇게는 못한다는 것이다. 그런 점에서 특히 환경오염에 대해 절대로 사후 배상은 할 수 없다고 주장한 것으로 알려졌다.

이에 반해 우리 정부는 국내 여러 환경운동단체들의 요구를 어느 정도 수렴해 미군의 환경오염에 대해 국내 환경 법규를 적용할 수 있도록 하자든가, 한미 두 나라 대표단이 공동 조사할 수 있도록 하자든가, 한국

조사단이 미군기지에 접근할 수 있도록 하자든가, 손해배상을 하도록 하자든가 하는 것을 요구한 것으로 알려졌다.

그러자 미국 정부 대표들은 상호주의라며 "미군기지 주변의 환경오염원을 제거하라"고 요구한 것으로 알려졌다. 한국 사람들의 환경 파괴 때문에 미군들이 못 살겠으니, 미군기지 주변 환경을 오염시키지 말라는 것이다. 소가 웃을 일이다.

3. 비세출자금기관

미군기지 안에 있는 골프장이나 카지노 같은 도박장, 식당, 클럽 같은 '비세출자금기관'의 한국인 대상 불법 영업을 금지하고, 부당한 상업소득에 대해서는 과세를 하겠다는 우리 정부의 요구를 미국 정부 대표들이 거부한 것으로 알려졌다. 미국 대표들은 한국인 출입을 엄격하게 제한하도록 하자는 우리 쪽의 제안도 거부한 것으로 알려졌다. 수입이 줄고 운영비가 더 들 것을 우려한다는 것이다. 한국인을 불법으로 출입시켜 한 해에 몇 천억씩 부당이득을 올리면서 출입제한 조치도 강화하지 않고, 세금조차 안 내겠다는 것은 도둑이나 소쏙의 심보가 아닐까 싶다.

4. 검역

발생할 수 있는 각종 풍토병을 예방하기 위해 국내에 들어오는 미군용 수입농축수산물을, 국립동식물검역소가 미군 당국과 함께 검역할 수 있도록 하자고 제안했으나, 미국 정부 대표들은 이런 제안도 거부하고 말았다. 한국의 '검역체계'를 걸고넘어지며, "검역한다고 시간을 끌면 미군들에게 신선한 농산물을 제공할 수 없다"고 주장하는 것으로 알려졌다.

5. 노무

냉각기 단축, 간접고용제 전환 같은 문제에서 일부 진전이 있는 것으로 알려졌으나 구체적인 협상 내용은 밝혀지지 않았다. 현재는 미군기지 안의 한국인 노동자들이 미국인 노동자들에 비해 엄청난 차별을 받고 있다. 그러므로 주한미군노동조합에 소속되어 있는 미군기지 노동자들의 노동 3권 보장과 한국 노동법 적용 같은 것은 양보할 수 없는 인권이다.

6. 시설·구역

이 분야에서도 일부 진전이 있는 것으로 알려졌을 뿐 구체 내용은 밝혀지지 않고 있다. 우리 <불평등한소파개정국민행동>과 <우리땅미군기지되찾기전국공동대책위원회(전국미군기지반환운동연대)> 같은 단체는 미군기지의 반환을 요구하고 있다. 미군기지는 더 이상 넓히지 말고 시설과 구역을 축소하며, 미사용 공여지는 즉각 반환하되, 기간을 정해 사용하는 기지에 대해서는 사용료를 내라는 것이다.

다. 한미 SOFA 개정 협상의 문제점

1. SOFA 개정 협상 무산 이유

1995년부터 시작된 SOFA 개정 협상이 2000년을 넘기며 10차까지 이어졌으나, 아무런 성과 없이 끝났다. 이번에는 특히 이례적으로 미국 대표단이 25명이나 참가하고, 기간도 9일로 길게 잡은 데다, 공식 회담이 끝난 뒤에도 5일 동안이나 비공식 접촉을 가졌는데도 아무 합의를 얻지 못하고 말았다.

우리나라 외교통상부 당국자의 말에 따르면 "양측이 타결을 위해 최선을 다했다"고 한다. 그리고 "많은 부분에서 의견 접근을 이뤘다"고도 한다. 그런데 "형사재판 관할권, 환경, 검역, 비세출자금기관 등 분야의 '뼈대'에서 이견이 해소되지 않고 있다"는 것이다.

이번 협상에서 우리 정부는 '주권 문제'에 강한 집착을 보인 반면, 미국은 한국의 제도와 관행에 대한 불안감과 예산 문제와 관련해 강경한 자세를 취한 것으로 알려졌다.

그래서 결국 "양쪽 입장을 붙이려는데 땜질이 안 되는 부분도 있고, 양측 모두 내부적으로 재검토할 시간이 필요해서 일단 협상을 끝냈다"는 것이다.

한국 수석대표인 송민순 북미국장은 "전 분야에서 일부를 제외하고는 거의 진전을 이뤘으나, 우리 법체계와 다른 나라 SOFA 등을 조화시키는 데 간격이 남아 타결하지 못했는데, 그렇다고 SOFA 때문에 우리 법체계를 바꾸지는 않겠다는 기존 입장에는 아무런 변화가 없다"고 말했다.

그는 "양측이 계속 연락하면서 '이 정도면 다시 입장을 맞춰 볼 수 있겠다'는 생각이 들면 다시 만날 것"이라며, "빠르면 이 달 중에도 가능할 것이며, 다음 협상은 타결을 전제로 하는 것"이라고 밝혔다. 그리고 "정치적 해결이나 의지도 필요하지만 이를 위한 기술적 바탕도 있어야 한다"면서 13일이나 협상한 것을 가리키며 "양측 모두 정치적 의지는 갖고 있다"고 주장했다. 게다가 "상대적으로 덜 중요한 부분은 되도록 까다롭게 따지지 않는 등 양측 모두 타결을 위해 노력하는 분위기"라고 말했다. 그런데도 어쨌든 협상은 결렬됐다.

겉으로 드러난 것은 이 정도다. 그러나 이번 SOFA 협상 결렬에 대한 또 다른 해석이 가능할 것 같다. 그것은 한국 정부가 국민의 소리를 의식했다는 해석이 그것이다. 예전 같았으면 미국이 요구하는 대로 덥석 서명을 하고 말았을 텐데, 이번에는 어쨌든 미국의 요구를 거절했다는 것이다. 그 점에서 <불평등한소파개정국민행동>을 비롯한 여러 시민사회단체의 노력이 먹혀들었다는 생각이다. 특히《한겨레》,《오마이뉴스》,《기독교방송》,《불교방송》같은 일부 언론에서 지속적이고 심층적인 보도를 함으로써 국민의 관심이 높아진 덕분이기도 했다.

2. 미국의 시각

미국 대표단은 이번 협상에서 한국의 태도를 "벤츠도 갖고 페라리도 가지려는 태도"라고 불만을 표시했다고 한다. 환경 분야에서는 독일 SOFA를, 형사재판권 분야에서는 일본 SOFA를 모델로 하며 좋은 점만 다 따려고 한다는 것이다.

예컨대, 60년 체결된 미일 SOFA에서는 미군 피의자가 공무 중이었는지 공무 중이 아니었는지를 미군이 아니라 일본 법원이 판단하게 되어 있으며, 미군 피의자의 신병을 기소 단계에서 일본 사법당국에 인도하고, 미군 피의자가 무죄 석방될 때 검찰이 항소할 수 있다. 이런 점을 예로 들어 우리 정부 대표들이 "적어도 일본 수준만큼은 고쳐야 한다"고 주장하면, 미국 대표단은 이렇게 말했다. "오래 전에 미국이 실수한 것이다. 그것은 전 세계 80여 개국 중 가장 유리한 SOFA이기 때문에 그걸 기준으로 삼을 수 없다." 마찬가지로 "미독 SOFA에만 유일하게 포함된 환경 조항을 한미 SOFA에 허용할 수 없다"며 막무가내로 버틴 것이다.

그런데 미국의 시각을 더 잘 보여 주는 주장도 있다. 비록 한 민간단체가 주최한 세미나에서지만, SOFA 개정과 관련하여 미국이 가질 수 있는 태도를 잘 보여 주고 있는 것 같아 여기 소개해 보고자 한다.

12월 14일 워싱턴의 보수 지식인 그룹인 '헤리티지 재단'이 개최한 이 세미나의 주제는 '한미동맹의 인내력'이었다. 거기서 발비나 황이라는 정세분석관은 이렇게 말했다. "SOFA는 핵심 사안이 아닌데도 언론에 집중 보도되는 바람에 실제보다 더 민감한 문제로 비쳐지고 있다. 한미 양국은 서로 양보해 원만한 타결책을 찾아야 할 것이다." 별것도 아닌 것을 한국의 언론이 문제라는 것이다. 지난 1996년 이기순 여인 피살 사건 때도 그랬다. 그 때도 미국 정부 관료들은 "이렇게 사소한 사건을 가지고 자꾸 시끄럽게 하면 안정적으로 주둔할 수가 없다"고 협박을 했다고 한다.

공화당 소속 텍사스 출신 케이 베일리 허치슨 상원의원의 보좌관 데이비드 데이비스는 이렇게 말했다. "내가 한국에서 근무하던 시절 남을 도와주려다 경찰에 끌려가 부당하게 억류된 경험이 있다. SOFA 개정 문제는 신중한 접근이 필요하다."

외교관계위원회의 마이클 그린 선임연구원은 이렇게 말했다. "한국이 비교 사례로 들고 있는 일본의 경우, 당시 미일 안보조약 개정이라는 안보 요인이 크게 작용해 부차적 사안인 SOFA 개정 협상이 조속히 타결될 수 있는 여건이었으나, 한국은 안보상의 이유가 별로 없어 SOFA 개정 협상이 진통을 겪고 있다."

여기서 미국의 태도를 엿볼 수 있는 비슷한 사례를 몇 가지 들어 보자. 먼저 케네스 마클의 경우다. 그는 1992년 엽기적 살인을 저지른 뒤 대법원 확정 판결을 받은 뒤에야 구속되었다. 그런데 그는 자신의 아버지에게 이런 내용의 편지를 보냈다. "나는 살인하지 않았는데, 한국 경찰이

고문을 해서 나를 살인범으로 만들었다." 마클의 아버지는 그 때 아들의 그런 편지를 바탕으로 아들의 구명운동까지 벌였다.

다음은 부산 하야리아 기지 외곽 이전 협상 때의 일이다. 미군 당국자는 부산시청 관계공무원들에게 이렇게 말했다. "성수대교나 삼풍백화점도 무너지는데 한국 건설업계를 어떻게 믿느냐? 한국 정부는 돈만 대라. 새 기지의 설계, 건설, 감리 모두를 우리가 맡겠다."

그리고 다음은 미대사관 2등서기관 브라이언 리와 마크 케논의 경우다. 지난 10월 <매향리범대위> 김종일 공동집행위원장과 필자는 미대사관 정치과 직원인 그 두 사람을 만났다. 대사 면담 일정을 논의하기 위해서였다. 의제를 얘기하며 우리는 한국전쟁 때 노근리를 비롯한 전국 60여 지역에서 벌어진 미군의 양민학살에 대해 진상 규명을 요구했다. 그 때 그들은 이렇게 말했다. "한국군도 베트남에서 양민을 학살하지 않았나?"

물론 미국의 이런 주장은 정말 가증스럽고 뻔뻔하기 그지없는 주장이다. 그러나 우리 정부와 우리 국민이 미국한테 이 따위 소리를 듣지 않으려면 정말 잘해야 한다.

3. 한국의 시각

한국 정부의 협상 대표 송민순 북미국장은 이번 SOFA 개정 협상을 하면서, "SOFA 때문에 우리 법체계를 바꾸지는 않겠다"고 말했다. 미국에 무조건 밀리지는 않겠다는 뜻이었을 것이다. 물론 예전에 비하면 많이 나아진 태도다. 그러나 그것은 수동적인 태도였다. 좀 더 적극적으로 "우리 국민의 의견을 최대한 반영하겠다"고 나섰어야 한다.

앞에 밝힌 세미나에서 상황을 정확히 짚으려고 노력한 사람이 있었다. 조지타운 대학 아시아연구센터 소장인 데이비드 스타인버그라는 사람이다. 그는 이렇게 말했다. "외환위기를 극복하며 한국민의 민족주의 의식이 강해졌고, 북한에 대해 자신감이 생긴데다 민주화로 각종 시민, 이익 단체의 발언권이 강화되는 등, 몇 십 년 전과 비교하면 한국의 상황이 매우 달라진 점을 감안해야 한다. 특히 일본과 독일의 SOFA에 비해 한국이 주권을 너무 많이 포기했다는 점이 한국민의 자존심에 상처를 주어 차별론으로 이어지고 있다."

문제는 우리 정부가 미국에 대해 거의 꼼짝도 못하고, 미국은 한국의 당연한 주권을 무시하고 있다는 데 있다. 그렇다고 미국이 우리를 '완전히 독립'시켜 줄 것을 기대한다는 것은 어리석은 일이다. 우리 스스로 '완전한 자주독립'을 쟁취해야 하는데, 그것도 만만한 일은 아니다.

그 서슬 퍼렇던 일제 식민지 시절 열차 안에서 일본인이 조선인 여학생의 댕기머리를 만진 사건을 가지고도 전 민족적으로 들고일어났던 민족인데, 어쩌다 미군이 살인, 강도, 강간을 저질러도 꼼짝 못하는 국민이 되고 말았는가! 식민지 시절보다도 미군정과 분단, 군사독재 시절이 민족의 자주 의식을 더 짓이겨 놓았단 말인가!

최근 들어 우리 민족의 자존심은 매향리와 파주의 농민들이 살려 주고 있다. 그들에게서 우리 민족의 희망을 찾자.

라. 한미 SOFA의 바람직한 개정 방향

지금까지 진행된 SOFA 개정 협상을 지켜 본 느낌은 '안개 속'이라고 표현할 수밖에 없다. 그러나 몇 가지 방향은 점칠 수 있겠다.

먼저 시기에 대한 전망이다. 한미 두 나라의 대통령이 "클린턴 임기 안에" 고치겠다고 합의했으니, 어쨌든 2001년 1월 20일 안에 부분 개정은 할 것이라고 전망할 수 있다. 민주당보다 훨씬 보수적인 공화당 정권이 들어서게 되었으므로 SOFA 개정 협상이 원점으로 돌아갈 가능성이 높아진 것도 사실이다. 그런 점에서 시기 문제는 참 중요하다.

그러나 시기에 쫓기다 보면 내용이 부실해질 우려가 있다. 사실 따지고 보면 맨 처음 SOFA 개정 협상을 시작했던 때부터 두 나라 전문가들과 NGO들이 마주 앉아 협상을 했더라면 5년은 짧지 않은 기간이었을 것이다. 그러나 정부 대표자들끼리 협상을 한답시고 앉아 있다가 결렬시킨 뒤 4년을 그냥 날려 버렸기 때문에 실제 협상 기간은 1년밖에 안 됐다. 그러므로 시기에 쫓겨 '빅딜'을 하다 보면 개악을 할 가능성도 없지 않다.

특히 물러나는 클린턴은 말년에 미국 국민들에게 인기 잃을 일을 하고 싶지 않을 것이다. 게다가 김대중 정권이 상대적으로 미국 민주당과 가까웠기 때문에 우리 정부에서도 퇴임하는 클린턴에게 뭔가 선물을 안겨 주고 싶을 수도 있다. 그러므로 시기에만 쫓겨서 협상을 빨리 마무리하도록 강요하다 보면 자칫 일을 그르칠 수 있다.

그렇다고 마냥 시간만 끌 수도 없다. 부시 정권도 역시 집권 초기에 한미 SOFA를 자기 나라에 불리하게 고칠 리 만무하고, 그러다 보면 김대중 대통령 임기 말이 된다. 그 때 가면 이빨 빠진 호랑이가 되어 야당한테도 맥없이 시달릴 텐데 SOFA 개정 같이 어려운 일을 밀어붙일 힘이 남아 있을지 의문이다. 다음 정권이 그나마 현 정권보다 자주적이거나 적어도 진보적인 정권일 수 있을지도 의문이다.

그러므로 시기도 중요하고, 내용도 중요하다. 이 두 마리의 토끼를 잡을 수 있는 묘책은 뭘까? 아무래도 우리 정부가 당당히 버티기에는 자신

감도 없어 보이고, 전문성도 능력도 없어 보인다. 결론은 시민사회운동 단체뿐이다. 이번 기회에 우리 시민사회운동단체가 한미 두 나라 정부에 엄청난 압력으로 작용할 만큼 커졌으면 좋겠다. 그래서 한국 정부는 "국민이 저렇게 난리라서 우리도 어쩔 수 없다"며 밀어붙이게 하고, 미국 정부는 "이대로 가다가는 미군을 주둔시키는 것조차 불가능해지겠다" 싶을 정도로 겁을 먹게 할 수만 있으면 좋겠다. 어쩌랴! 부모 잘못 둔 집안 자식들 고생하듯, 정부 잘못 둔 국민이니 좀 더 고생할 밖에.

SOFA를 넘어 한미상호방위조약을 본다*

시위, 시위! 백악관까지 쫓아가 시위!

용산 미군기지 앞 시위는 시작한 지 300주가 넘었고, 주한미대사관 화요 월례 시위도 16개월이나 했다. 미대사관으로, 용산 미8군사령부로, 매향리로, 파주로, 국방부로, 외교통상부로, 청와대로, 외교협회로! 누비고 누볐다. 살을 에는 찬바람을 맞으며, 억수 같은 장맛비를 맞으며 광화문과 명동과 종로를 누비기도 했다. 삼복더위도, 엄동설한도 마다하지 않았다. 겨울 햇볕에 얼굴이 검게 그을릴 정도로 뛰어 다녔다.

겨우 다섯 명이지만, 감히 안중근 의사니 이준 열사니 하며 백악관과 국무부까지도 쫓아갔다. 거기서도 우리는 시위를 했다. 열댓 명밖에 안 되는 시위대였지만, 우리는 국무부에서 백악관까지 비 맞으며 걸었다. 이름은 '평화대행진', 현실은 '소행진'이었지만, 우린 그걸 하러 백악관까지 갔다. 우리는 우리를 반갑게 맞아준 한 미국 정치인한테 "당신네 정부는 도대체 뭐하냐?"는 말을 들었다. 나라 잃은 백성처럼 서글펐다.

거기서 우리는 힘겹지만 열심히 운동하고 있는 참 좋은 우리 겨레를 많이 만났다. 함께 노래하며 밤새 웃고 울며 떠들었다. 열심히 평화운동

---

* 이 글은 2001년에 쓴 글이다.

을 하는 미국인들도 만나 동지애를 나누었다.

고착, 그리고 네 시간 길거리 수업!

고착! 태어나서 처음이다. 한 명이든 두 명이든 열 명이든 가리지 않는다. 정부종합청사나 미 대사관에 우리가 나타나기만 하면 어김없다. 의경들이 빵 둘러싼다. 꼼짝할 수가 없다. 고착이다. 우리를 땅바닥에 고착시킨다는 건지, 숨도 쉬기 힘들 정도로 '고립 밀착'시킨다는 건지 정확한 뜻도 모른다. 그들은 우리를 고착시키고 우리는 고착을 당할 뿐이다. 의경의 안내를 따라 화장실은 다녀올 수 있다. 얼마나 인간적인가! 어떤 때는 찬바람을 막아 줘 고맙기까지 하다. 추워서 도저히 못 견딜 때는 거리에 널려 있는 생활정보지들을 태우며 곱은 손을 녹이기도 한다. 그러다 우리는 시간을 정말 알차게 보낼 수 있는 기발한 생각을 했다. 그것은 뭐니 뭐니 해도 의경들을 상대로 한 수업이다. 미군이 우리 땅에 들어오게 된 배경부터 시작해 우리 현대사와 SOFA 개정 투쟁의 당위성을 설명한다. 그 때 의경들은 모두 어쩔 수 없이 모범생이 될 수밖에 없다. 졸 수도 없다. 딴전을 피울 수도 없다. 물론 받아쓰지는 못한다. 그러나 귀담아 들을 수밖에 없다. 그렇게 한 시간쯤 하면 의경들의 근무 교대 시간이다. 그럼 우리도 잠시 목을 가다듬을 수 있다. 그리고는 곧 둘째 시간이다. 그런 길거리 수업이 때로는 한두 시간, 때로는 서너 시간이다. 어쩌다 경찰 버스에 실리는 경우도 있지만, 그렇게 몇 시간씩 끌려 다니는 것은 오히려 행운이다. 얼마나 따뜻한지 모른다. 그러다 우리는 짐짝처럼 서울 거리 아무데나 내동댕이쳐진다. 그럼 미대사관으로 다시 몰려와 기어이 집회를 성사시킨다. 아, 민족의 은근과 끈기여!

신부님, 우리들의 신부님!

우리들의 문정현 신부. 쓰레기차 위에서, 버스 위에서, 차안에 갇혀서, 미대사관 정문 앞에 벌렁 드러누워서, 모세 지팡이 하나 들고 시위대를 진두지휘하신다. 그런데 그 환갑의 야전사령관이 신설동 로터리에 털푸덕 내팽개쳐졌다. 안경테는 찌그러지고, 아무리 찾아도 안경알은 한쪽뿐. 드디어 늑골이 나갔다. 그분 늙어 자연사하시더라도 그분 죽음의 배후에 씨아이에이를 의심하라 했거늘, 대한민국 경찰이 도와주고 있으니 씨아이에이가 얼마나 좋아할까?

SOFA 개그! 우리도 한 번 웃어 보자!

웃어야 한다. 웃음은 의무다. 등장인물은 넷. 소파개정운동가와 소파수리공, 소파수술전문 산부인과 의사, 소파 방정환 선생님을 너무 흠모하는 문학소녀. 우리는 이렇게 네 명의 역할을 맡는다. 말장난이다.

2000년을 통틀어 우리는 웃을 수 없었다. 그렇게 힘들게 싸워서 이기고도 웃을 수 없다. 국무회의는 이미 통과했고, 국회통과는 뻔한데도 웃을 수가 없다. 그런데 SOFA 개그란 것을 하며 처음으로 흐드러지게 웃어봤다.

하루는 문 신부가 자꾸 초등학교 때 배운 교과서에 나왔던 얘기가 떠오른다며 말했다. "강군, 오늘 청소는 만점이오! 이젠 집으로 돌아가도 좋소!" 그러더니 덧붙였다. "동지들, 오늘 투쟁은 만점이오. 이젠 집으로 돌아가도 좋소!" 그래, 바로 그거였다. 앞으론 모두 합창하기로 했다. 몇 차례 연습까지 곁들였다. 그래서 우린 또 웃을 수 있었다.

축하 인사까지!

SOFA가 개정됐더군! 그 동안 고생 많았어. 100% 마음에 들기야 하겠어? 그래도 꽤 좋아졌지? TV 보니까 그렇던데. 사람들은 그렇게 축하 인사를 했다. 얼마나 고마운 분들인가. 그런데……, 우리는 왜 이러지? SOFA가 개정됐는데, 착잡한 마음을 넘어 분노를 금하지 못하고 있으니, 도대체 어찌 된 일이지?

그래, 그거다. 이제는 SOFA를 뛰어 넘는 거야. SOFA 너머에 뭐가 있을까? 그래, 한미상호방위조약, 바로 그거야. 우리는 바로 이 한미상호방위조약을 보러 SOFA를 넘어야 했어.

제4부

평택은 전쟁기지가 될 것인가?

미군기지와 평택*

가. 평택 미군기지 발생사

1. 안정리 미군기지

1) 청일전쟁과 러일전쟁

평택에 외국 군대가 들어 온 것은 '청일전쟁' 때부터다. 1894년부터 1895년까지 청나라와 일본이 조선을 서로 지배하기 위해 벌인 이 전쟁은 일본이나 청나라가 아니라, 조선에서 벌인 전쟁이다.

이 때 청나라와 일본은 성환에서 큰 전투를 벌여 일본군이 대승을 거두었다. 이들이 얼마나 심하게 싸웠던지, 지금까지도 "아산이 무너지나, 평택이 깨지나 해 보자"는 말이 전해 내려오고 있다.

일본은 1904년부터 1905년까지 러시아와 '러일전쟁'이라는 전쟁을 치렀는데, 이 전쟁도 일본이나 러시아가 아니라 조선에서 치렀다. 이때도 평택은 외국군 기지 노릇을 했다.

2) 팽성 안정리, 대추리 일대 일본군 기지 건설

두 전쟁에서 이겨 조선 지배의 발판을 마련한 일본은 1941년 '제2차

* 이 글은 평택시사편찬위원회의 청탁을 받아 쓴 글로 『평택시사』(2001년판)에 실렸다.

세계대전'을 시작하면서 팽성 안정리 일대에 군사기지를 설치했다. 당시 평택에서는 보국대로 끌려가 죽을 고비 넘겨가며 일본군 기지 건설에 동원된 사람이 많다. 연장은 삽과 곡괭이 정도였고, 사람 힘으로 논밭과 야산을 허물어 활주로와 격납고를 건설했다. '열 길에서 열댓 길'씩 곡괭이로 파고 들어가다 산이 무너져 죽은 사람도 많다.

식민지 초기와는 달리 전쟁을 치르면서부터는 일본인들이 악랄해졌다. 공출로 곡식과 가축까지도 모조리 일본으로 가져갔고, 노력 동원에 나가는 조선인들에게는 콩이나 보리 같은 것을 삶아 주었다. 이렇게 만든 일본군 기지는 30~40만 평 정도 됐다. 이 때 땅을 빼앗기고 쫓겨난 사람들은 한 푼도 받지 못했다.

3) 해방과 함께 들어온 미군

해방이 되자, 안정리 일본군 기지에는 미군이 들어와 남아있던 일본군과 함께 지냈다. 기세등등하던 일본군은 부대 안에서 물건을 지키거나 잡일을 했다.

미군들은 부대를 넓히기 시작했는데, 주변 마을 사람들은 '하우스보이'로 미군부대에 취직하기도 하고, 부대 공사판에서 막일도 했다. 미군들은 15~16세쯤 되는 아이들에게는 청소나 잔심부름을 시켰다. 그래서 일본군에 비해 미군을 많이 편하게 생각했다.

미군들은 불도저로 공사를 했기 때문에 야산도 순식간에 도로로 바꾸었고, 활주로도 새로 깔았다. 이때도 대추리, 안정리, 서경재, 뗏장거리, 두정리, 함정리, 내리, 동창리 사람들은 아무 말 못하고 땅을 빼앗긴 채 쫓겨났다.

미군들은 한국전쟁 때는 물론, 휴전한 뒤로도 계속 기지를 넓혀, 2001

년 현재 안정리 기지는 150만 평이나 된다.

2. 송탄 미 공군기지 발생사

송탄 미군기지는 한국전쟁이 한창이던 1952년 12월 야리, 적봉리, 신야리, 가마굴 같은 마을 사람들을 이틀 만에 내쫓고 만들었다. 주민들은 개인 사정에 따라 용인이나 평택, 안성, 서울 같은 곳으로 떠나기도 했지만, 갈 데가 없는 사람들은 진위천 둔치로 모여들었다.

미군부대에서 나눠 준 천막과 긴 막대기 몇 개, 양쌀이나 양밀가루 두어 포씩을 가지고 끔찍한 겨울을 보낸 주민들은, 이듬해 봄이 되면서 오두막도 짓고 살다가 홍수로 모든 것을 잃은 채, 황구지나 금각리, 구장터, 회화리 같은 마을로 피눈물 나는 떠돌이 생활을 해야 했다.

미군은 휴전 뒤에도 송탄 기지를 계속 넓혔고, 철거민은 계속 늘어갔다. 1960년대 중반 국방부에서 보상해 준다는 소문이 나돌았으나, 국방부 관재과 업무 담당 공무원까지 포함된 브로커들한테 다 빼앗기고 말았다. 물론 <비행장 철거 주민 촉진회>라는 것을 결성하여 몇 년을 싸운 끝에 감정가대로 보상을 받은 사람도 있었다.

송탄 미군기지는 13번이나 넓어져 2001년 현재 2백만 평도 넘는다.

3. 한국전쟁 당시 유엔군의 평택주민 폭격

주한미군은 한국전쟁 때 노근리만이 아니라, 전국 60여 개 지역에서 양민을 학살했다. 물론 평택에서도 유엔군 전투기 사격과 폭격으로 한국 군인과 피난민 1백여 명이 숨졌다.

1951년 7월 4일 정오께 평택역 상공에서 유엔군 전투기가 평택역과 성동초등학교에 기총사격과 폭격을 하여, 수원 신병훈련소에서 훈련을 마치고 후방 배치되다가 평택역에 머물고 있던 군인 101명과 역 주변에 있던 피난민 수십 명이 숨진 것이다.

"유엔군 폭격기로 보이는 군용기가 7월 4일 평택 상공에 나타났다. 주민들은 우군 비행기가 평택 상공을 선회하는 것을 보고 손을 흔들며 환호성을 질렀다. 상공을 선회하던 비행기가 느닷없이 성동국민학교 쪽에다 기관총 사격을 가하고 나더니 시내 간선도로와 평택역에 집중 사격과 폭격을 했다. (……) 당시 수습된 사체 101구는 역구내에 가매장됐다가 서울 수복 후 합정1리 공동묘지에 가매장됐으며, 101 용사의 묘역을 만들어 매년 군(郡)과 사회단체에서 합동위령제를 지내다 당시 생존한 인솔 장교의 주선으로 국립묘지에 안장했다."

1984년 발간된『평택군지』에 나오는 내용이다. 오인 사격이나 오폭이었다는 미군의 주장은 믿을 수도, 증명할 수도 없다. 폭격 군인들이 유엔군이었다 해도, 유엔군사령관을 겸하고 있는 주한미군사령관에게 그 책임이 있는 것은 물론이다.

나. 미군기지와 평택 지역 환경 파괴

1. 수질과 토양, 대기를 오염시키고 소음 공해로 주민을 괴롭히는 미군

미군은 한국에서 수질과 토양과 대기를 오염시킬 뿐만 아니라, 소음 공해로 주위 사람들을 괴롭히고 있다. 평택에서도 마찬가지다.

1996년 9월 환경부가 국회에 제출한 국정감사 자료를 보면 미군이 쓰다가 철수한 미군기지에서 보통 땅보다 최고 24배나 많은 납이 나왔다. 미군이 기름 저장 시설로 쓰던 곳은 납뿐만 아니라, 수은, 석면, PCB 같은 유독성 물질로도 크게 파괴돼 있다. 그러나 2001년 4월 2일 발효된 개정 한미주둔군지위협정(SOFA)에도 미군은 시설과 구역을 반환할 때 원상회복과 보상 의무가 없다. 미국은 파괴된 땅을 그대로 한국에 넘겨주면 그만이다.

2001년 3월 22일 경기도가 민간 환경운동단체와 함께 2001년 말까지 경기도 내 미군기지 주둔 지역에 대한 환경오염 조사를 벌이기로 한 것은 천만다행이다. 경기도는 안정리 캠프 험프리(K-6)와 송탄 미공군기지를 비롯한 14곳에서, 기름유출과 소음, 진동, 폐기물 불법매립, 오폐수 배출을 비롯해 환경 민원을 중심으로 현지 설문조사를 벌인 뒤 시료를 채취하여 분석하겠다는 것이다. 평택시도 '평택 의제21' 사업의 일환으로 2001년에 평택 미군기지 문제를 다루기로 했다. 예산과 내용 면에서 턱없이 모자란 게 사실이지만, 지자체가 미군기지 문제를 다루기 시작한 것은 높이 평가할 만하다.

2. '석유 똘'로 평택평야와 서해의 수질과 토양을 오염시키는 미군

신장동에서 당현리와 장등리, 금각리를 지나면 작은 다리가 나온다. '석유 다리'다. 그 밑을 흐르는 똘은 '석유 똘'이다. 미7공군 사령부는 "이 배수로는 미7공군 사령부에 속한 배수로로써, 농업용수로도 쓸 수 없다"는 팻말을 세워 놓았다. 그나마 몇 차례 언론에 보도된 뒤 이 팻말은 사라졌다.

공식적으로는 '금각교'인 이 다리를 주민들이 '석유 다리'라고 부르는 까닭은 미군기지에서 석유가 떠내려 왔기 때문이다. 동네 사람들은 석유를 떠다가 등잔불을 켜기도 하고, 장에 내다 팔기도 했다. 똘에 불이 붙은 적도 있는데, 기름이 많이 흘러나오면 '석유 다리' 밑까지 타다가 덜 흐르면 불길이 미군기지 철조망 안으로 따라 들어가기도 했다.

평택시가 이 똘을 이따금씩 정비하지만, 역겨운 냄새가 코를 찌르며, 시커멓게 썩은 물이 각종 생활쓰레기들을 떠안고 서해로 흘러간다. 황구지리 사람들이 멱도 감고 고기도 잡던 곳이지만, 진위천과 황구지천, 오산천은 물론 주변 농경지 20여 ha를 심각하게 오염시키며, 평택호를 지나 서해로 흘러 들어가는 것이다.

맛 좋고 품질 좋던 평택 특산품 '평택미'도 송탄 미군기지 때문에 그 명성을 잃을 정도다. 어떤 성직자는 신도들이 가져오는 쌀을 신도들 몰래 내다 팔고, 다른 지역 쌀을 사다 먹는다고 고백했을 정도다.

경기도가 1997년 측정한 바에 따르면 송탄 미 공군기지가 무단 방류하는 오폐수는 수질기준인 생물학적 산소요구량(BOD) 40ppm의 3배가 넘는 131.6ppm이나 된다.

송탄 미군부대에서 하루에 쓰는 물의 양은 5천 톤이나 되지만, 자체 정화시설로 정화할 수 있는 물은 3천4백여 톤에 지나지 않는다. 그나마 1차로 침전시켰다가 그냥 흘려보내는 1950년대식이다. 그것을 '정화'라 불러도 1천6백여 톤은 그냥 흘려보내는 셈이다.

<우리땅미군기지공동대책위원회>와 <녹색연합>이 조사한 바에 따르면 화학적 산소 요구량(COD)은 14.5(기준치 1이하)나 되고 총질소는 19.4(기준치 1이하)나 된다. 부유물질은 144(기준치 15이하)나 되며, 망간은 0.07(기준치 없음), 아연은 0.02(기준치 없음)나 검출됐다.

3. 기름을 유출시켜 수질과 토양을 오염시키는 미군

미군기지의 환경 파괴 가운데 기름 유출이 전체의 43%나 된다. 소음·진동 피해, 오폐수 오염, 불법 쓰레기매립 같은 피해는 그 다음이다.

미군의 유류 저장시설은 부실공사와 관리 소홀 때문에 기름 유출 사고가 자주 벌어진다. 기름 유출 사고는 토양과 수질 오염으로 곧바로 이어질 뿐 아니라 복구하는 데 시간과 돈이 엄청나게 들고, 그래도 복구할 수 없는 경우가 많다.

평택에 있는 미군기지들도 기름 유출 사고를 많이 낸다. 2000년 7월 22일 송탄 미군기지에서 항공유 약 3천7백 갤런(14kℓ, 70드럼)이 유출됐다. 이 사실은 23일 오후 4시께 한 주민이 기름 냄새가 심하게 난다며 평택시에 신고함으로써 밝혀졌다. 신고를 받은 평택시는 현장 조사를 벌여, 방류구로 80~90ℓ가량의 기름이 흘러나온 것을 확인하고, '오일펜스'를 설치하고 흡착포로 80~90ℓ가량의 기름을 제거했다. 그리고는 주한미군 측에 기름 유출 사실 여부를 물어봤다. 그 때 미군측은 "기지 내 격납고가 침수되면서 정비 기자재에 묻어 있던 기름이 빗물과 함께 오폐수 방류구를 통해 흘러내렸다"고 했다. 물론 거짓말이었다.

평택시민단체들이 시위를 하는가 하면, 계속 문제가 커질 움직임을 보이자, 미7공군사령부(사령관 데이비드 클래리 준장)는 25일 공식 보도자료를 통해 "22일 8시간 내린 폭우로 기지 내 2개의 지하 연료탱크에서 고질의 항공유인 JP-8 연료가 유출됐다"고 인정했다.

이런 사고는 2000년 1월 7일에도 있었다. 송탄 미 공군기지 항공유 저장소에서 항공유가 유출되는 것을 초소 근무자가 발견했다. 미군측은 항공유 송유관에 이상이 생겨 항공유 4백여 ℓ가 유출된 사실을 확인하고 관로를 차단했다. 미군 관계자는 1주일쯤 지난 13일 오후에야 평택시를 방문해 이 같은 사실을 통보했다.

안정리 캠프 험프리(K-6) 미군기지에서도 기름이 흘러 나와 안정리 8-1번지 일대 5천여 평의 논을 오염시킨 사례도 있다.

기름 유출은 미군의 유류 저장시설뿐만 아니라, 주한미군 송유관에서도 자주 발생한다. 다행히도 국방부와 주한미군은 2000년 8월14일 '한·미 기술 계획 협약'을 맺어 경북 포항에서 서울 강남까지 연결되어 있는 주한미군 송유관(TKP, 총 연장 405.3km)을 2002년 9월 말까지 폐쇄하기로 합의했다.

그러나 이 혜택도 평택에는 주어지지 않는다. 평택-성남 사이 74km 구간은 송탄 미군기지 급유 문제를 해결하기 위해 당분간 폐쇄하지 않기로 했기 때문이다.

국방부가 1996년 미국 '튜보스코프 파이프라인 서비스'한테 주한미군 송유관 전 구간의 부식 상태를 조사해 달라고 용역을 준 적이 있다. 그 결과 보고서를 보면 충북 제천에서 평택 사이 105km 구간에서 120곳, 안정리에서 송탄 사이 19km 구간에서 10곳, 송탄에서 서울 강남 사이 50km 구간에서 84곳의 송유관이 송유관 두께의 20% 이상 부식돼 있는 것으로 나타나 있다. 특히 송탄에서 서울 강남 쪽으로 19.7km 지점에는 송유관 12cm가 80%나 부식된 것으로 나타났다.

이렇게 썩은 송유관으로 주한미군과 SK의 기름이 월 평균 104만 배럴(약 82만7천 드럼) 정도나 흐르고 있다. 송유관은 두께가 6.4~11.7 mm, 지름이 20~25cm이며 내구연한은 30년이다. 주한미군 송유관은 1970년에 설치되었으니까, 이미 수명이 다한 것이다. 대형 사고로 이어질 수 있다며 서울 강남-의정부 사이 46km 구간은 1993년에 이미 폐쇄한 바 있다. 미군이 갖고 있던 이 송유관의 소유권은 1992년 국방부로 넘어왔다. 송유관를 폐쇄할 경우 미군은 대한송유관공사가 운영하는 남북송유관(SNP)을 이용하게 되기 때문에 아무 문제가 되지 않는다.

4. 각종 폐기물을 불법 매립하여 토양을 오염시키는 미군

송탄 미군기지는 진위천변 2만여 평에 토사와 페아스콘, 건축폐기물 같은 것을 80년대 중반부터 15년 넘게 불법 매립해 왔다. 그 양은 2만 톤이 넘을 것으로 추정된다. 언론 보도와 민원이 일자 평택시와 환경부가 여러 차례 공문을 보냈지만, 미군은 보란 듯이 대낮에 불법행위를 계속했다.

1996년 평택시는 미군부대 시설 공사를 하면서 건축폐기물을 불법으로 매립한 한국 업체를 검찰에 고발했다. 그 뒤로 1999년 6월에도 이 같은 사실을 일부 확인했지만, 미군 관계자에게 잘 처리해 달라고 부탁한 게 고작이었다.

'K-51 시설대' 옆에는 철근 뼈대가 드러날 정도로 부러진 전신주가 즐비하게 땅속에 묻혀 있다. 금각2리 쪽으로도 건축 폐기물이 산처럼 쌓여 있다. 2000년 10월 한 언론이 또 보도하자, 비행단 부단장은 마지 못해 "처리하겠다"고 약속했다. 그러나 그뿐이었다.

미군의 이런 불법 행위를 법에 따라 처리하기는 상당히 어렵다. SOFA가 불평등하기 때문이기도 하지만, 미군은 오만할 대로 오만하고 지자체를 비롯한 한국 정부의 의지는 약할 대로 약하기 때문이다.

진위천에서 회화리 쪽 둑에 올라서서 미 공군기지를 바라보면, 미군이 불법으로 쌓아 놓은 건축폐기물 더미를 볼 수 있다. 대부분은 흙으로 위장했지만, 그대로 드러나 있는 곳도 있기 때문이다. 좌우로 2km나 쌓아 놓은 이 건축 폐기물 더미 사이에는 논도 있는데, 논바닥에 전봇대나 각종 건축폐기물이 묻혀 있어, 비만 오면 큰 구멍이 뚫릴 정도로 흙이 빨려 들어가기도 한다. 평택시는 고발도 못하고 SOFA 환경분과위원회에 통보나 할 뿐이다.

5. 비행기 폭음으로 구장터 주민들의 삶을 파괴하는 미군

송탄 미군기지 정문에서 미군기지 담장을 따라 오른쪽으로 1km 정도 가면 작은 굴다리를 지나 구장터에 닿을 수 있다. 구장터는 말 그대로 옛날 장터라는 뜻이지만, 옛날 장터였다는 말을 믿을 수 없을 정도로 송탄에서 가장 뒤떨어진 동네가 돼 버렸다.

이 마을에는 60여 가구 200여 주민이 살고 있다. 호박이나 오이를 기르는 비닐하우스가 미군기지 담장에 죽 붙어 있고, 항공기 착륙 유도등이 1km 가까이 이어진다.

10년 전만 해도 기지 안에만 있던 유도등은 어느 날부턴가 기지 밖까지 이어졌다. 그러자 밤에도 동네가 환해지는 바람에 북극에서 볼 수 있다는 '백야' 현상이 나타났다. 이런 현상은 활주로 반대편 끝 황구지리 쪽 논에도 나타난다. 농작물조차 밤잠을 설쳐 소출도 다른 곳에 비해 20~30%는 적다.

미군 비행기는 짧게는 2, 3분, 길게는 10분 간격으로 지붕 바로 위로 스치듯 뜨고 내린다. 이 때 나는 폭음과 폭풍, 내려앉은 비행기가 공회전하면서 내는 굉음과 엄청난 배기가스 때문에 구장터 주민들은 평택에서 가장 심한 고통을 당하고 있다.

낮이고 밤이고 가리지 않고 뜨고 내리는 대형 비행기들이 내는 굉음은 구장터만이 아니라, 송탄 전체를 뒤흔들어 놓는다. 1, 2분에서 4, 5분까지 아파트가 흔들릴 정도로 요란한 굉음을 내는 미군 비행기는 심하면 밤 12시까지도 뜨고 내린다. 사람들은 주위 환경에 쉽게 적응해 가며 사는 탓인지, 이곳에 오래 사는 사람들은 별로 느끼지도 못한다.

물론 TV를 제대로 볼 수 없고, 전화 통화도 제대로 할 수 없고, 목소리도 높아지고, 신경도 날카로워지지만, 구장터 주민들이 집단으로 종합 건강진단을 받아 본 적은 없다. 그러나 신경쇠약이나 노이로제, 불면증을 호소하는 이들은 많다.

송탄 미군기지에서는 소형 전투기들부터 정찰기, 매향리까지 날아가 폭탄을 쏟아 붓고 돌아오는 A-10이나 F-16 폭격기, 각종 헬기와 수송기, 심지어 여객기까지 뜨고 내린다.

조종사나 비행기에 따라 높낮이가 약간씩 다르지만, 하도 시끄러워 못 참겠던 동네사람들이 비닐하우스 쇠파이프를 장대처럼 세워 비행기 고도를 높인 적도 있다.

1996년 <우리땅미군기지되찾기공동대책위원회>와 <녹색연합>이 조사한 바에 따르면 송탄 미군기지 주변의 최고 소음이 가장 높은 96.0dB로 나타났다. 대구 A-3 비행장 주변 지역의 최고 소음도는 87.4dB, 의정부 78.4dB, 춘천 82.0dB, 인천 68.8dB, 군산 94.0dB, 부산 78.4dB이었다.

일반 주거 지역의 소음도 환경 기준치는 주간의 경우 50~55dB, 야간은 40~45dB이며 도로변의 경우 주간은 65dB, 야간은 55dB이다. 소음도가 85dB 이상이면 심장 기능 장애와 청력 장애, 평행력 교란, 두통 증세 같은 현상이 나타날 수 있다.

구장터에서 진위천 둑으로 올라서면 둑 아래 낚시하는 사람도 만날 수 있다. 오른쪽으로 2km만 가면 상수원 보호 구역이다. 그곳은 1급수로 물이 정말 깨끗하다. 그러나 왼쪽으로 100m만 가면 또 하나의 미군 배수구가 있다. 코를 찌르는 오폐수는 진위천으로 그대로 쏟아져 내린다. 이 배수구는 황구지리 석유 똘과는 달리 이따금씩 바짝 마르기도 한다. 언론에 몇 차례 보도가 되고, 다른 언론도 취재하러 몰려오고 해서 곤란해질 것을 걱정하는 미군들이 무슨 수를 쓰는 모양이다. 냇물처럼 콸콸 쏟아지던 오폐수가 어떻게 며칠에서 몇 달씩 한 방울도 안 내려올 수 있는지 모른다.

배수구 바로 곁에는 송유관으로 보이는 시설이 노출되어 있고, 그 밑 땅은 시커멓게 썩어 있다.

6. 비행기 폭음과 지하수 오염으로 회화리 주민들의 삶을 파괴하는 미군

구장터에서 나와 경부·호남·전라선이 모두 지나는 기찻길 고가를 지나 1번국도에서 좌회전한 뒤 서탄삼거리에서 영풍제지를 끼고 다시 좌회전해서 4km쯤 가면 적봉리와 회화리가 나온다.

멀찌감치 미군기지를 다 들여다 볼 수 있는 회화리는 비행기 소음 피해를 심하게 당하고 있으며, 마을 사람들이 함께 마시는 지하수도 심각하게 오염돼 있다. 옛날에는 물탱크에 소독약을 한두 알만 넣어도 약 냄새가 독하다며 항의하는 사람이 많았지만, 요즘엔 두세 움큼씩 넣어도 불평하는 사람이 없다.

회화리를 지나 황구지 쪽으로 진위천을 건넌 뒤 미군기지 담장 밑까지 가면 농민들이 농업용으로 진위천 물을 끌어올리는 양수장이 있다.

이곳은 50년 전부터 미군 때문에 쫓겨난 주민들이 이따금씩 모여 망향의 한을 달래며 막걸리를 마시는 곳이기도 하다.

거기서 미군기지 담장을 따라 조금 더 가면 배수구가 하나 더 있는데, 수문이 거의 매일 닫혀 있다. 미군들은 주로 비가 올 때 이 수문을 여는데, 비행기 닦은 물과 골프장 소독물이 진위천으로 쏟아진다. 수문 근처에서 죽은 고기가 떠 있는 모습을 쉽게 볼 수 있는 이유다.

7. 비행기 폭음과 지하수 오염으로 황구지리 주민들의 삶을 파괴하는 미군

미군기지를 한 바퀴 돌다 보면, 금각리와 회화리 사이 논 가운데 몇 집 안 되는 작은 동네가 있다. 자세히 들여다보면 한 마을이 아니라, 두 마을이다. 황구지리와 금각리. 이장도 둘, 마을 회관도 둘이다. 미군기지 때문에 쫓겨난 주민들이 집단으로 이주해 오면서 마을 이름을 그대로 갖고 들어왔기 때문이다.

구장터에서 활주로 반대쪽 끝에 있기 때문에 이 마을 주민들도 미공군 비행기가 뜨고 내리면서 내는 엄청난 굉음과 함께 엄청난 배기가스를 얻어맞으며 살고 있다.

예전엔 둑 너머 진위천에서 물을 길어다 먹기도 했지만, 진위천이 심하게 오염돼 물고기도 잡지 않는다. 요리를 해도 기름 냄새가 심한데다가, 끓인 국물을 버리고 양념을 다시 해서 끓여도 냄새가 나기 때문이다.

지하수도 심각하게 오염돼 그 동안은 공동수도를 1~2년에 한 번씩 새로 파야 했다. 깊이 파고, 지표수가 흘러들지 못하게 '건수 처리'를 해도 조금만 지나면 냄새 때문에 마실 수가 없기 때문이다. 결국 2km쯤 떨어진 금각리 야산에 지하수를 파서 송수관을 통해 끌어다 마시고 있다. 수질이 이렇게 심하게 파괴된 것은 마을을 둘러싸고 흐르는 석유똘과 진위천이 송탄 미군기지 때문에 심각하게 파괴됐고, 이미 지하수까지 오염됐기 때문이다.

8. 희귀 조류를 불법으로 사냥하는 미군

미군이 파괴하는 것은 땅과 물과 공기뿐만이 아니다. 미군은 야생조류 불법 사냥도 서슴지 않는다.

2001년 1월 15일, 용산 미군부대 소속 R(44) 대령을 비롯한 미군 소속 영관급 장교 3명과 예비역 미군 중령이 송탄 미군 비행장 근처에서 수렵허가를 받지 않고 조류 사냥을 하다가 불법 수렵을 감시하던 밀렵 감시단원의 신고를 받고 출동한 평택 경찰에 적발됐다.

이들은 이날 오후 2시40분께 미 공군 송탄 기지에서 1km가량 떨어진 평택시 서탄면 황구지리 진위천 주변에서 엽총으로, 청둥오리와 기러기 같은 조류를 사냥했다. 이들은 실탄 54발과 죽은 청둥오리, 기러기 등 조류 90여 마리를 갖고 있었다.

이들은 비행장 주변 4km 안에서 수렵할 수 있는 허가증을 갖고 있었으나 2000년 말로 허가 기한이 끝난 것이었다. 평택시에 새 허가증 발급을 신청해 놓고 허가증이 나오기 전에 불법으로 사냥을 한 것이었다.

이들은 경찰에서 "지난 번 A-10 공격기 추락 사고도 있고 해서 전투기 비행에 장애가 되는 새들을 없애는 차원에서 사냥을 했으며 부대에서 수렵허가증을 지금까지 재발급 받지 않은 사실을 알지 못했다"고 말했다. 물론 불법이고 거짓말이다.

9. 대안으로 제시된 장당 하수종말처리장마저 외면하는 미군

환경부는 1998년 2월 '군부대 발생 하수의 적정 처리를 위한 업무 지침'을 시달한 바 있다. 그에 따르면 원인 제공자가 비용을 부담해야 한다.

이에 따라 2000년 7월 26일, 환경부는 송탄 미군기지도 앞으로 장당 하수처리장에서 처리하도록 했다. 비용 분담 같은 세부 문제의 논의만 잘 끝나면, 증설 공사가 끝나는 2003년 12월부터 장당 하수처리장에서 처리하게 될 것 같다.

비용 부담이라는 것은 미군측이 자체 시설을 건설하지 않고 평택시의 시설을 이용하기 때문에 원인자 부담 원칙에 따라 미군이 내야 하는 돈이다. 예컨대 장당 하수종말처리장 증설 비용이 총 450억 원인데, 이 가운데 미군이 145억 원 정도는 분담해야 하는 것이다. 그런데 미군이 이를 받아들이지 않고 있다.

다. 평택 주둔 미군기지의 시설

미국 사람들은 "평화를 원하거든 전쟁에 대비하라"고 주장한다. 하지만 이런 주장은 보잉이나 록히드 마틴, 레이시온, TRW 같은 무기회사들의 로비를 받은 정치인들이 무기회사를 위해 하는 소리일 뿐이다. 평화를 원하면 평화를 전파해야 한다.

어느 나라를 가릴 것 없이 모든 군사기지는 지역주민을 보호하지 않는다. 오키나와에서는 "군사 훈련에 방해가 되는 주민은 사살하라"는 명령도 있었다. 국가안보를 명분으로 지역주민의 권리는, 심지어 생명권까지 묵살하는 것이다.

군사기지는 평상시에는 범죄와 환경 파괴, 퇴폐문화 확산으로 주민을 괴롭히고, 전시에는 적군의 목표가 되어 죄 없는 주변 주민들까지 집중 공격을 받게 한다. 군사적으로 중요한 임무를 띠고 있는 기지일수록 전시에는 위험이 더 커진다.

그런 점에서 평택에 주둔하는 미군기지에는 어떤 시설이 있으며, 미군들이 어떤 일을 하는지 평택 시민들이 정확히 알 필요가 있다. 일본에서는 지자체에 있는 미군기지 대책실 공무원들이 미군기지 지도를 포함한 모든 자료를 책자로 만들어 무료로 나눠 준다.

그러나 한국 국민들은 주한미군과 관련한 내용을 정확히 알 수 없다. 대부분 군사기밀이라며 정보를 차단하는데다가, 국민도 주인 노릇이나 권리 행사를 못하고 있기 때문이다.

여기서도 언론에 보도된 내용만을 바탕으로 재구성할 수밖에 없다. 송탄 미 공군기지와 안정리 미군기지 말고도 공여지가 세 군데나 더 있지만, 그 내용은 모른다.

1. 송탄 미군기지

1) 미군 기숙사

2백만 평이나 되는 송탄 미 공군기지에는 미 태평양 공군 사령부 산하의 미7공군 사령부가 있다. 그 동안은 국내 최대의 단일 기지였는데, 필리핀 클라크 공군기지가 폐쇄된 뒤로는 태평양 지역에서 가장 큰 공군기지로 알려져 있다. 처음에는 K-55로 불리다가 1956년 후반부터는 오산 미 공군기지로 불리고 있다. 그러나 송탄에 있는데도, 미군들이 오산 기지로 부른다고 해서 우리도 그렇게 따라 부르는 것은 옳지 않다. 송탄 미군기지로 불러야 옳다. 송탄 미군기지에는 미군 5천3백 명과 민간인, 가족을 포함하여 약 1만1천여 명이 상주하고 있다. 이 기지에 근무하는 미군 장교와 사병들은 40개 동의 기숙사에서 가족과 함께, 또는 독신으로 거주하고 있다.

2) 제51전투 비행단

태평양 최강의 전투력을 자랑하는 송탄 미군기지 안에는 제51전투 비행단 본부도 있고, 그 아래 제25비행대대와 제36비행대대가 있다. 매향리 폭격으로 유명한 A-10기가 21대, 역시 매향리 폭격에 사용되는 F-16 전폭기가 30여 대 배치되어 있다.

강력한 공격 능력을 가진 MH-53J 헬기 5대도 있고, 미 전략공군사령부의 U-2기도 3대가 배치되어 있다. U-2기는 교대로 하루 한 번씩 출격하여 휴전선 이북 지역을 정찰하여 그 결과를 전투작전정보센터(KCOIC)로 전송한다. 평상시에는 북한의 남침을 미리 알 수 있는 조기 경보 체제의 첨병이지만, 전시에는 전황을 곧바로 파악해 핵심 지휘 통제 시설인 극비 지휘소 '탱고(TANGO, Tactical Airforce-Navy-Ground forces Operation)'나 '오스카' 같은 데 알려주는 상황실 역할을 한다.

송탄 미군기지는 3만7천 명 정도 되는 주한미군과 그 가족이 한국을 드나드는 관문이기도 하다. 이들은 송탄 기지 북단 활주로 동쪽에 있는 미 공군사령부 터미널(MAC)을 통해서 출입국을 한다.

무기회사인 록히드 마틴사가 관리 운영하는 매향리 폭격장도 미 제7공군 제51전투비행단 소속이며, 이 안에는 제51병참군, 제51의무군, 제51작전군, 제51지원군 같은 부대도 있다.

3) 패트리어트 미사일 기지

송탄 미 공군기지 안에는 패트리어트 미사일이 10기 정도 배치돼 있다. 회화리에서 진위천 둑에 올라서면 군데군데 콘크리트 방벽 뒤로 삐죽삐죽, 하늘을 향해 50도 각도로 어딘지 모를 목표를 향해 고개를 쳐들고 있는 패트리어트 미사일을 바라볼 수가 있다.

안정리 캠프 험프리에도 대대급의 패트리어트 미사일 운용 부대가 있다. 1998년 3월 주한미군은 미사일 요격용으로 한국에 배치할 패트리어트 미사일 기지로 쓰겠다며 팽성에 17만여 평의 땅을 더 공여해 달라고 공식 요청한 적이 있다.

국방부 관계자도 주한미군이 그런 공문을 보내 왔다는 사실을 확인했다. 그 해 8월 국방부는 "구체적으로 세부 내역을 밝혀 달라"며, "그 땅은 대부분 농지라서 국방부가 구입해 공여하기 어렵다"는 공문을 보냈다. 주한미군이 요청한 땅을 현장 답사한 국방부 관계자는 그 지역이 대부분 농지인데다, 워낙 규모가 커서 매입할 수 없다는 판정을 내린 것이다.

한편 미 국방부는 42억 달러 상당의 미국 최신형 패트리어트 PAC-3 대공미사일 방위시스템 14대와 부속 장비를 한국에 팔기로 했다. 패트리어트 PAC-3는 미사일방어체제(MD)에서 필수적인 핵심 무기다. 북한이 미사일로 공격하면 미리 쏘아 맞추겠다는 것이지만, 실제로는 미국 무기회사들의 이익을 대변해 주기 위한 것이다. 육군 중심에서 공군 중심으로 바꾸려는 주한미군이 MD 기지를 송탄에 구축하게 되면, 송탄의 미7공군 사령부는 용산 미8군 사령부보다 더 중요한 역할을 하게 될 것이다.

4) 레이더 기지

송탄 미군기지에는 당현리 쪽 야산과 회화리 쪽 진위천 변에 대형 레이더가 있다. 레이더는 엄청난 유해 전자파를 뿜어대기 때문에 주민 건강에 심각한 위협이 된다. 레이더의 원리는 전자레인지와 같기 때문에, 환경 전문가들은 레이더 주변에 사는 주민들은 대형 전자레인지 안에서 사는 것과 같은 영향을 받을 수도 있다고 말한다.

5) 골프장, 도박장, PX, 클럽, 식당 같은 비세출자금기관들

송탄 미군기지에는 골프장을 비롯해서 도박장, PX, 클럽, 식당 같은 이른바 '비세출자금기관'들이 있다. 이런 기관들이 한국인을 상대로 영업을 하는 것은 불평등한 SOFA로 따져도 불법이다. 그러나 평택 지역의 많은 유지들이 미군기지를 드나들며, 미군들의 배를 채워 주고 있다. 미군기지가 직장이 아니면서도 '디켈'이라는 미군기지 출입증을 차에 붙이고 다니는 사람들은 대부분 그런 사람들이다.

한 언론인이 밝힌 바에 따르면 슬롯머신 하나로 주한미군이 불법으로 벌어들이는 돈은 1년에 3천억 원 정도나 되고, 이 가운데 1천억 원은 미국으로 송금까지 하고 있다.

2001년 4월 2일 개정 SOFA가 발효되었지만, 미군측이 이 엄청난 돈줄을 놓치기 싫어하기 때문에 비세출자금기관 조항은 합의하지 못하고, 2001년 12월 31일까지 더 협상하기로 했다.

6) 불법 호텔 건립

송탄 미 공군 부대는 부대 안에 외국인 전용 호텔 건립을 추진하고 있다. 2001년까지 450실 규모의 호텔을 건립해서 부대를 방문하는 외국인들의 숙소로 활용할 계획이라는 것이다. 물론 이 역시 불평등한 SOFA를 따르더라도 불법이다. 미군은 공여 받은 땅을 군사용으로만 사용해야 하기 때문이다.

그러나 미 공군은 이미 미국에서 건설회사 관계자 10여 명을 초청해 부대 근처 호텔에 숙소를 정하고 현지 실사를 비롯한 준비 작업에 들어갔다.

미 공군은 그 동안 평택 지역 16개 호텔과 계약을 맺고 주한미군을 비롯한 미국인들을 장기 투숙시켜 왔으나 미군부대 호텔이 완공되는 2001년이 지나면 국내 호텔을 사용할 필요가 없어지게 될 것이다.

2. 안정리 미군기지

1) 감청·도청 부대

미국 센추리 재단의 선임연구원 셀리그 해리슨에 따르면 미 육군 751 정보부대가 평택 안정리에 기지국을 두고 있다. 여기서는 중국과 북한이 통신을 감청하고 있으며, 산악지형의 장애를 피하기 위해 산악지대에 3개의 분국을 설치해 놓고 있다. 그리고 중국 하이난 섬에서 문제가 됐던 간첩기, 이른바 정찰기들은 대부분 송탄 미군기지에서 뜬다.

2) 미군범죄자 구치소

안정리 미군기지에는 주한미군 구치소가 있다. 그래서 미군 범인들은 형이 확정될 때까지 이곳에 구금된다. 대표적으로 1992년 10월 28일 엽기적 살인으로 온 나라를 떠들썩하게 했던 케네스 마클을 비롯해서, 1993년 서울 역삼동에서 레벤 호프 주인 김국혜 씨를 성폭행하고, 머리를 때려 혼수상태에 빠뜨렸던 존 로저 병장, 2000년 2월 살인을 저지르고도 불구속으로 재판 받다가, 재판 직전에 도주해서 다시 한 번 우리를 놀라게 했던 매카시가 있다.

3) 환태평양 통합망 위성지구국

안정리 캠프 험프리에서는 1993년 6월 22일, 환태평양 통합망 위성지구국을 개통시켰다.

4) 아파치 공격용 헬기부대와 제6기갑연대, 제6항공기동여단

캠프 험프리에는 아파치 공격용 헬기부대, 제6기갑연대, 제6항공기동여단 같은 부대가 있다. 제6항공기동여단은 1996년에 창설되었는데, 60여 대의 공격용 아파치 헬기를 보유하고 있으나, 미 육군 소속 AH-64 아파치 공격용 헬기가 지난 1999년 꼬리 회전날개 부품에 결함이 있는 것으로 밝혀져 10개월간 비행을 중단하고 부품을 교체하기도 했다.

5) 중대 규모의 화학부대

주한미군은 북한의 생화학 무기 공격 위협에 대비한다며, 미군과 대사관 직원 가족들에게 방독면을 지급했다. 해외 주둔 미군에게는 처음 있는 일이었다. 바로 이어 미19전구지원사령부는 1999년 4월 안정리 미군기지 안에 왜관 캠프 캐롤에 본부가 있는 23화학대대 소속으로 중대급 규모의 화학부대를 창설했다.

유사시에 한반도를 넷으로 나눠 군수 지원과 화학 제독을 맡는 19전구지원사의 작전 임무에 따라 창설된 이 부대는 유엔군사령부와 한미연합군 부대, 주요 공항과 항만, 지휘 통제 본부 같은 시설에 퍼진 화생방을 제독하는 업무를 맡는다. 이 부대는 미군과 카투사로 구성되어 있다.

주한미군은 북한의 생화학 무기 공격에 대비해 탄저병 예방 백신을 접종하고 있으며, 1999년에는 '포털 실드'라는 세균 탐지 장치를 주요 미군기지에 설치하기도 했다.

그리고는 2000년 4월 17일부터 닷새 동안 화학부대가 있는 안정리를 비롯한 몇 지역에서 한미합동 화학 제독 훈련을 했다. 미군 사령부는 "북한의 생화학 무기 공격을 가정한 오염 제거 훈련"이라고 주장했지만, 북한은 "북침 전쟁에서 전개할 생화학전을 위한 훈련"이라며 강력히 비난했다.

6) 카투사 신병교육대와 그 밖의 시설들

안정리 미군기지에는 카투사(KATUSA) 신병교육대도 있다. 카투사는 주한미군을 지휘하는 군대가 아니라, 오히려 주한미군에 배속되어 미군의 지휘를 받는 군대다. 카투사 제도는 한국에만 있다.

이밖에 안정리 미군기지에도 통신부대와 패트리어드 미사일기지와 비세출자금기관이 있다.

라. 지역문화의 왜곡

1. 정치문화의 왜곡

안정리와 송탄 미군기지는 1년에 한두 번씩 사나흘 동안 '한미 친목 축제'니, '한미 친선 페스티발'이니 하는 이름으로 기지 개방 행사를 벌인

다. 이런 행사의 목적은 각종 미군 범죄나 환경 파괴 같은 나쁜 이미지를 덮어 주민들의 반미 감정을 누그러뜨리려는 것이다. 그러므로 미군들이 나와서 정치 연설을 하지는 않지만, 지극히 정치적인 행사다. 평택에서는 시장과 미군부대장이 공동준비위원장을 맡기도 했는데, 시민단체들의 반발에 부닥쳐 시장이 공동준비위원장을 맡지는 않는다.

미군부대장은 이따금씩 지역 유지들을 부대 안으로 초청한다. 특히 정계와 종교계 지도자들이 주요 대상이다. 그리고는 '미제 진수성찬'으로 대접을 한다. 때로는 민간인이 접근하기 힘든 시설을 안내하기도 한다. 이 때 미군 장교들은 지역 유지들을 아주 정중하게 모신다. 이렇게 미군기지에 다녀온 사람들은 개인적인 자리는 물론 공적인 연설이나, 설교, 강론, 설법 같은 것을 통해서도 입에 침이 마르게 미국을 찬양한다. "사령관 초대 받고 미군부대 안에 들어가 봤는데"로 시작해서, "미국 사람들 정말 교통신호도 잘 지키고, 운행 속도도 40km를 절대 넘기지 않고, 예의도 바르고……"로 끝도 없이 이어진다.

미군부대장은 시장과 경찰서장, 교육장, 상공회의소장, 시의회 의장, 기업체 대표 같은 사람들에게 여름에는 알래스카로, 겨울에는 하와이로 피서·피한 여행의 기회도 제공한다. 복잡한 절차를 밟을 필요도 없고, 인천 국제공항을 거칠 필요도 없다. 송탄 미군기지에서 미군 비행기 타고 날아갔다 날아오면 그만이다.

미국이 에셜론 부대 같은 통신부대에 고성능 도청 체제를 갖추어 놓고 적국의 통신을 도·감청하고 있다는 사실은 널리 알려져 있다. 그러나 그 대상은 적국만이 아니다. 우방이라고 해서 제외되지 않는다. 주한미군은 청와대까지 도·감청을 한다. 용산은 물론, 송탄과 안정리 미군기지에서도 한다. 시장을 비롯한 유지들도 예외는 아니다. 지역과 나라의 정치문화가 친미로 흐를 수밖에 없는 구조가 바로 여기에 있다.

2. 경제문화의 왜곡

미군기지가 지역 경제를 활성화해 준다고 생각하면 큰 오산이다. 미군기지가 있는 용산이나, 동두천, 의정부, 송탄, 안정리, 군산 같은 지역 경제를 보면 정확히 알 수 있다.

그러나 미군기지 출입증을 갖고 있는 사람들은 다르게 주장한다. 미군기지에 들어가서 골프도 치고, 술도 마시고, 고급 식사도 하기 위해서 합법과 불법을 가리지 않고 디켈이라는 출입증을 발급받기 때문이다.

주말에 고급 승용차를 타고 가족과 함께 미군기지에 들어가 식사하고 나오는 걸 자랑으로 여기는 유지들은 정중하게 대접해야 할 거래처 손님도 미군기지에 모시고 들어가 골프 한 게임 쳐드려야 하는 것으로 생각한다. 문제는 출입증을 발급받을 때나 기지를 드나들 때 빈손이 아니라, 엄청난 돈을 쓴다는 데 있다.

미군 물건이 불법으로 빠져 나오기도 한다. 물론 '한미 친목 축세' 같은 때 공공연하게 빠져 나오기도 한다. 고기와 양주·맥주·음료수는 물론, 검역도 거치지 않은 레몬이나 쌀 같은 농산물, 가전제품도 있다. 그래서 안정리와 송탄에는 미제 물건 없는 집이 거의 없을 정도다.

영어교습을 하는 미군이나 군속, 가족도 많다. 그들은 물론 양주 같은 미제 물건도 판다. 물론 미제 물품 판매는 기지촌 여성들도 한다. 달러나 수표를 위조해 유통시키는 미군도 많다. 공식 통계조차 잡히지 않지만, 미군기지 주변의 암시장은 이처럼 한국 경제를 왜곡시키고 뒤흔들어 놓을 정도다.

송탄 미군기지 주변이 관광특구로 지정된 뒤 관광객이 10만으로 늘었다지만, 퇴폐 향락 분위기와 청소년 범죄는 느는 반면, 지역 경제 활성화에 도움을 주고 있다는 통계는 없다.

3. 사회문화의 왜곡

미군이 일으키는 대표적인 사회 문제는 살인, 강도, 강간 같은 범죄다. 송탄과 안정리 지역에서도 미군 범죄는 꼬리를 물고 있다. 대표적인 범죄와 사건, 사고들만 살펴보자.

1959년 1월 29일, 주한미군이 당시 송탄면 지리 435번지 김국자 여인(28)을 단도로 난자하여 죽인 뒤 금반지를 빼앗은 사건이 있었다.

1962년 5월 30일, 신장리 농민 심덕선 씨가 물건을 훔쳤다며 미군이 군용견에게 물어뜯으라고 명령한 뒤, 직접 가슴팍을 찔러 심 씨에게 중상을 입히기도 했다.

1967년 10월 5일, 미군 제55병기 중대 소속 제이스 이켈이라는 미군이 팽성면 오세영(가명) 씨한테 같이 자자고 요구하다 거절당하자, 집에 불을 질러 반 이상을 태웠다. 1968년 3월 28일, 미7사단 2대대 소속 아펠이 원곡면 성우리 김동식 씨(27)를 주먹으로 때려 김 씨의 이빨이 부러지고, 혀가 잘렸다.

1971년 4월 25일, 미 제6314 보급대대 소속 제임스 차리스가 송탄에서 처녀 세 명을 희롱하다 이를 말리는 박영자 씨(21)와 차하웅 씨(29)를 흉기로 찔러 중상을 입혔다. 1973년 10월 12일, 미군 50여 명이 민간 상점과 미군 전용 홀에 난입하여 종업원과 주민을 마구 때리고 기물을 파괴하여 유재영 씨가 중상을 입었다. 1973년 11월 19일, 페르트 제임스가 만취한 채 마이크로버스를 훔쳐 타고 달리다 평택리 권영순 씨(57)와 권영촌(54) 씨를 치어 즉사시킨 뒤 뺑소니쳤다. 1977년 10월 12일, 존 스로서가 팽성면 안정리 유운해 양(19)에게 같이 자자고 조르다 거부당하자 쇠줄 목걸이로 목을 졸라 죽였다.

1980년 11월에는 미 육군 K-6 기지 545의무대 소속 셔링 G. 데이비드가 팽성읍 안정리 윤미영 씨(20)와 함께 자다가 술에 취해 발기가 되지 않는 것을 비웃었다며, 주먹으로 얼굴을 때리고 브래지어로 목을 졸라 죽였다. 1986년 2월 14일, K-6 기지 제6항공정비대대 소속 마이클 웨인하멜이 안정리 ○정희 양(16)을 두 무릎으로 누른 채 두 손으로 목을 졸라 죽였다.

1992년 4월 4일, 새벽 0시 20분쯤 술 취한 미군 4명이 송탄시 신장동 윤천성 씨(29)네 창문을 열고 고개를 들이민 채 들여다보다가, 항의하던 윤 씨와 조카 윤석준 씨를 마구 폭행하였다. 윤 씨는 10일 정도 치료를 받았으나, 어머니가 불면증과 심장병을 호소하는 바람에 서탄면 장등리로 이사를 가야 했다. 1993년 7월 19일, 송탄에서는 두 아들이 미군에게 살해당하는 사건도 일어났다.

1994년 3월 7일 밤 11시 쯤 푸리처 존슨 엘 일병과 스미스 리 엠 이병을 포함한 미군 5명이 팽성 안정리 목마루 주점 앞길에 있던 차를 발로 차자, 이를 말리던 김종화 씨(39)와 유완수 기자(28)를 미군들이 맥주병으로 때려 전치 4주의 상처를 입혔다. 3월 12일 오전 11시쯤 용산 제17 육군 항공단 조속 존스 허먼 디 중사가 신장동 미군기지 정문 앞 파파가방에서 상표 트집을 잡으며 환불을 요구하다, 주인 박양식 씨(44)의 얼굴을 때리고 두 손으로 입을 찢기도 했다. 1995년 1월 24일, 송탄 미 공군부대는 하사관 식당 '챌린저 클럽'의 운영권을 이 아무개 씨에게 넘긴다며 종업원 57명을 잘랐다. 이 때 근무 기간이 짧거나 호봉이 낮은 24명은 다른 영업장으로 발령냈지만, 경력이 많고 호봉이 높은 윤 아무개 씨(57)를 비롯한 33명은 해고시켰다. 11월 12일 낮 12시 45분쯤 미 공군 빈센트 로버트 상병이 미군 차량을 타고 가다 지산동 신장육교 사거리 송탄산부인과 앞에서 금성 택시 홍경형 씨(34)를 매달고 200여 m를 달렸다. 11월 18일 새벽 1시쯤 미군 100여 명이 팽성 톱햅 클럽에서 술을 마시다 벌인 패싸움을 말리던 이호범 씨(34)는 미 공군 소속 리처드 제이 상병한테 폭행을 당해 전치 3주의 상처를 입었다.

1996년 송탄 미 공군 부대가 수도 요금 1억5천여 만 원을 1년 3개월 동안 안 낸 사실이 알려졌다. 평택시 상수도 요금 전체 체납액 2억6천만 원의 58%였다. 뒤늦게 시민운동단체들이 시청과 미군부대에 몇 차례 항의 시위를 벌인 뒤에야 받아냈다. 5월 3일 아침 10시 45분쯤 맥릴리 대위가 기장으로 있는 미 육군 소속 앰뷸런스 UH-60 헬기가 팽성 안정리 상공을 낮게 비행하다가 안정리 김탄식 씨(60) 집을 비롯해서 민가 10채의 슬레이트 지붕과 유리창을 파손해 모두 260여 만 원 상당의 재산 피해를 냈다. 6월 10일, 송탄 미군기지 소속 윌리엄스 약 에스 일병은 진위면 하북 에바다 농아원생 김 아무개군(12)과 최(12), 이 아무개군(16)을 미군기지 안으로 끌고 들어가 숙소에서 이 아이들의 성기를 만지고, 샤워실에서 '계간'이라는 성폭행을 했다. 윌리엄스는 당시 최실자 원장을 통해 에바다 농아원을 드나들며 마술도 보여 주며 농아원생들의 환심을 산 뒤 햄버거를 사 준다고 꾀어 9월 28일과 10월 27일에도 같은 방식으로 성폭행을 했다.

이밖에 기지촌 여성 인권 문제도 심각하다. 기지촌은 미군 주둔과 동시에 형성되었지만, 한국 사회가 기지촌 여성 인권 문제에 눈을 돌린 것은 1990년대 들어서부터다. 정부는 거의 '공창'으로 인정하며 미군들에게 성을 팔고 외화를 벌어들이는 애국 행위로 치켜세우기도 했다. 기지촌 여성 자치 단체도 만들었는데, 임원은 보건소에서 월급을 받기도 했으며, 기지촌 여성들의 회비를 갈취하기도 했다. 기지촌 여성들은 스스로 비인간적인 대우를 받는 것에도 그렇지만, 혼혈 자녀들이 당하는 차별과 인권 침해에 더 많은 눈물을 흘린다.

한국특수관광협회가 필리핀과 러시아에서 '수입'해 온 여성들의 인권 문제도 심각하다. 경찰은 이 협회가 '인신매매'해 온 외국인 여성이 1999년 8월 현재 평택을 비롯한 21개 지역에 343명이나 된다고 밝혔다.

기지촌 여성들은 버림받고, 좌절하고, 충격을 받고, 폭행을 당해 정신이상 증세를 보이기도 한다. 기지촌 주변에서 밤중에 꽃을 들고 왔다 갔다 하며 만취한 미군을 유혹하거나 길바닥에 앉아 있는 여성들을 볼 수 있다. 팀스피리트 같은 한미합동훈련 기간에는 포주들이 기지촌 여성들을 끌고 합동훈련 장소로 다니며 매춘행위를 시키기도 한다. 일제 식민지 시절의 정신대와 똑같은 것이다. 이들은 할머니가 되어도 '펨푸'라는 이름으로 기지촌 주변을 맴돈다.

미군들은 마약을 제조·판매·복용하거나, 탈세를 하는 범죄를 저지르기도 한다. 통관이나 관세 같은 데서 특혜를 받는 미군 신분을 악용하는 것이다.

그나마 기록이라도 남아 있는 미군 범죄는 나은 편이다. 언론에 보도되지도 않은 채 재판이나 배상, 보상도 없이 흐지부지 끝나는 경우가 대부분이기 때문이다. 교통사고도 많지만 처벌하거나 배상을 받기는 정말 어렵다. 불법 주정차 단속에 걸려도 과태료를 안 내며, 번호판도 안 단 차를 타고 전국을 누비기도 한다. 전화료, 전기료를 안 내는 경우도 많다.

한국 법은 지키지 않아도 된다는 미군의 특권의식도 문제지만, SOFA가 불평등해서 어쩔 수 없다는 식으로 의지를 갖지 않는 한국 경찰과 사법당국도 문제다.

4. 교육문화의 왜곡

송탄과 안정리 미군기지 주변에는 술집과 클럽이 많다. 미군 전용이지만, 미군들은 보통 1~2달러짜리 맥주 한 병 놓고 하루 내내 즐기기 때문에, 불법인 줄 알면서도 돈벌이를 위해 한국인을 받는 곳도 많다. 한국인은 술도 많이 마시고, 안주도 많이 시키기 때문이다. 미국인과 같이 오는 한국인 여성에게는 술을 공짜로 주기도 한다.

미군기지 주변에서 여중생 정도의 어린 애들이 화장을 하고 야한 옷을 입은 채 지나다니는 모습을 쉽게 볼 수 있다. 관광특구로 지정된 뒤로는 훨씬 심해지고 있다.

영외 거주 미군들에게 하숙을 치는 집도 있는데, 주말에 미군들이 술 마시고 밤새 고래고래 소리쳐 골머리를 앓는다.

학교 오가는 길에 미군들이 버린 콘돔을 주워 갖고 노는 아이도 많고, 심지어 미군들이 한국인 여성과 껴안고 뒹구는 모습을 본 아이들이 충격을 받기도 하고, 실제로 성폭행을 당하는 어린이도 있다.

상황이 이렇다 보니 어린이들이 미군들한테 배워서 "퍽큐" 하며 가운데 손가락만 길게 내미는 모습은 전혀 낯선 풍경이 아니다. 초등학교 5학년 여자 어린이가 학교 화장실에서 담배를 피우고 나오다 선생님한테 걸린 적도 있고, 고등학생쯤 되면 담배는 물론 대마초 같은 마약을 하기도 한다.

기지촌 여성들의 자녀교육 문제는 더욱 심각하다. 이들은 결손 가정과 혼혈이라는 두 가지 굴레를 쓰고 산다. 날 때부터 왕따라는 걸 온몸으로 느끼며 살기 때문에 잘 풀리면 권투선수나 가수가 되고, 못 풀리면 깡패가 된다. 흑인 혼혈의 경우 훨씬 심하다. 기지촌의 퇴폐적인 인문, 자연 환경에서 건전한 교육문화가 싹틀 리 만무하다.

5. 예술문화의 왜곡

송탄에서 영화관이 사라진 지는 벌써 오래다. 그 대신 비디오방이 자리를 잡았다. 비디오방이 다 퇴폐적인 것은 아니지만, 송탄에 영화관이 사라졌다는 사실이 기지촌 문화의 흐름을 가늠할 수 있는 좋은 지표는 된다. 어려서부터 미군기지 옆에서 자란 사람들은 미군 트럭을 쫓아다니며 초콜릿이나 껌을 얻어먹던 추억을 아름다운 향수로 여기며 사는 사람들마저 많다. 그러니 민족 고유의 문화가 뭔지 알 리가 없다. 이런 현상이 미군기지 주변에만 있는 독특한 현상은 아니지만, 미군기지 주변 문화가 미국의 하류문화인 것만은 확실하다.

마. 미군기지 때문에 생기는 민원 사항들

1. 공여지 반환이나 환매 요구

안정리와 송탄에 미군기지가 들어서거나 확장될 때 땅을 공짜나 헐값으로 빼앗긴 사람들은 철거민이 되어 50년 넘게 고생을 했다. 1세대는 대부분 고인이 되었거나 나이가 많아 기억이 희미해져 가고 있다.

이들은 대부분 자기 땅을 돌려받을 생각조차 못하고 있다. 거대한 두 나라 정부를 상대로 어떤 요구를 하기에는 권리 주장 능력이 퇴화했기 때문이다. 그러나 국가는 '권리 위에 잠자는' 이런 사람들의 권리도 보장해 주어야 한다. 그래서 언젠가 미군한테 미군기지를 돌려받을 때 원래의 지주들에게 돌려주어야 한다. 땅을 공짜로 빼앗긴 사람들에게는 국가 차원의 사과와 함께 그 동안의 사용료까지 보태 주어야 할 것이며, 헐값으로 빼앗긴 사람들에게는 헐값으로 되팔아야 한다.

2. 미군 전용 철도 철거 요구

미군 전용 철도는 한국전쟁 직후 송탄역에서, 신장1·2동을 지나 미군부대까지 600m 구간에 설치됐다. 그러나 수송 수단이 발달한 요즘에는 열차가 한 달에 서너 번밖에 다니지 않는다. 거의 쓰지도 않는 철도가 도심을 꿰뚫고 지나는 바람에 안전사고의 위험만 높고, 지역 발전에 지장만 클 뿐이다. 당연히 많은 시민들의 민원이 될 수밖에 없다. 마침내 평택시의회가 '철도 폐지 건의안'을 채택해 국방부를 비롯한 정부 관련 기관에 냈으나 정부는 아직 아무런 움직임이 없다.

3. 고도제한 해제 요구

송탄에서는 높은 건물을 지을 수가 없다. 군용 항공기지법 제4조에 따라 비행안전 제5구역에 해당되어 건물의 높이가 해발 56.5m로 제한되어 있기 때문이다.

신장동과, 당현리, 장등리, 금각리 같은 마을은 군사보호구역으로 묶여 있어서 지역 개발이나 건물 신축과 관련하여 많은 제약을 받고 있다.

송탄 지역 10만여 주민이 '국가안보'라는 이름으로 다른 지역 주민들과는 달리 사유재산권을 제한받고 있는 셈이다.

주민들은 1998년 <평택시 송탄 도심지역 고도제한 완화 변경 추진 위원회>를 구성해, 4천여 세대 1만여 주민의 서명을 받아 국회를 비롯한 관계기관에 청원을 냈다.

국가를 위해 개인의 권리를 50년 넘게 침해당해 온 주민들이 입을 열기 시작한 것은 지극히 환영할 만하다. 어느 정도까지는 희생할 수 있을지 모르지만, 미군은 한미상호방위조약에 따라 앞으로도 50년을 주둔할지 500년을 주둔할지 아무도 모르는데, 송탄 사람들만 희생당하며 살라는 것은 말이 안 된다.

힘없는 개인들만 영구적으로 희생해야 하는 국가는 전체주의 국가일 뿐이다. 국가안보는 군사적으로만 지킬 수 있다는 것도 낡은 논리다. 환경안보, 인간안보, 민중안보를 바탕으로 하지 않으면 국가를 하루도 지탱할 수가 없기 때문이다.

4. 옛 탄약고 터 반환 요구

신장동 산11번지 일대에는 미군이 탄약고로 쓰다 만 땅 2만7천4백여 평(9만4백여 m^2)이 있다. 이 탄약고가 주택가 바로 옆에 있어서 폭발 위험이 많았기 때문에 옛 송탄시가 미군측과 협의하여 탄약고를 다른 곳으로 옮겨 주는 대신 이 탄약고는 반환하기로 합의한 바 있다.

이 합의에 따라 1985년 서탄면 금각리로 탄약고가 옮겨 갔지만, 미군은 2001년까지도 옛날 탄약고 터를 반환하지 않고 있다. 미군은 금각리 탄약고 주변을 군사시설보호구역으로 지정해서 건축을 제한해야 옛날 탄약고 터를 반환하겠다고 버티고 있다. 그러나 금각리를 군사시설보호구역으로 지정할 경우 주민 재산권을 침해하게 되고, 또 다른 민원이 제기될 것이다.

못 쓰는 냉장고를 비롯한 폐기물과 폐자재가 쌓여 있는 이 터는 지금 국방부 소유로 돼 있는데, 옛 송탄시는 1987년 이 터를 시민 휴식 공간인 근린공원으로 개발하겠다는 계획을 세워 놓은 바 있다.

신장동 주민들도 이정우 평택시의원을 위원장으로 하는 <신장공원 반환 추진위원회>를 꾸려 주민 700여 명의 서명을 받아 국방부와 행정자치부 같은 곳에 진정서를 보내기도 했다.

주민들은 2001년에도 평택시에 미군측과 빨리 협의하라고 건의했고, 이 건의를 받은 평택시는 국방부를 통해 미군측에 탄약고 터를 반환하라고 요청했지만, 미군은 반응이 없다. 도대체 누구 땅인데 미군이 준다 못 준다 소리를 높이는지 모를 일이다.

5. 팽성 순환도로 개통지연 불만

평택시가 팽성 순환도로를 만들 때, 캠프 험프리 옛 정문에 가로막혀 중단된 적이 있다.

평택시는 처음에 정문 이전 비용을 대기로 하고, 미군 당국과 2만3천여 달러를 지급하기로 합의서에 서명까지 했지만, 나중에 미군측이 "부분 보수비만이 아니라, 전면 보수비로 25만여 달러를 내라"고 요구해

1993년부터 진행된 협상이 결렬되기도 했다.

평택시는 2000년에 이르러 어렵게 합의를 끌어냈다. 그래서 캠프 험프리 옛 정문을 이전했고, 635m^2를 돌려받아 이곳에 있던 건물 네 채를 철거했다. 그리고는 미군에게 연면적 304m^2 되는 건물 두 채를 대신 지어주었다. 평택시는 설계, 공사, 감리는 물론, 업체 선정 과정에서 아무것도 관여하지 못한 채, 미군측에 설계비 5천 달러를 포함해서 8억여 원이나 지급했다.

6. 소음 피해 손해배상 청구소송

2001년 매향리 주민들이 소음 피해 소송에서 이기면서, 전문가들은 다음 지역으로 평택을 꼽고 있다. 특히 송탄 지역의 신장동과 구장터는 물론, 적봉리, 회화리, 황구지리, 금각리, 그리고 지산동과 봉남리, 하북리, 당현리, 장등리, 서정동까지도 국가를 상대로 소송을 하면 이길 가능성이 아주 높다는 것이다.

권리 주장 능력이 퇴화된 주민들은 아직 크게 움직이지 못하지만, 매향리 소송을 승리로 이끈 <민주사회를위한변호사모임> '미군문제연구회'와 <우리땅미군기지되찾기평택시민모임>이 소송을 준비하고 있다.

7. 미군기지 주변 지역 특별법 제정 요구

미군기지가 있는 지방자치단체는 미군기지가 있는 땅을 생산적으로 쓸 수가 없기 때문에 지자체의 수입이 상대적으로 적게 마련이다.

이런 손실은 국가가 보전해 줘야 한다. SOFA나 한미상호방위조약을 고쳐야 근본적으로 해결할 수 있겠지만, 그 전이라도 미군기지 주변 지역 지원특별법을 만들어야 한다. 이것이 미군기지 특별법 제정을 추진하는 배경이다.

<우리땅미군기지되찾기공동대책위원회>가 시작한 이 특별법 제정 추진에는 일부 국회의원도 나섰으며, <미군주둔지역지방자치단체장협의회>도 특별법 초안을 2001년 9월 정기국회에 제출한다. 시민 단체와 지자체, 정치권이 힘을 모아 이 특별법을 만들면 미군기지 주변의 민원을 상당 부분 줄일 수 있을 것이다.

8. 평택항에 드나드는 미 함정 때문에 전쟁도시로 전락할 위험

평택항이 개항한 지 얼마 안 된 2001년 2월, 미 제7함대 소속 함정 2척이 평택항에 입항했다. 유도 미사일을 싣고 다니는 구축함 메케인호와 초계정 반디 그리프트호다. 이 두 척의 미 군함은 나흘을 머물며 한국 해군과 연합훈련 방안을 논의했다. 평택이 평화의 도시가 아니라, 군사도시, 전쟁도시가 돼 가는 신호였다.

바. 세기를 넘어 계속되는 미군기지 확장 반대운동

1. 용산 미군기지 평택이전 저지운동과 미군기지 되찾기 운동

한미 두 나라 정부는 1990년 6월 25일, 용산 미군기지를 1996년 12월 31일까지 평택으로 옮긴다는 이른바 '용산 사업'에 합의하는 각서를 주고받았다. 이때부터 평택의 양심들이 반대운동을 펼쳤고, 1991년 12월에는 서탄면 장등1, 2리와 고덕면 당현2, 3, 4리 일대 26만8천 평을 사겠다고 발표하자, 마을주민들도 반대운동에 결합했다. 이 운동이 주민들의 가열찬 투쟁과 <전대협> 산하 <수대협>(수원지역대학총학생회협의회)을 비롯해 전국 시민사회운동단체의 지원을 받아 점차 힘을 얻어가자, 정부는 1993년 6월, 평택 땅 매입계획을 유보한다고 발표했다.

물론 정부가 용산 기지 평택 이전을 유보하겠다고 발표한 것이 주민과 시민사회단체의 투쟁 때문만은 아니었다. 이전 비용과 북핵 위기도 크게 작용했다. 이전 비용은 모두 한국 정부가 부담하되 그 비용 계산은 주한미군이 하기로 했는데, 미군은 처음에 17억 달러(약 1조8천억 원)를 달라고 했다가, 1992년에는 95억 달러(약 7조2천억 원)를 달라고 통보하는 바람에 협상을 꼬이게 만들었다. 정부는 이전 시한을 1997년 말까지로 늦췄다가 2000년 이후로 다시 늦췄으나, 2001년 이후에는 용산 미군기지 평택 이전 계획 자체를 거론조차 하지 않고 있다.

<용산미군기지평택이전을결사반대하는시민모임>은 이름을 <평택민주실천시민모임>, <평택시민모임>, <평택사람들>로 바꾸었으며, 2001년 <평택새물결청년회>, <평택농민회>, <민주노총평택안성지구협의회>, <평택민주노동자회>, <평택시민아카데미>, <청년21> 같은 단체들과 함께 <우리땅미군기지되찾기평택시민모임>이라는 연대 기구를 꾸려 '미군기지 되찾기 운동'을 벌여 나가고 있다. 미군기지 되찾기 운동의 핵심은 '미군기지 임대기간 설정', '임대료 징수', '평화적 활용 방안 마련' 같은 것들이다.

2. 연합토지관리계획(LPP, Land Partnership Plan) 반대운동

한미 두 나라 정부는 2001년 주한 미군기지를 4천여 만 평 반환하는 대신 75만 평을 새로 공여하기로 거의 합의했다고 밝혔다. 이른바 '연합토지관리계획'이라고 하는 이 계획이 실현되면 전국 7천4백만 평 가운데 반 이상이 줄어들게 될 것이다. 20세기 말을 거치면서 미군기지는 전국적으로 96개 8천3백만 평에서 93개 7천4백만 평으로 줄기도 했다.

그러나 평택에서는 미군기지가 2개에서 5개로, 면적도 391만 평에서 454만 평으로 오히려 크게 늘어났다. 이 계획이 완료되는 2011년까지 다른 지역에서는 미군 훈련장과 기지를 상당히 많이 돌려받을 테지만, 평택에서는 송탄 미군기지 주변에 24만 평, 안정리 미군기지 주변에 17만 평, 합쳐서 41만 평이 늘어날 것이다. 그래서 원주 캠프 롱 기지와 하남 미군기지가 안정리 캠프 험프리로 이전될 것이다.

평택의 양심들이 또 미군기지 확장 반대운동을 벌이기 시작했다. 이 운동의 성패에 따라 평택이 평화와 통일의 도시로 나아갈지, 군사도시를 넘어 전쟁도시로 떨어질지가 결정될 것이다.

평택 미군기지 확장저지투쟁 평택, '제2의 부안'이 될 것인가?*

<평택미군기지확장저지범국민대책위원회>(약칭 <평택범대위>)의 공식 출범으로 이 지역 미군기지 반대운동이 봄을 맞고 있다.

2005년 2월 22일 민주노총 대회의실에서 <평택범대위>가 결성된 데 이어 3월 5일 평택에서 대규모 국민대회가 열린다. 이 지역 시민단체들의 연대기구인 <미군기지확장반대평택대책위>와 미군기지 확장 예정지 주민들이 구성한 <미군기지확장반대팽성대책위>가 2년 넘게 싸워온 결과물이다.

평택에는 이미 대규모 미군기지가 두 개나 있다. 사격장과 CPX 훈련장, 탄약고, 통신소 따위도 딸려 있다. 군속까지 포함해 미군이 1만 명 정도 주둔하고 있기도 하다. 평택에 미군이 주둔하기 시작한 것은 1945년 미군이 일본군기지를 접수한 때부터다. 1952년에는 미군기지를 확장하면서, 이전보다 거의 두 배나 넓은 미군기지를 평택의 북쪽 끝 송탄에 새로 만들기도 했다. 그 뒤로도 한미 두 나라 정부는 미군기지를 15차례나 확장했고, 그 결과 평택 땅의 거의 5%인 459만 평이 미군기지로 넘어가 있다.

1960년대 후반 이후 쥐꼬리만한 보상이 있었을 뿐, 주민들은 미군기

* 이 글은 필자가 <미군기지확장반대평택대책위> 상임대표 자격으로 월간 《참여사회》(통권 100호, 2005년 3월호)에 기고한 글이다. 《참여사회》는 이 글을 '포커스1'로 다루었다.

지 담장 밑 남의 땅에 천막을 치고 살면서도 제대로 된 보상 요구는커녕 항의 한 번 해 보지 못했다. 미군 비행장 활주로 끝에서, 하루에도 200번씩 뜨고 내리는 비행기 소음에 노출된 채, 하루 5천 톤씩 무단 방류하는 오폐수 냄새를 맡으며, 미군 범죄 피해를 당해도 억울하단 소리 한 번 못한 채 살아 왔다.

16년 째 계속되는 평택의 미군기지 반대투쟁

그러던 평택에서 미군기지 반대 '투쟁'에 불이 붙은 것은 1990년. 16년째 계속되고 있는 이 투쟁은 크게 세 시기로 나눌 수 있다. 첫 번째는 <용산미군기지평택이전결사반대시민모임>과 <미군기지수용고덕서탄주민대책위>가 힘을 모아 '용산 기지 평택 이전 유보'라는 정부 발표를 끌어내기까지의 3년 동안이다. 중앙정부와 평택군청, 평택경찰서의 일부 공무원들이 온갖 협박과 방해 공작을 일삼았지만, 마침내 승리를 거두었다.

두 번째는 국내외 시민운동단체들이 연대하기 시작한 최근 10년간의 시기다. <평택시민모임>의 승리에 힘을 얻은 전국 미군기지 지역 시민운동단체들이 <우리땅미군기지되찾기전국공동대책위>(현재의 <미군기지반환운동연대>)라는 연대 기구를 꾸린 게 계기가 됐다. 이 기구는 그 뒤로 <소파개정국민행동>, <매향리범대위>, <여중생범대위>, <파병반대비상국민행동> 등으로 맥을 이어갔다.

세 번째는 2002년부터 지금까지다. 2002년 <평택대책위>는 강원 원주, 경기 하남 등지의 미군기지를 평택으로 옮겨오는 내용을 담은 이른바 한미연합토지관리계획(LPP) 협정 저지투쟁을 시작했다. 그 뒤 미국의 해외 미군 재배치 계획과 맞물리면서, 두 나라 정부가 용산 미군기지와 동두천, 의정부 미2사단까지 모두 평택으로 이전하기로 계획을 확대하자, 수용 예정지 주민들이 <팽성대책위>를 꾸리며 조직적인 반대 운동에 나서기 시작했다.

두 나라 정부는 2007년, 늦어도 2008년 말까지 평택에 349만 평의 미군기지를 확장하겠다고 발표했다. 계획대로라면 평택 땅의 약 10%가 미군기지가 된다. 하지만 주민들과 시민운동단체의 연대투쟁이 2년 넘게 진행되면서 정부는 지금까지 이 계획을 제대로 추진하지 못하고 있다.

평택시내는 물론 미대사관과 국방부를 오가며 싸우던 주민들은 2004년 9월 국방부가 편법으로 진행하려던 공청회를 무산시킨 적이 있다. 이로 인해 주민 9명이 평택경찰서에 연행되자 나머지 주민들이 평택경찰서로 몰려가 이들을 석방하라며 몇 시간동안 시위를 벌였다. 밤이 되었는데도 주민들은 흩어지지 않고 양초를 잔뜩 사 와서 이른바 '미군기지 확장 반대 우리 땅 지키기 촛불 행사'를 시작했다. 이 촛불시위는 다음날부터 팽성으로 자리를 옮겨 170일 가까이 매일 저녁 7시에 지속되고 있다. 성탄절에도, 설날에도 촛불은 꺼지지 않았다. 또 <평택대책위>는 안중읍(매주 금요일 저녁 7시)과 평택역 광장(매주 월요일 저녁 7시)에서 촛불을 밝히고 있다.

생존권과 평화 지키기 위해 나선 평택 주민들

평택 사람들이 미군기지 확장에 반대하며 이처럼 지칠 줄 모르는 싸움을 벌이는 까닭은 크게 두 가지다. 그 하나는 주민들의 생존권이 걸려 있기 때문이다. 일본군기지로, 미군기지로, 15차례나 집이나 땅을 빼앗겼던 주민들. 보상 한 푼 못 받거나 쥐꼬리만한 보상을 받고 쫓겨나 남의 땅에 천막 치고 살다가 거기서도 쫓겨났던 주민들에게 미군기지 확장은 다름 아닌 생존권을 위협하는 일인 것이다.

다른 하나는 한반도와 동북아의 평화를 지키려는 것이다. 미국이 전쟁 전략을 방어에서 선제공격으로 바꾼 지 오래 됐다. 미국은 북한의 장사정포 사정거리 안에 들어있는 미군을 사정거리 밖인 평택으로 옮긴 뒤 북한을 선제공격하려 하고 있다는 분석도 나오고 있다. 2010년쯤으로 예정된 대만의 완전 독립 선언을 계기로 벌어질 중국과 대만의 무력충돌에 주한미군을 투입할 준비를 하고 있다는 말도 들린다. 이미 청일전쟁, 러일전쟁 때에도 청나라, 러시아, 일본 군대의 집중 포화와 군홧발에 쑥대밭이 됐던 평택이 앞으로 벌어질 수도 있는 미북전쟁과 미중전쟁에서 전쟁터가 돼 버릴 위험에 처한 것이다. 한반도 전쟁의 가능성은 주한미군이 현재 위치에 있을 때보다 이른바 재배치를 끝낸 뒤에 훨씬 큰 것이다. 따라서 서울 사람들은 '서울에서 100년 만에 외국군 기지가 사라진다'고 좋아만 할 일도 아니며, 혹시라도 평택 주민들의 반대를 님비 현상으로 깎아내려서는 더욱 안 될 것이다.

'국가안보 때문에' '빨갱이 소리가 무서워서' 항의 한 번 못하던 평택 주민들이 더 이상 내 고장이 외국군에게 짓밟히게 내버려 두지는 않겠다는 굳은 신념으로 똘똘 뭉쳐 이제는 '데모 선수'가 다 됐다. 지난 60년 동안 평택이 치른 희생에 대해 감사나 사과 한 마디 없이 주민들을 내팽개쳐 놓았던 정부는 이제 주민들의 목소리에 귀 기울여야 한다.

그런데도 국방부는 평택시 청사 안에 사무실을 내고, 토지 강제 수용 절차를 밟기 시작했다. 바로 우리 정부가 국민의 땅을 강제로 빼앗아 미군에게 무기한, 무상 임대하려는 것이다. 정부는 국민이 아니라 미국만을 걱정하고 있다. 관료들은 이간질과 협박과 회유와 여론 조작을 통해 평택이 '제2의 부안'이 되지 않도록 하는 일에만 골몰하고 있다. 그러나 "땅은 우리 목숨, 단 한 평도 못 내준다"며 이에 맞서는 주민들의 안간힘이 평택을 차츰 '제2의 부안'으로 만들어 가고 있다. <평택범대위> 결성과 '1차 범국민대회'는 그 첫 가늠자가 될 것이다.

평택 – 전쟁기지냐, '제2의 부안'이냐*

미군기지를 평택에 총집결시킨다?

윤광웅 국방장관이 2004년 9월과 2005년 2월 두 차례에 걸쳐 평택시민들에게 편지를 보냈다. "미군기지로 필요한 평택 땅을 빼는 데 협조해 달라"는 내용의 이 편지 앞머리는 "미군기지 이전으로 인해 불가피하게 삶의 터전을 옮기셔야 하는 이주민들의 아픔과 그동안 기지 주변 주민들께서 감수했던 소음 등의 불편에 대해서 진심으로 위로의 말씀을 드린다"로 시작된다.

정부와 국회는 용산 기지와 미2사단을 비롯한 주한미군기지 대부분을 받는 대가로 평택에 공장이나 대학을 지을 수 있게 해 주고 이런저런 특혜를 준다며, '평택지원특별법'이라는 법도 만들었다.

그러나 국방장관의 '위로편지'나 '평택특별법'은 전혀 위로나 희망이 되지 못하고 있다. 지난 2년 남짓 평택 시민들은 국방부, 청와대 등 정부와 국회를 상대로 싸우는 과정에서 "노무현 정부도 역대 정부와 똑같고, 현 17대 국회의원들도 대부분 국민의 대표가 아니라, 미국의 하수인"이라는 사실을 온몸으로 확인해 왔기 때문이다.

이미 4년 전부터 용산 기지나 미2사단의 평택 이전에 관한 언론 보도

* 이 글은 필자가《녹색평론》제81호 2005년 3-4월호를 통해 발표한 글이다.

를 접한 평택 시민들이 불안한 마음에 대책위를 꾸려 국방부나 청와대에 사실 확인을 요청할 때마다 "아무것도 결정된 게 없다"는 답변만 되돌아왔다. 그러다 한미 두 나라 정부가 미군기지를 평택에 집결시키기로 합의한 사실이 발표된 뒤에는 대책위의 국방장관 면담 요청을 "평택 여론은 이미 다 수렴했다"며 단칼에 거절했다.

물론 까닭이 있긴 하다. 평택시장과 국회의원, 시도의원을 비롯한 정치인들과 '관변단체'들이 만든 〈미군기지이전대책협의회〉의 의견을 들은 것은 사실이기 때문이다. 이 협의회의 지도부는 늘 이렇게 말해왔다. "용산 사령부는 고급장교 부대지, 미군 범죄를 자주 일으키는 부대가 아니다. 지역 경제에 도움이 될 것이다. 게다가 한미 두 나라 정부가 합의한 국책사업이다. 그래서 용산 기지는 찬성한다. 다만, 동두천, 의정부 미2사단은 미군 범죄 때문에 이미지도 나쁘고, 한반도 안보에도 안 좋아 반대한다. 2사단이 내려온다면 용산 기지까지 같이 반대하겠다." 하지만 이들은 실제로 2사단을 포함한 모든 미군기지가 다 평택으로 이전된다는 데도 결코 반대하지 않고 있다. 정부 관계자들이 이 점을 너무 확실히 알고 있었다. 정부 안에도 평택이 '제2의 부안'이 되는 게 아니냐며 우려하는 사람이 더러 있는 것도 사실이지만, 거의 모든 정보기관들은 "제2의 부안은 어림도 없다"는 결론을 내린 상태다. 하지만 이것은 엄청난 착각이다. 법에 따라 반드시 이행해야 하는 미군기지 편입 예상 지역의 토지 매입은커녕, 공청회나 토지 조사, 지장물 조사 같은 것도 주민들의 극렬한 반발로 전혀 진척시키지 못하고 있다. 2월 16일부터 국방부와 한국감정원, 토지공사, 주택공사 직원들이 진행하려는 '지장물 조사'를 온몸으로 저지시키는 데 성공하고 있는 주민들은 이렇게 말하고 있다.

"아니! 하다못해 시장 바닥에 가서 물건을 살래두, 주인한테 '이거 팔 거냐? 얼마냐?' 물어 보구 사는 거 아닌감? 근데, 주인한테는 물어 보지두 않구, 즤덜끼리 합의하구, 즤덜끼리 법 맹길구, 지랄덜 다 해 놓구 나서, 주인한테는 꼴찌루 종이쪼가리 한 장 딸랑 보내 갖구, 겨우 한다는 소리가 '돈은 줄 테니께 늬덜은 어딜 가서 살든 죽든 알아서들 해라!' 이러구 자빠졌으니, 이게 정부여? 순 날강도늠덜이지! 법? 법 좋아하네! 아, 우리 땅 팔구 사는 법을, 우리 말은 하나두 안 들어 보구, 국회의 원늠덜 즤덜끼리 맹긴 게, 그게 법이여? 동네에 조사할 게 있으믄, 이장한테 말씀드리구 떳떳이 들어올 일이지, 도둑늠덜처럼 들루 산으루 뺑뺑 돌아서 숨바꼭질하듯이 몰래 겨들어 오는 게 그게 할 짓이여? 지덜두 주민덜 내쫓는 게 잘못이래는 건 다 아니께 그 모냥이겄지?"

보상도 필요 없다. 이대로만 살게 해 달라

경기도 평택시 팽성읍 대추리와 도두리를 비롯해, 미군기지 확장 때문에 토지와 집을 비롯한 삶의 터전을 빼앗길지도 모르는 주민들의 반대투쟁을 보며, "혹시 보상을 더 받아내려고 저러는 거 아냐?" 하는 삐딱한 눈으로 보는 이들이 없는 것도 아니다. 물론 많은 보상을 노리고 투쟁하는 사람이 전혀 없지는 않을 것이다. 하지만 대부분의 주민들은 "보상도 필요 없다. 이대로만 살게 해 달라"는 것이다. 물론 이장, 새마을 지도자, 부녀회장 등 '공적인 주민대표'들이 반대운동의 중심에 서자, 몇 마을에서 일부 반대파가 "우리가 보상도 못 받으면 책임질 거냐?"며 따지는 일이 벌어진 것도 사실이지만, 그런 마을에서 "좋다. 미군기지 편입에 반대하는 사람들이 인감증명을 첨부해서 따로 반대조직을 만들어서 싸우자"고 선언하고, 실제 그렇게 추진하자, 두세 명을 뺀 주민 전체가 인감증명을 첨부해서 반대운동에 동참하는 일이 벌어지기도 했다. 미군기지 반대운동의 중심인 대추리에서는 "우리 동네에서두 그런 식으루 반대파를 색출해서 왕따시키자"는 일부 주민의 분노가 있었는데, 김지태 이장은 이렇게 답변했다. "몇 십 년을 함께 살아왔고 앞으로도 함께 살아가야 할 분들을 그렇게 왕따시키면 어떻게 같이 살겠어요? 짜증나실지 모르지만, 그분들이 스스로 깨닫고 함께할 때까지 꾸준히 대화하고 설득하는 것으로 하고 넘어갑시다." 그러자 여기저기서 맞장구를 쳤다. "이장 말이 백번 맞어! 그냥 넘어가자구!"

2004년 9월 1일은 평택 미군기지 반대투쟁에서 아주 중요한 날이었다. 그날은 국방부가 평택대학교에서 '평택지원특별법 공청회'라는 것을 편법으로 열려던 날이다. 그날 팽성의 할머니, 할아버지들이 평택대 강당으로 몰려가 강력하게 항의한 끝에 공청회를 무산시켜 버렸다. 주민들은 기물을 파괴하거나 폭력을 쓰지 않았다. 관중석에 앉거나 일어서서, 때로는 혼자서, 때로는 집단으로 "땅 줄 사람은 생각도 않는데, 당신들이 무슨 자격으루 공청회냐? 공청회 당장 때려치워라!" 하며 소리를 지르는 게 고작이었다. 그런데도 평택경찰서장이 연단에 올라가서 주민들을 가리키며 "저기 연행해! 저기두!" 하며 직접 소리 질러 지시하였고, 임산부를 포함한 주민 9명이 평택경찰서로 연행됐다. 네 시간 남짓 만에 결국 공청회가 무산된 것을 확인한 주민들은 경찰서로 몰려가, "연행 주민 석방하라"며 즉석 시위를 벌였다. 날이 어두워지자 누군가 양초를 잔뜩 사왔고, 경찰서 정문 앞이 촛불바다를 이루었다. 연행 주민들은 그날 밤 모두 풀려났지만, 이렇게 시작된 '촛불행사'는 이튿날부터 팽성읍 본정리 농협 앞으로 장소를 옮겨 지금까지 6개월 넘게 매일 저녁 이어지고 있다. 가을걷이가 바쁠 때도, 추석날도, 크리스마스 날도, 설날도 쉬지 않았다. 주민들이 이렇게 밝힌 '촛불'은 지난해 말부터 평택의 시민단체들을 통해 매주 금요일 저녁 안중읍으로, 매주 월요일 저녁 평택역 광장으로 넓어져 가고 있다.

이 땅은 우리 목숨이여!

주민들은 "땅은 우리 목숨"이라고 주장한다. 이분들의 말을 들어 보면, 이런 표현이 단순한 수사가 아니라, 실제로 "땅이 곧 목숨"임을 알 수 있다. 주민들의 말을 통해 직접 확인해 보자.

"이 땅이 전엔 다 바다였어. 근데, 일제 때부터 주민덜이 쬐끔씩 막어서 논을 맹긴 거지. 그때 애기 업구 바다 막다가 애를 떠내려 보낸 사람두 있어. 자식새끼를 잃어 가맨서 맹긴 땅이니께, 증말루 땅이 목숨 아녀? 포크렌 같은 거나 있었나? 연장두 읎어서, 맨손으루 삽질, 가래질, 끙게질까지……. 끙게두 소가 아니라 사람이 끌었어. 그리키 힘들게 논을 맹길었어두, 농사가 될 턱이 있나? 논바닥이 원체 짜니께, 몇 해 동안은 베두 안 자라더라구. 빗물 받어서 가둬 놨다 빼구, 가둬 놨다 빼구 해서, 염분을 쬐끔씩 읎애가맨서 십 년 넘게 고생했지. 그래서 쬐끔씩 소출을 보기 시작해니께, 그동안 뒷짐지구 있던 정부 늠덜이 뒤늦게 나타나서 '이건 정부 땅이니께, 돈 내구 사라'구 하더라구. 미치구 환장허겄대. 허지만 우쩌겄어. 그리키 맹긴 땅을, 정부한테 10년두 넘게 분할상환이라는 걸 해서 등기꺼정 냈지. 20년 정도빽이 안 될 껴. 고생, 고생, 말두 말어. 이 땅은 우덜이 그리키 피눈물로 옥토루 맹긴 겨. 그런데, 일제 때는 일본늠덜이 비행장을 맹긴다구 해서 강제루 쫓겨났지. 해방되니께 미군덜이 그 일본군기지를 뺏어서 지덜이 쓰다가, 6·25가 터지니께 기지를 엄청 크게 넓히더라구. 그때 또 쫓겨났지. 대추리는 아예 통째루 뺏겼어. 그러니께, 지금 대추리는 신대추리구 진짜 구대추리는 저기 미군기지 안에 있어. 보상은 무슨 보상? 땡전 한 푼 읎었어. 딸랑 텐트 하나에, 양쌀 두어 말, 그런 것두 받은 집 있구, 못 받은 집 있구 그랬지. 이쪽으루 쫓겨나서두 바다는 계속 막구, 소금기 계속 빼내구, 그리키 맹긴 옥토여. 지금은 을마나 좋아. 다른 땅버덤 소출두 훨씬 많구. 가물 길 하나, 홍수 피해가 있나? 자식새끼두 길러 보믄, 어렸을 땐 맨날 똥오줌 뒤치다꺼리하구, 병원 데리구 댕기구 고생만 하잖어? 그러다 조금씩 커가맨서 재롱두 피구, 시집 장가 보낼 때쯤은 효도두 하구 그러는 거 아녀? 땅두 자식이나 매한가지여. 자식으루 치믄 이제 겨우 효도할 만큼 큰 거지. 근데, 정부늠덜이 이 땅을 또 강제루 뺏는대는 거 아녀? 미군덜한테 꽁짜루 준다구? 옛날에 뺏긴 땅두 억울하고 분해서 미치겄는데, 어디 분통 터져 살겄어? 보상? 텍두 읎는 소리! 죽으믄 죽었지, 이번엔 한 평두 안 뺏겨! 이 땅은 우리 목숨이여!"

연대가 시작되다

평택 팽성 주민들이 처음부터 이렇게 강력하게 투쟁한 것은 아니다. 4년쯤 전, 다른 지역의 미군기지를 평택으로 이전한다는 언론 보도가 있은 뒤, 평택의 시민운동단체들이 〈미군기지 확장반대 평택대책위원회〉라는 연대 기구를 만들었을 때, 상임대표를 맡은 필자가 연대가 가능한지를 확인하기 위해 미군기지 편입 '추정지' 마을 이장님들을 자주 찾아다녔다. 그런데 연대가 쉽지 않았다. 이장님들이 이렇게 말씀하셨기 때문이다. "농촌에 젊은 사람이 있나? 쌀두 수입한대지? 농사 짓기두 점점 힘들지. 이번에 미군기지 넓힌다구 할 때, 값만 적당히 쳐주믄 그냥 팔아 버려야지, 뭐. 싸우긴 무슨 힘 있나? 정부하구 미국하구 같이 추진하는 일인데?"

하지만 2003년 4월 27일 '대추리 주민의 날' 행사에서부터 분위기가 바뀌기 시작했다. 폐교된 지 오래된 대추초등학교 분교 운동장에서 열린 주민잔치에서 김지태 이장은 이렇게 인사했다.

"우리 마을이 미군기지에 수용된다는 소식 때문에 잠이 안 옵니다. 이번이 마지막 주민잔치가 될지도 모르겠습니다. 그래서 좀 과하다 싶게 차렸습니다. 어르신들 많이 드십시오."

김 이장은 억지로 울음을 참았다. 주민들도 그랬다. 그 행사에 축사를 부탁받은 필자는 "최대한 도와드리고 싶다. 힘내시라!"고 격려했지만 김 이장의 연설에 격려와 감동을 받은 것은 오히려 필자였다.

그날 이후 대추리 주민들은 예전의 주민들이 아니었다. 이틀 뒤인 29일 저녁 6시, 평택 시내에서 열린 '미군기지 확장반대 촛불시위'에 주민들이 대거 참석한 것이다. 이 집회는 그동안 '소수 운동권들만의 집회'였다. 일부 경찰과 공무원들의 방해와 분열 공작도 있었지만, 꼭 그래서라기보다는 당사자인 주민들이 "국가안보나 그놈의 빨갱이 소리가 무서워서" 참석하지 못했기 때문이다. 하지만 이 날은 팽성 주민들이 대거 참석하는 바람에, 자연스럽게 아주 훌륭한 '연대집회'가 되었다. 이 첫 연대집회에서 김지태 이장은 아주 훌륭한 비유를 들어가며, 지나가는 시민들은 물론 비를 맞으며 촛불을 밝히고 있는 '운동권'들을 사로잡았다.

"30년생 소나무도 옮겨 심으면 뿌리 내리고 살기 힘든 법입니다. 그런데 우리 대추리 주민들은 몇 백 년 살아 온 터전을 일제 때두 빼앗겼구, 1952년에두 미군기지 확장 때문에 빼앗긴 적이 있습니다. 이제 50년, 간신히 뿌리 내리고 살만해 지니까, 우리 주민들한테는 한마디 상의도 없이 또 나가랍니다. 미군기지를 또 넓힌답니다. 아니, 우리 주민들이, 지들이 이리 가라면 이리 가고, 저리 가라면 저리 가고, 그런 노옙니까? 천만의 말씀입니다. 우리는 죽어도 못 나갑니다. 주민들이 좋아하실지 어떨지 모르지만, 이 자리를 만들어 주신 민주노동당과 민주노총뿐만 아니라 어린 대학생들한테까지 손을 벌려서라도, 강력한 연대투쟁을 벌여서 미군기지 확장을 반드시 막아냅시다!"

이 날을 기점으로 평택의 시민운동 진영과 팽성의 주민들이 하나가 될 수 있었다. 그 뒤로 대추리 주민들이 팽성읍 전체를 돌아다니며 주민 대표들을 설득한 끝에 <이장협의회>, <새마을 지도자협의회>, <부녀회장협의회> 같은 조직들이 대거 참여하는 <미군기지 확장반대 팽성 대책위>라는 조직을 꾸리는 데 성공했다.

<팽성대책위>는 <평택대책위>와 연대하는 데서 그치지 않고, 2005년 2월 22일, <평택미군기지 확장저지 범국민대책위원회>(약칭 <평택범대위>) 결성까지 이끌어냈다. 여기에는 <민중연대>, <통일연대>, <참여연대>, <환경련>, <녹색연합>, <평화여성회> 등 114개 단체가 참여하였다. <평택대책위>와 <팽성대책위>만 외롭게 싸우던 시절은 가고, <매향리범대위>나 <여중생범대위>만큼 큰 전국 연대투쟁의 시절이 온 것이다. 이 <평택범대위>는 3월 5일, 평택 대추리에서 '제1차 범국민대회'를 연 뒤, 밤에는 평택역 광장에서 대규모 촛불행사를 가질 것이다.[1)]

1) <미군기지확장저지범국민대책위원회>가 3월 5일 팽성읍 대추리에서 주최한 첫 번째 범국

평택은 지금도 미군기지 천지

평택에서 미군기지 반대투쟁이 시작된 것은 1990년의 일이다. 그때도 일부 시민들이 <용산 미군기지 평택이전 결사반대 시민모임>을 만들어 반대운동을 펼쳤고, 1년 뒤에는 현지 주민들이 <미군기지수용 고덕서탄주민대책위>를 만들어 따로 '투쟁'을 했다. 중앙정부와 평택군청, 평택경찰서 등의 일부 공무원들이 벌인 온갖 협박과 방해 공작을 뚫고 이 두 조직이 '연대'를 이루었고, 마침내 '용산 기지 평택 이전 유보'라는 정부 발표를 끌어내며 승리를 거두는 듯했다.

그러나 8년 가까이 지난 2001년 원주, 하남 등지의 미군기지를 평택으로 옮기는 내용을 담은 이른바 'LPP(한미연합토지관리계획)협정'이 만들어졌다. 평택의 시민운동단체들은 <미군기지 확장반대 평택대책위>를 만들고 다시 투쟁을 시작했고, 이 투쟁이 오늘까지 이르고 있는 것이다. 미군기지 반대운동 과정에서 미군기지 확장 예정지의 논 605평을 시민들이 한 평씩 나누어 사서 공동으로 등기를 마친 뒤 '평화의 논'이라는 이름까지 붙여 놓았고, 이것이 외국의 평화운동가들에게까지 널리 알려져 '평화 기행'의 필수 코스가 되기도 했다.

한미 두 나라 정부는 2007년, 늦어도 2008년 말까지 평택에 349만평

민대회는 일단 성공적이었다. 엄청 추운 날씨였지만, 오후 2시쯤 시작된 사전결의대회부터 저녁 8시까지 무려 6시간이나 진행된 이날의 집회에 현지 주민들과 노동자, 청년, 학생, 민주노동당 당원 등 1천 명 가까이 모인 것이다. 이날 집회에 참가한 분들은 주최측이 마련한 헝겊에 매직펜으로 자기 소원을 적어 미군기지 철조망에 걸었다. 집회신고서에 분명히 '소지천 달기'라는 행사내용을 포함시켰기 때문에, 완전히 합법적인 절차였는데도, 경찰들은 어떻게든 이를 막아 보려고 기를 썼고, 그 과정에서 일부 마찰이 있었다. 저녁의 촛불행사는 평택역 광장이 아니라, 범국민대회가 끝난 대추리 미군기지 담장 바로 밑에서 약식으로 진행됐다. 필자는 이날의 집회신고서에 명기된 주최단체의 대표자라는 이유로, 집회 신고자인 범국민대책위원회 이호성 상황실장과 함께 경찰 조사를 받았다.

의 미군기지를 확장하겠다고 한다. 계획이 성공하면 평택 땅의 10% 정도가 미군기지로 될 것이다. 하지만 "평택은 지금도 미군기지 천지다. 더 이상은 한 평도 안 된다"는 주민들과 시민운동단체의 강력한 연대투쟁 때문에 정부는 이 계획을 추진하지 못하고 있다.

주한미군기지 평택이전 끝나면 한반도와 동북아 전쟁 불 보듯

평택 사람들의 투쟁을 "지역이기주의 아니냐? 수도 서울 한복판에서 미군기지가 없어지는 건 우리 민족 전체를 위해 그래도 좋은 거 아니냐?"고 따지는 사람들이 있다. 하지만 그렇게 따지는 것은 다음 세 가지 차원에서 범죄행위라고 생각한다.

첫째, 권력과 재력과 학력과 좋은 직장과 언론까지 다 가진 서울 사람들의 지역이기주의는 탓하지 않고, 아무것도 가진 것 없는 농민들의 지역이기주의만 매도하는 것이기 때문에, 약자에 대한 강자의 범죄행위다.

둘째, 서울에서 미군기지가 사라지면, '중앙 언론'이라 불리는 '사실상의 서울 언론'들이 주한미군 문제를 외면할 것이고, 그러면 국민도 덩달아 외면할 것이고, 결국 현행법에서만이 아니라, 국민의 마음속에서도 미군의 영구 주둔이 굳어져 버릴 것이기 때문에, 미군의 영구 주둔을 부추기는 범죄행위다.

셋째, 주한미군의 평택 총집결은 한반도와 동북아 전쟁 발발 가능성을 한층 고조시키는 범죄행위다. 미군기지를 평택으로 집결시킨 뒤 미국이 하려는 일이 북한을 선제공격하여 한반도 전쟁을 일으키겠다는 것이기 때문이다. 게다가 주한미군의 활동 반경을 한반도에만 국한시키지 않고 동북아 지역을 신속하게 넘나들며 중국과 대만의 분쟁에 개입하는 등 동북아 전쟁 위기를 한층 고조시키기 위한 것이기 때문이다.

그렇다고 미군이 서울에 영구 주둔해야 하는 것은 아니다. 다만, 미군을 현 위치에 둔 상태에서보다는 북한의 장사정포 사정거리 밖인 평택으로 빼돌린 뒤에 전쟁을 일으킬 가능성이 훨씬 높다는 것은 너무 뻔한 것이다. 미국이 한반도 전쟁을 일으키기 전에 남과 북은 통일을 못하겠으면 최소한 '수교'라도 해야 할 것이다. '전쟁의, 전쟁에 의한, 전쟁을 위한 나라' 미국이 북침을 통해 전쟁을 일으킬 가능성이 아주 높은 상태에서, 남북이 서로 으르렁거리는 것은 불에 기름을 붓는 것이기 때문이다.

전쟁은 군인들이 일으키는 게 아니라, 대통령을 비롯한 국가원수들이 일으키는 것이다. 현재 진행되고 있는 미국의 이라크 침략전쟁도 그렇다. 게다가 미국이 일으키는 거의 모든 전쟁은 미국의 국익에조차 손해가 나는 전쟁이다. 미국이 이라크 침략 때문에 잃은 미국인의 생명에 대한 값은 제쳐 두고 순수하게 들어간 돈만 따져 봐도 그렇다. 미국이 지금까지 이라크 침략에 쏟아 부은 돈이 1천억 달러다. 이 침략이 언제 끝날지 몰라 구체적인 예측을 할 수는 없지만, 올해 8백억 달러의 예산이 잡혀 있다. 물론 이 돈은 모두 일반 국민의 세금이다. 하지만 이라크 침략에서 이익을 얻는 것은 일반 국민이 아니다. 무기 판매와 전리품 챙기기, 전후 복구사업 같은 것으로 떼돈을 버는 헬리버튼과 벡텔 같은 회사들이다. 체니 현 부통령이 회장으로 있던 헬리버튼은, 미국이 이라크를 침략하기도 전에 전후 복구사업권을 수의계약으로 따낸 회사이기도 하다.

제2차 세계대전 때도 그랬다. 그때 미국 기업가들은 적국 독일의 히틀러한테 전쟁 자금을 지원했다. 그때 핵심적인 역할을 한 사람은 부시 현 대통령의 할아버지 부시다.

이런 사실은 미 해군 제독 출신 스메들리 버틀러의 양심선언에도 아주 잘 나타나 있다. 그는 해군 생활의 대부분이 '대기업과 월스트리트 은행가들의 앞잡이 노릇이나 하는 고위 폭력단원' 생활이었다고 고백했다. 멕시코 침공은 '미국 석유회사의 이익', 아이티와 쿠바 침공은 '내셔널 시티은행의 이익', 니카라과 침공은 '국제 금융회사인 브라운 브라더스의 이익', 도미니카 침공은 '미국 설탕회사의 이익', 온두라스 침공은 '미국 과일회사의 이익' 때문이었다는 것이다. 그는 이런 말도 남겼다. "그 기간 동안 나는 거물급 사기꾼이었다. 나는 명예와 훈장, 칭찬을 받았다. 알 카포네가 우리한테 무언가 배운 것 같은데, 그는 기껏해야 3개 도시를 누볐을 뿐이지만, 우리 해군은 3개 대륙을 누볐다." 국익이 아니라, 모두 정치인들과 그들에게 뒷돈을 댄 회사들의 이익을 위해 전쟁에 동원됐다는 것이다.

미국의 무기회사들과 그들의 정치자금을 받아 거물 정치인으로 성장한 사람들의 이익을 위해, 우리 민족 전체가 미국이 평택에서 일으키려는 한반도와 동북아 전쟁의 희생양이 될 수는 없는 노릇이다.

미국은 평택에서 전쟁을 준비하고 있지만, 주민들은 <평화유랑단>의 단원들과 아예 대추리로 이사를 온 문정현[2] 신부와 함께, <평택미군

2) 평화유랑단 평화바람(단장 문정현 신부)은 제2의 남사당패를 자처하며 2년째 전국 순회 공연을 하고 있다. 1970년대 인혁당 사건을 접하면서 사회 문제에 눈을 뜨셨다는 단장 문정현 신부는 "내 인생의 마지막은 미국과 싸우는 것으로 마무리 짓겠다"며, 평택 미군기지 확장을 완전히 저지하기 위해서 2005년 설을 기점으로 평택시 팽성읍 대추리로 이사까지 했다. 군산에서 미군기지 반대투쟁을 시작하신 문 신부는 그 뒤로 SOFA 개정 투쟁과 매향리 폭격장 폐쇄, 미군 탱크에 의한 여중생 압살 사건 해결을 위해 미대사관, 미군기지, 매향리, 파주, 의정부, 동두천, 청와대뿐만 아니라, 미국 백악관과 심지어 푸에르토리코 비에케스

기지 확장저지 범국민대책위원회>[3](www.antigizi.or.kr)와 함께, 제2의 부안 투쟁을 준비하고 있다.

섬까지 다니며, 미국과 맞서 싸우는 곳이면 어느 곳에든 함께하고 있다. 문 신부의 이런 활동은 2000년 8월 25일에 방영된 'MBC 스페셜' 제61회분에서 "길 위의 신부"(연출 이정식)라는 제목으로 한 시간 동안 방영된 바 있다.

3) <평택미군기지확장저지범국민대책위원회>는 2005년 7월 10일 평택시 팽성읍 대추리 대추분교 터에서 '710 평화대행진'이라는 이름의 대규모 문화행사를 개최하려고 준비하고 있다. 이를 위해 전국에서 수많은 단체와 개인들이 '평택지킴이' 10만 명을 모집하고 있다. 참가비 1천 원 이상을 내는 평택지킴이 10만 명이, 7월 10일 평택에 한 번 모여보자는 것이다. 이 일을 위해 6월 4일에도 <평택범대위> 관계자 3백여 명이 평택역 광장과 평택 시내 10여 곳의 번화가에서 2천 명 가까운 '평택지킴이'를 모집했다.

제5부

미군기지 되찾기 운동

세계 여러 나라의 미군기지 반환운동 사례*

1. 오키나와 – 미군기지 반환운동의 세계적 성지

오키나와는 산호초와 쪽빛 바다, 해변 산책길이 세계적으로도 유명한 섬이다. 그래서 많은 관광객이 찾고 있으며, 일본 본토 고등학생들의 수학여행지로도 유명하다. 오키나와는 한때 '예의 바르고 평화를 사랑하는 지방'이라는 뜻을 지닌 '수레이노 쿠니'란 이름으로도 명성이 높았다.

그러나 제2차 세계대전과 그 뒤의 냉전 때문에 이런 모습은 완전히 사라졌다. 오히려 오늘의 오키나와에는 군사문화와 군사기지 냄새가 널리 퍼져 있다. 어느 도시건 어느 마을이건 군사기지가 없는 곳이 없다. 그래서 가는 곳마다 철조망이 줄을 잇고 있다. 민가가 꽉 들어차 있는 지역에 미군 비행장이 자리 잡고 있기도 하다.

게다가 시 중심에 있는 여러 미군기지에서 정기적으로 각종 군사훈련을 한다. 물론 크고 작은 사고가 벌어져 많은 재산 손실을 입기도 한다. 사람이 다치거나, 죽는 경우도 많다. 5학년 여자 어린이가 항공기에서 떨어진 트레일러에 맞아 죽은 일도 있다. 실탄이 집과 학교 같은 건물

* 이 글은 1992년 5월 일본 요코하마에서 열린 <PCDS>(Pacific Campaign for Disarmament & Security) 주최 미군기지 관련 국제회의에 참석했던 각 나라 대표들의 발제문을 필자가 번역한 것이다. 이 글은 필자가 여러 곳에서 발표한 바 있다.

을 꿰뚫고 지나기도 했다. 그 때마다 미군 당국은 주민들에게 훈련을 중단하겠다고 약속하지만, 훈련은 계속되고 있다.

소음 공해도 1년 내내 심하지만 특수 훈련 기간에는 정말 심하다. 오키나와에서 미일 합동으로 벌이는 군사훈련으로 "비치 크레스트"라는 훈련이 있었다. '해변의 극치'라는 뜻의 이 합동군사훈련에는 주로 미해군이 참여하여 주도하고 5일 동안 계속되는데, 새벽 6시부터 하늘이 무너지는 듯한 포화소리가 들렸다. 훈련에 사용하는 실탄은 간선고속도로를 가로질러 운반했다.

오키나와는 원래 일본 땅이 아니었다. 민족도 언어도 일본과는 엄연히 다른 류큐라는 이름의 한 나라였다. 그러나 1879년에 일본의 침략을 받아 일본 영토가 되어 버렸다. 게다가 제2차 세계대전 기간 동안 일본 본토에서는 거의 전투가 벌어지지 않은 반면, 유일하게 오키나와에서 벌어진 오키나와 전투는 50년이 넘은 현재까지도 사람들이 치를 떨 정도로 끔찍했다. 이 전투를 경험한 오키나와의 어른들은 1945년 3월 26일부터 6월 23일까지 석 달 동안 벌어졌던 이 전투를 오늘날까지도 "철의 폭풍"으로 비유한다. 당시 일본군은 약 8만 명이었고, 상대해서 싸운 미군은 54만8천 명이었다. 이 전투에서 미군의 십자포화로 오키나와 전체 인구의 3분의 1인 20만여 명이 죽었다.

오키나와현 오타 마사히데 전 지사는 『오키나와 전투』라는 책에 다음과 같이 쓰고 있다.

"적이 조국에 쳐들어오면, 천황의 '무적 군대'가 방어해 주리라고 믿은 것은 주민들의 소박한 희망이었다. 주민들은 '무적 군대'가 최소한 아이들과 노인들만이라도 보호해 주리라고 믿었다. 이 점에 대해 추호도 의심하지 않았기 때문에 주민들은 모든 어려움을 견디면서도 '지역

방위군'에 들어갈 생각을 하지 못했다."

그러나 오키나와에는 그 '무적의 군대'가 도착하지 않았고, 오키나와 지역 방위군이 계속해서 제국 군대에 공중지원을 요청했으나, 제국 군대가 이 절박한 요청을 일축하는 사이에 연합군은 오키나와를 초토화시켰다. 제국 군대는 오키나와를 뺀 '일본 본토' 방어 시간을 벌기 위해 오키나와를 희생시켰던 것이다. 이 전투의 직접적인 결과로 오키나와에는 미군기지가 생겼다. 그 때부터 이 섬은 미군의 손아귀에 들어가게 되었고, 미국은 이 섬을 점령하자마자 재빨리 가데나 공항과 요미탄 공항을 넓혀 미군기지로 썼다. 이 두 공항은 모두 일본 본토 공격에 대비해서 일본군이 세운 것들이었다.

일본은 패전국으로서 5년 동안 미군정의 지배를 받았다. 그러나 오키나와에서는 미군정이 1952년까지 실시되었으며, 미군정 뒤 1972년까지 20년 동안 미국의 민간 지배를 받았다. 다시 말해 오키나와는 1972년까지 미국 땅이었다. 1972년 5월 15일 오키나와는 일본 영토로 다시 귀속됐다.

이 때 미국은 미군기지를 무기한으로 쓰려고 했지만, 지주들이 투쟁을 통해 임대기간을 못 박았다. 그 기간은 지주들마다 달랐지만, 대부분 5년에서 10년이었고 기간이 끝나면 돌려받거나 기간을 연장해 주었다. 그런데 지난 1992년 5월 오키나와 전역에서 엄청난 문제가 발생했다. 오키나와 주민들이 일본 복귀 20주년, 미군기지 임대기간 종료에 때맞춰 임대기간 연장을 거부하며 미군이 이 섬에서 완전히 철수하라고 요구한 것이다.

미군 당국은 미군기지를 넓히는 과정에서 오키나와 사람들의 사유재산과 토지 소유권을 완전히 무시하고, 오키나와 전 지역에 걸쳐 기지를 만들었다. 미군들이 수천 주민을 전범자로 체포해 여러 막사에 억류하는 바람에 미군들이 군용 불도저를 동원해 집과 학교 같은 주요 건물을 마구 부수어도 막을 수가 없었다. 후텐마 공군기지를 건설할 때는 기느완시 중심지역을 모조리 파괴하기도 했다.

전쟁이 끝난 뒤에도 냉전이 계속되자 오키나와 주둔 미군은 주한미군과 마찬가지로 북한을 견제한다는 명분을 내세웠다. 1953년 미군은 '토지징발법'이라는 법을 선포해서 나하시와 요미탄촌을 비롯해, 미군기지 확장 대상이 된 모든 지역 땅을 빼앗았다.

마침내 1972년, 오키나와가 다시 일본 정부에 귀속되었다. 이 때 미일 두 나라 정부는 재산 반환 협정이라는 것을 체결했는데, 그 내용은 미국이 오키나와 미군기지를 반환하는 게 아니라, 넓힐 수 있게 하는 것이었다. 그 바람에 오키나와는 주일미군의 75%가 집중하게 됐다. 그 가운데 국유지는 5분의 1뿐이고, 나머지는 사유지다. 일본에는 105개의 미군기지가 있는데 그 가운데 43개가 오키나와에 있다. 그런데 면적으로는 전체 3만2천4백75ha 가운데 2만4천2백39ha가 오키나와에 있으며, 주일미군 5만 명 가운데 3만 명 이상이 오키나와에 있다. 미군기지에 종사하는 민간인과 군속까지 합치면 오키나와에 있는 미국인은 5만2천 명이 넘는다. 필리핀 클라크 공군기지가 폐쇄되자, 비행기와 병력이 오키나와로 이동 배치되기도 했다.

1992년 오키나와 재산 반환 20주년 기념일은 중요한 의미를 지닌다. 그 동안 미군기지로 임대해 주던 사유지의 임대기간이 끝났기 때문이다. 이 때 지주 575명이 임대차계약 갱신을 거부했다. 미 공군 활주로나 기지가 아니라, 공원이나 오락시설, 도시개발, 농경지, 유원지 같은 곳으로 개발하겠다는 것이었다. 이 때 사키마 씨는 계약 갱신 거부에 성공해 땅을 돌려받았고, 그 곳에 '사키마 미술관'을 설립하였다. 후텐마 미군기지 철조망에 맞닿아 있는 이 미술관은 현재 반전 평화 미술품을 상설 전시하는 미술관으로 유명하다.

이시하라라는 사람은 5천 평의 땅을 돌려받아 목장으로 꾸렸으며, 이 경험을 바탕으로 땅이 없는 청년들을 모아 축산업협동조합을 만든 뒤, 거꾸로 미군기지를 임대하여 소를 기르고 있다.

오키나와에서 가장 유명한 사람 가운데 하나인 치바나 쇼우이치 씨는 계약 갱신 거부에 실패한 경우다. 그러나 그는 미군이 사용하는 자기 땅에 드나들며 미군의 '불법 점거'를 규탄하며 계속 싸우고 있다. 미군은 일본 정부의 지원을 받아 재빠르게 울타리를 쳐서 치바나 씨의 출입을 막기도 했다. 치바나 씨의 땅에는 미군의 소베 통신소가 있는데, 안테나가 둘러서 있는 모습이 마치 코끼리 우리 같다고 해서 사람들은 '코끼리 우리'라고 부른다. 이 코끼리 우리는 관광명소가 되었다.

이시하라 씨와 치바나 씨는 현재 시의원으로 당선되어 활발한 기지 반환운동을 펴고 있다.

오타 마사히데 전 지사는 지사 시절인 1996년 9월 8일, '기지의 정리 축소와 주둔군지위협정 개정'을 내걸고 '현민투표'를 실시하여 90% 이상의 주민 찬성을 얻어내기도 했다.

1997년 5월 14일 많은 미군기지의 임대기간이 끝났다. 석 달 전인 2월부터 정부 대표와 지주들 사이에 공개 재판이 벌어졌다. <한-오키 민중연대>는 공개재판을 방청할 수 있도록 <우리땅미군기지되찾기 전국공동대책위원회>를 초청하였고, 한국에서는 전국에서 43명이 집단으로 오키나와를 방문하여 그 재판 과정을 지켜보기도 했다.

지난 1989년에는 미군들이 사격장으로 사용하는 온나산을 지키기 위한 싸움도 거셌다. 오키나와 중부를 동서로 가로지르는 간선도로를 넘어 미군들이 폭격을 하는 동안에는 도로를 폐쇄하는가 하면, 산불도 나고 사람도 다치는 바람에 주민들이 들고 일어선 것이다.

이처럼 미군기지가 있는 곳이면 어느 곳에서나 기지 반대운동이 있다. 오키나와의 53개 지방자치단체 가운데 비핵 평화 지대로 선언한 곳이 9개 시, 10개 '정', 12개 '촌'이나 된다.

또 거의 모든 '정'과 '촌'에서 반핵단체가 활동하고 있다. 그렇기 때문에 이 반핵단체들은 군대에서 벌어지는 핵 사고를 포함하여 어떤 사고든 오키나와 전 지역에 보고하고 있다. 이런 사고 소식을 들으면, 반핵운동이 더욱 활기를 띠게 되는 것은 물론이다.

예컨대 이 지역 활동가들이 세운 대형 철제구조물을 볼 수 있다. 이 구조물은 2개의 게릴라 전투 훈련시설 사이에 설치해 놓고, 훈련하는 동안 활동가들이 그 구조물에 올라가 확성기로 군사훈련을 방해할 정도다. 요미탄촌에서는 미군이 사용권을 갖고 있으면서 사용하지 않고 있는 기지 안에 촌 청사를 지었다.

오키나와의 반핵 반기지 운동은 활동가들만이 아니라, 현지사나 시장·정장·촌장을 비롯해, 국회의원·현의원·시의원·공무원들까지 나선다. 오키나와를 비롯, 이와쿠니·요코스카·히로시마같이 미군기지가 있는 곳의 관공서에는 미군기지 관련 업무를 전담하는 '기지대책실'이 있다. 1996년 11월 오키나와현 기지대책실장은 상세한 자료까지 복사해 주더니, 구하기 힘든 자료는 나중에 항공우편으로 보내 주기까지 했다. 그는 미군기지가 있는 곳에 '기지대책실' 같은 기구가 없는 것을 오히려 이상하게 여겼다.

1991년 10월 8일, 오타 당시 현지사는 미군의 사격훈련을 참관한 뒤 그 지역 모든 학교의 교장과 시장, 마을대표들을 만나 의견을 듣고는 주일 미영사인 리처드 크리스텐슨 장군을 불러, 학생들이 사격훈련에 관해 쓴 작문을 비롯한 각종 기록을 건네며 훈련을 중지하도록 요청했다. 이 자리에서 크리스텐슨은 안전 조치와 소음 방지를 약속했으나, 오타는 불발탄과 자연 공해를 들어 거절했다. 그는 일본 정부의 반대를 무릅쓰고 정부와 협의도 하지 않은 채 미국을 방문, 오키나와 주민의 고통을 이해하고 이 섬을 원주민에게 되돌려 주라고 주장하는 미국의 몇몇 양심적 관리들과 하원의원들을 만나 그들에게 직접 호소하기도 했다.

이밖에도 요코하마시에는 시내 한복판에 미군 주택시설, 창고, 사무소가 있다. 일본 정부는 도쿄의 요코다 기지와 가나가와현의 아츠기 기지 가운데 하나를 돌려받아 도쿄 제3공항으로 활용하려 하고 있기도 하다. 요코다 미군기지 건너편 건물 옥상에는 붙박이 망원경이 여러 개 설치되어 있다. 마치 관광지 같은 느낌이다. 100엔짜리 동전을 넣고 마음껏 미군기지를 감시하며 촬영도 할 수 있다. 도쿄 시의원 엔도 씨는 "시민들이 이렇게 미군기지를 감시하는 것은 너무나 당연하다"며, 미군기지 철조망 안으로 카메라를 들이밀어 사진을 찍는 시범까지도 보였다. 그는 또 이렇게 말했다.

"유권자들이 대부분 미군기지 반환을 바라는 것은 사실이지만, 그럴 경우 지방재정의 상당 부분을 차지하는 미군기지 임대료 수입이 줄어들어 세금을 더 많이 내야 할까 봐 두려워하기도 합니다. 그래서 저는 미군기지 자리에 무엇을 유치해야 예산 부족을 메울 수 있을지 다각도로 검토해서 시장에 출마할 생각입니다."

역시 미군기지가 있는 요코스카에서는 시민운동가들이 자기 배를 타고 바다에 나가 미군기지를 촬영하고 핵무기 적재 가능성이 있는 미군 선박의 입항을 반대하는 해상시위를 벌이기도 한다. 벌써 30년째 매월 마지막 일요일에는 계절과 날씨에 관계없이 시내 미군기지 정문 앞에서 "미군기지 반환" 같은 구호를 외치며 시위를 벌이기도 한다.

월남전이 한창이던 1960년대 월남 가는 게 두려워 탈영한 미군 병사들을 보호하는 운동을 벌이기도 했던 〈요코스카 시민모임〉은 그 때 쓰던 사무실을 40년이 넘는 지금까지도 쓰며 반기지운동을 벌이고 있다.

일본에서 미군기지 반대운동이 시작된 것은 1969년 1월의 일이다. 당시 미국의 핵 항공모함 엔터프라이즈호가 일본의 사세보항에 입항하려 하자, 사세보 시민들이 집단으로 들고 일어나 반대한 것이다. 그 뒤 가나가와현 츠시에 있는 탄약고 근무 미군가족 주택건설계획 반대, 도쿄의 미야게지마 미군 비행장 건설계획 반대, 아츠기 공군기지 소음공해 피해소송 같은 합법, 비합법의 싸움을 30년이 넘는 지금까지도 계속하고 있는 것이다.

특히 오키나와에서는 자기 땅이 군사기지 같은 전쟁 용도로 쓰이는 것을 반대하는 지주들이 <반전지주회>를 꾸려 활발하게 반기지운동을 벌이고 있으며, 그들을 지원하기 위해 미군기지를 한 평씩 사들인 <한평반전지주회>도 있다. 오키나와 전투의 실상을 촬영한 미국의 영화 필름은 이른바 '1피트 매입운동'으로 해결했다.

1995년 9월, 오키나와에서는 미군 해병대 3명이 초등학교 여자 어린이를 윤간한 사건이 발생했다. 이 사건은 그 동안 흩어졌던 일본의 평화운동 세력을 한 자리에 모으는 획기적 전환점이 되었다. 8만5천여 명의 시위대가 항의하는 대규모 현민궐기대회가 있었다. 1996년 4월, 클린턴 대통령이 일본을 방문하자 오키나와 주민들은 또 다시 9만여 명이 모여 궐기함으로써 결국 미국의 항복을 받아냈다. 이에 놀란 미국은 주일미군 사령관과 국무장관은 물론 클린턴 대통령까지 나서서 일본 국민들에게 직접 사과한 것이다. 미국은 "주일미군 반성의 날"까지 선포하여 미군들을 이틀 동안 영내에 대기시키기도 했다.

아울러 클린턴은 오키나와 미군기지의 20% 정도를 5년에서 7년 안에 반환하겠다고 발표하기도 했다. 이에 따라 1996년 12월 3일, 미일 두 나라 국방장관들이 도쿄에서 만나 오키나와 미군기지의 21%인 11개를 전부 또는 일부 반환하기로 합의했다고 발표했다. 그 합의문에는 미군 비행기의 이착륙 소음을 규제하겠다는 내용과, 현재 미 공군기지로 사용하고 있는 후텐마 비행장은 그 안에 폐쇄하기로 합의했다는 내용도 포함되었다.

그러나 현재 미일 두 나라는 이 후텐마 기지를 폐쇄하는 대신, 오키나와 북부 나고시에 있는 미군기지 캠프 슈와브 앞바다를 매립하여 해상기지를 만들어 이전하려고 하고 있고, 나고 시민들은 환경 파괴를 내세우며 결사반대하는 투쟁을 벌이고 있다.

2. 오스트레일리아 : 미군기지 임대기간이 있다

오스트레일리아를 비롯한 태평양 여러 나라의 해방운동은 여러 동맹체에 의해 많은 제약을 받았다. 제2차 세계대전 뒤 오스트레일리아도 미국의 핵무기 체계에 연루되었다. 그래서 오스트레일리아는 미국에 통신 기지와 첩보 수집 기지를 제공하고, 미국이 핵무기를 실을 수 있는 전함과 비행기들을 오스트레일리아 항구나 공항을 통해 들어 올 수 있도록 허락하였으며, 오스트레일리아 스스로 미 국방부인 펜타곤의 명령을 따르게 되었다.

오스트레일리아 영토에 자리 잡고 있는 미군 시설은 30개가 넘는다. 그 가운데 주요 기지로는 파인 갭 기지와 너렁거 기지, 노스웨스트 케이프 기지 같은 3개의 기지를 꼽을 수 있다. 이 세 기지는 모두 미국이 핵전쟁이나 재래식 전쟁을 할 수 있도록 뒷받침해 주는 기지들이다. 이 기지들은 또 무기 경쟁을 위성요격용 미사일이나 미사일요격용 미사일 같은 단계로 발전시켜 나가는 데에 필수적이다. 오스트레일리아 사람들은 이를 위해 해마다 수백만 달러씩 지불하고 있다.

이 기지들은 원칙적으로 명령(Command), 조정(Control), 통신(Communication), 첩보(Information)라는 이른바 C^3I[1]와 관련되어 있다. 1988년 말 오스트레일리아 정부는 파인 갭 기지와 너렁거 기지의 임대기간을 연장해 주었다. 워싱턴 주재 오스트레일리아 대사관은 이를 가리켜 "오스트레일리아가 능동적으로 미국의 세계 활동을 지원하고 있는 명백한 증거"라는 홍보물을 내기도 했다.

오스트레일리아는 이런 미군기지에서 벌어지는 일에 어느 정도는 참여한다. 그래서 미군기지가 하는 폭넓은 기능에 대해 약간의 지식을 얻었고, 그 미군기지가 수집 정리한 첩보를 약간은 공유하고 있다. 그러나 오스트레일리아 국방부는 중요한 첩보와 통제 기능에 접근할 수가 없다. 전에 미군이 노스웨스트 케이프 기지를 전시 편제로 편성한 적이 있지만, 그 때 오스트레일리아는 미국의 협의 대상조차 되지 못했다. 오스트레일리아는 그 기지를 통해 각종 정보를 중계하거나 공격 명령을 내릴 수가 없다. 또한 '적'들한테 가로채 얻은 암호 메시지를 활발히 해석하고 분석하는 파인 갭 기지의 1급 비밀실에는 접근할 수도 없다.

1) C^3I는 최근 컴퓨터(Computer)의 C를 하나 더해 C^4I로 확대되었다.

마찬가지로 오스트레일리아는 전쟁이 터질 경우 이른 시기에 너렁거 기지에서 미국에 경보하는 자료를 중계하지 못하도록 막거나, 그 자료를 받은 미국이 너렁거 기지로 보내는 회신에 영향을 미칠 힘이 없다. 지난 걸프 전쟁 동안에도 이 미군기지들은 미 국방부인 펜타곤의 결정에 따라 사용되었을 뿐, 오스트레일리아는 꿔다놓은 보릿자루였다.

그런데 지난 1986년 12월, <오스트레일리아 반기지운동연합>(AABCC)이 결성되었다. 오늘날 이 단체는 140여 개 지부를 가진 오스트레일리아 최대의 평화운동 연합체가 되었다. 활동의 중심 초점은 파인 갭 기지(1987), 노스웨스트 케이프 기지(1988), 너렁거 기지(1989)를 둘러싼 전국 활동과, 캐벌라, 리치몬드, 워소니아, 스미스휠드 같은 지역의 시위를 조직하고 협력하는 것이다. 오스트레일리아 전함들이 1990년 8월 처음으로 페르시아로 떠날 때는 이에 항의하는 단체들을 조직했으며, 페르시아에서 육상전이 끝날 때까지 계속되었다. 이때부터 오스트레일리아의 평화운동단체들은 중동 평화를 위한 운동도 계속하고 있다. 뿐만 아니라 <오스트레일리아 반기지운동연합>은 무기매매와 일련의 무기 전시회 반대활동도 적극적으로 벌이고 있다.

오스트레일리아에 미군기지가 지금처럼 들어설 수 있는 것은 오스트레일리아와 미국이 협정을 맺었기 때문인데, 이 기지 임대 협정은 1988년에 끝났으나 10년 연장되었다. 그런데 이 협정을 파기하려면 3년 전에 통보해야 하기 때문에 미군기지 반대운동 단체들은 1995년을 결정적인 해로 삼고, 해마다 주요 미군기지 앞에서 대규모 항의시위를 했다. 1993년에는 너렁거 기지, 1994년에는 지역의 여러 기지, 마지막으로 1995년에는 파인 갭 기지에서 대규모 대중운동을 벌였다. 그러나 오스트레일리아의 평화운동도 아직은 이 협정을 파기할 정도까지는 못 갔다. 그러나 주기적으로 미군기지 임대기간이 다가오기 때문에 그 때마다 전국 규모의 반기지 시위를 벌여 나가고 있으며, 이를 위해 평상시의 평화운동을 게을리 하지 않고 있다.

3. 필리핀 : 미군기지 어떻게 돌려받았나?

필리핀에 미군이 들어선 것은 1947년의 일이다. 그 때 필리핀은 미국과 임대기간 99년의 기지 임대 협약을 맺었다. 그러나 19년이 지난 1966년, 필리핀은 미국과 협상을 벌여 미군기지 임대기간을 25년으로 줄이는 데 성공했다. 남은 80년이 너무 길다는 것이었다. 그래서 결국 1991년 미군기지 임대기간이 끝나게 만든 것이다.

1991년 9월 16일은 필리핀의 반핵·반기지 운동이 정치적으로 대단한 승리를 거둔 날이다. 전통적으로 반핵·반기지 운동이 파고들지 못하던 필리핀 상원이 미군기지 임대 협정 갱신을 거부한 것이다.

도대체 어떻게 그런 일이 가능했을까? 필리핀 상원은 전통적으로 미국에 우호적이고, 보수적이던 조직이었다. 그런데 그들은 미군기지 임대 협정 연장을 거부했다. 상원의원들조차 겁을 먹을 만큼 필리핀 국민의 미군기지 임대기간 연장 거부 목소리가 컸기 때문이다.

상원의원들은 1988년의 이른바 '필리핀 2월 혁명'으로 독재자 마르코스가 쫓겨나고 코라손 아키노가 대통령으로 들어선 것을 보았다. 그 때 미국은 마르코스를 정면으로 지지했다. 필리핀 국민들은 이 사실을 너무 잘 알고 있었다. 결국 필리핀 국민들은 미군기지 임대기간 연장 거부를 강력하게 요구하며 연일 시위를 벌였다.

필리핀의 반핵·반기지 운동가들은 언제나 핵무기 경쟁을 외국군의 간섭이나 약소국 점령 문제로 연결시켜야 한다는 견해를 가져 왔다. 바로 그런 이유 때문에 그들은 '태평양 비핵지대화와 독립(NFIP)' 운동으로 스스로의 생명을 유지하고 정체를 확실하게 찾았다.

서태평양 여기저기 흩어져 있는 여러 섬들을 미국은 수십 년에 걸쳐 자신의 물리적, 정치적, 심리적 요새로 바꾸어 버렸다. 필리핀에 다리 펴고 누워 있는 미군기지들은 그 동안 필리핀 헌법이나 관습, 이민법, 노동법 같은 것에 전혀 구애받지 않았다. 필리핀의 평화운동가들은 이를 가리켜 "족쇄도 차지 않은 망아지처럼 별천지 생활"을 했다고 지적했다.

필리핀 주둔 미군기지의 역할은 다양했다. 우선 꼽을 수 있는 미군기지의 역할은 내정 간섭이었다. 또한 전시를 대비해 각종 무기를 대기 저장하는 무기고 역할도 했다. 그밖에 핵무기 발사 기지, 핵 폭격기와 전투기 이착륙 기지, 핵무기 장착 항공모함과 수상함(水上艦), 잠수함 정박 항구 역할도 해 왔다. 그러나 가장 중요한 기능은 활발한 C^3I 망을 위한 전진기지라는 점이다.

미국은 그 동안 필리핀에서 자유세계와 민주주의를 가장 모범적으로 지탱해 주는 나라로 추앙을 받아 왔다. 그런데 지난 1972년 페르디난드 마르코스가 비상계엄령을 선포하고, 미국이 필리핀에 심어 놓은 민주 정치 제도를 해체했을 때 미국에 대한 예전의 이런 관점은 산산이 부서져 나갔다. 그 이유는 바로 미국이 마르코스를 지원했기 때문이었다. 많은 필리핀 사람들은 미국이 이런 독재자를 어떻게, 그리고 도대체 왜 지원하는지 도저히 이해할 수가 없었다. 1987년에 선출된 대부분의 상원의원들도 역시 마찬가지였다. 당시 미국은 군사 원조를 두세 배로 늘려 가며 이 비상계엄 정권을 지원했다. 미국의 이 같은 지원에 힘입은 마르코스는 1972년에 6만 명이던 자신의 군대를 1985년에 무려 25만 명으로 늘릴 수 있었다. 이처럼 미국이 독재자 마르코스를 지원하자, 그 희생자인 필리핀 민중의 분노는 하늘을 찔렀다. 이때부터 필리핀에서는 미군기지 반대운동이 벌어지기 시작했고, 바로 이런 현실 때문에 미군기지 반대운동이 전적으로 활기를 띠게 되었다.

1987년 2월 2일, 필리핀 민중은 마침내 '2월 혁명'을 성공시켰다. 이에 고무된 필리핀 민중은 비핵 평화 헌법을 통과시켰다. 이 헌법을 통과시키기 위해 반핵운동과 교육운동을 지속으로 벌인 끝에 그들은 헌법에 다음과 같은 조항을 포함시킬 수 있었다.

"필리핀은 영토를 비핵지대화하는 정책을 채택하고 이를 추구한다. 이것은 국가이익과 전혀 배치되지 않는다."

비핵지대화 조문이 비준된 처음 몇 달 동안, 비핵에 대한 각성과 비핵의식이 필리핀 전체에 들불처럼 번져 나갔다. 19개 주, 36개 시와 지방자치단체가 비핵지대를 선포했다. 이처럼 지방정부들이 공식으로 비핵지대를 선포함으로써 필리핀 인구의 약 34%가 이에 참여하게 되었다. 이때부터 필리핀의 반핵운동은 핵무기의 위험성을 명확히 알리기 위한 주도적인 운동을 벌여 나가기 시작했다.

처음에는 정부 안팎에서 활동하고 있는 반핵 주창자들이 모두 미군기지를 반대하지는 않았다. 반핵운동가들 가운데는 "핵무기 반대, 전쟁 반대, 평화운동으로 족하다"는 이른바 '반핵평화론자'들과, "핵과 전쟁을 가능하게 하는 구체적인 모습을 지닌 것이 미군기지이므로 미군기지를 반대해야 한다"는 이른바 '반기지론자'들로 나뉘어 있었다. 그러나 이 두 진영은 하나가 되었는데, 역설적이게도 다름 아닌 미국인들 때문이었다.

그 동안 미 해군이 정기적으로 전술 핵무기를 필리핀으로 실어 날랐으며, 그 핵무기들을 언제나 '전시대비 무기저장소'가 있는 대규모 병참기지에 보관해 왔다는 사실을 필리핀 사람 누구나 알고 있었다. 그런데 미국인들은 필리핀 민중이 핵무기를 들여오거나 저장하지 못하도록 요구할 때마다 이를 거부함은 물론, 필리핀 사람들이 그런 요구를 계속해 올 경우 핵무기를 운반하는 배를 정박시키거나 핵무기를 저장해 오고 있는 자신들의 기지와 시설들을 포기하겠다고 협박했던 것이다. 드디어 최후의 심판 날이 왔다. 피나투보 화산 때문에 클라크 공군기지는 이미 못 쓰게 되었고, 수빅만 해군기지도 마침내 1991년 12월 31일, 너무나 불평등하던 기지 조약을 필리핀 상원이 거부함으로써 끝났다. 결국 필리핀 정부는 헌법에 따라 미국 정부가 필리핀에서 군대를 완전히 철수시키도록 1년의 여유까지 제공하는 결정을 내렸다.

1996년 APEC 기간이던 11월 23일부터 26일까지 마닐라에서는 <필리핀 비핵동맹>(NFPC)이 주최한 '미군기지 독성폐기물과 기지정화에 관한 1996년 국제포럼'이 열렸다. 이 국제포럼에는 한국, 일본, 오키나와, 파나마, 푸에르토리코, 미국, 필리핀에서 민간단체 대표 1백여 명이 모여 열띤 토론을 벌였다. 마지막 날 결론으로 합의한 12개항의 선언문에서 가장 중심이 된 것은 "독성폐기물과 각종 중금속으로 미군기지의 토양과 수질, 지하수를 오염시킨 미국은 이 미군기지를 정화해야 할 의무가 있으며 그 정화 비용을 내야 한다"는 것이었다.

스페인한테 3백년, 미국한테 50년, 일본한테 10년 정도씩 식민지를 겪은 필리핀은 덕분에 지금도 스페인어처럼 된소리가 나는 영어를 쓰고 있다. 그러나 수많은 부족이 7천여 개의 섬에서 흩어져 살아왔기 때문에 사투리도 많긴 하지만, 타갈로그라는 고유의 언어도 갖고 있는 민족이다. 제국주의의 식민지 생활을 한 나라들이 다 그렇듯 필리핀도 가난하다. 제국주의 국가인 스페인과 미국과 일본이 필리핀 민중의 정신적, 물적 자산을 깡그리 도적질해 갔기 때문이다. 그러나 필리핀 사람들은 혁명을 통해 스페인과 미국 같은 강대국을 몰아내고, 외세의 강력한 지원을 받던 독재자를 몰아낸 경험을 갖고 있기에 그 어느 민족보다도 당당하다.

국제포럼 마지막 날 미대사관 앞에서 항의시위가 있었다. 집회신고가 없다 보니 정확한 시위 장소는 현장에 가서야 알 수 있었으나, 필리핀 경찰은 도로교통에 방해만 안 되게 할 뿐, 각국 대표들이 갖고 간 피켓과 사진을 보며 이것저것 물어 보곤 시위대의 주장에 동조해 주었다. 미대사관에 항의하는 필리핀 사람들을 필리핀 경찰이 막는 진풍경은 벌어지지 않았다.

그러나 "자꾸 임대료를 과다하게 올려 달라고 하면 군대를 철수시켜 버리겠다"고 협박하던 미국은 어떻게든 다시 필리핀에 미군을 주둔시키려고 갖은 애를 다 썼다. 드디어 1999년 방문군 협정(Visiting Forces Agreement, VFA)이라는 것을 맺어 수시로 미군을 '방문'시키고 있다. 월든 벨로와 로랜드 심불란 같은 이들이 속해 있는 필리핀의 모든 반기지운동단체들은 이 달갑지 않은 '방문'을 막기 위해 이 협정을 파기하기 위한 운동을 벌이고 있다.

4. 괌 : 미국의 식민지에서 벗어나기 위한 싸움도 함께하고 있다

괌의 원주민인 차모로인들과 괌이라는 나라는 지금까지 5백 년 동안 여러 나라의 식민 지배를 받아 왔다. 차모로인들이 남의 나라에 식민

생활을 시작한 것은 16세기 초 스페인의 침략 때로 거슬러 올라간다. 그 뒤를 이어 1898년 미국이 이 나라를 식민지로 삼았고, 제2차 세계대전 때는 일본이 침략해 들어 왔다. 지금은 다시 '미국령', 다시 말해 하와이나 푸에르토리코처럼 미국의 식민지다.

이처럼 세계의 강대국들은 제국주의적 국가 이기주의를 관철시키기 위해 군사·정치·경제적으로 괌을 침략했다.

현재 괌에 주둔하고 있는 미군은 현역이 1만여 명, 군속이 1만1천여 명, 국방부에 근무하는 민간인 문관이 8천여 명 있다.

괌의 미군기지 면적은 4만7천 에이커, 약 5천7백만 평 정도가 된다. 미군이 직접 조종하고 있는 이 정도 넓이의 재산은 괌 전체 면적의 3분의 1을 약간 웃도는 셈이다. 그밖에 이들 미군기지 가운데 8백여 에이커, 약 1백만 평 정도는 사유지이거나 사유지를 둘러싸고 있다.

대부분의 미군기지는 토지 이용도가 대단히 낮다. 그래서 괌 정부는 민간항공 수요가 점점 늘어감에 따라 총독을 통해 아가나 미 해군 공항을 폐쇄해 달라고 요청하는가 하면, 분명히 사용하고 있지 않거나 이용도가 낮은 기지를 돌려 달라고 하는 정책을 추구해 왔다.

미군이 괌에서 돈을 쓰는 것은 사실이다. 그리고 괌을 지배하고 있는 미군이 쓰는 약 7억 달러의 돈을 순전히 긍정적인 신호로 즐겨 인용하는 사람들도 있다. 그러나 1985년 미국 의회 연구소의 보고서를 보면, "미국은 미국의 전략적 이익을 확보하기 위해 괌에서 일련의 프로그램을 계속 허비하는, 다시 말해 '돈이 많이 드는 정부'를 계속하고 있다"고 되어 있다. 미군이 괌에 주둔하는 것이 괌을 방어해 주기 위해서가 아니라, 미국의 이익을 확보하기 위해서라는 것이다.

괌의 '민족자결위원회'가 괌의 독립헌법 초안을 만들었다. 이 헌법 초안은 두 차례의 국민투표를 거쳐 괌 국민 전체의 동의를 얻기도 했다. 그런데 이 괌 헌법 초안을 미국 정부가 '검토'한다며 마냥 들고만 있다. 이 헌법 초안에는 다음과 같은 내용이 들어 있다.

1. 차모로인들은 괌에서 자신들의 미래와 운명을 스스로 결정할 수 있다.
2. 차모로인들은 미국과 괌의 관계에서 지금보다 훨씬 더 공평한 새로운 현 시대의 정치적 지위를 설정할 수 있다.
3. 민족자결은 차모로인들의 고유권한이다.

그밖에 이민, 무역, 토지, 천연자원, 외무, 국방 같은 여러 분야를 다루는 조문도 있고, 당분간은 미국 법을 계속 적용할 수 있다는 조항도 있다. 이런 내용을 담고 있는 괌의 헌법 초안을 미국 정부가 '검토'하기 시작한 지 10년이 넘었다.

차모로인들은 미군이 일으키는 수많은 문제를 해결하기 위해 부단히 노력하고 있다. 괌의 독립운동도 그 하나다. 1992년 5월, 요코하마에서 열린 '민중회의'에서 괌 대표 론 리베라 씨는 각국의 대표들에게 다음과 같이 호소했다. "여러분의 정부를 움직여서 미국이 유엔 결의문 1514조를 이행하도록 압력을 가해 주십시오. 그것이 여러분께서 저희를 도와주는 유일한 길입니다."

유엔 결의문 1514조는 "식민지 국가와 식민지 국민들에게 독립을 부여하는 것에 관한 선언"이다. 괌은 1946년 유엔이 설립된 때부터 유엔의 '비자치령' 목록에 올랐다. 그 당시 함께 '비자치령' 목록에 올랐던 80개의 다른 나라는 지금 강대국의 식민지에서 벗어나 있다. 아직도 식민지 지배를 받고 있는 나라는 괌을 비롯해서 16개뿐이다.

리베라 씨는 이어서 다음과 같이 말했다. "괌에 주둔하는 미군기지는 '해외기지'는 아니지만, '외국기지'인 것만은 분명합니다."

5. 캐나다 : 미국에 있는 미군기지도 반대한다!

캐나다에서 냉전은 사라졌다. 그러나 캐나다의 평화를 사랑하는 사람들이나 단체들이 그 동안 다루어 왔고, 앞으로도 다루게 될 군사 문제는 여전히 존재하고 있다. 캐나다 국민 가운데는 요즘 들어 캐나다의 국방 예산이 부족하기 때문에 자신들이 보유하고 있는 낡은 장비를 대체할 돈이 모자란다고 생각하는 사람이 점차 많아지고 있다. 캐나다의 군사비가 부족해서 국방을 감당하기 힘들지 않을까 하고 걱정한다는 것이다.

그러나 실제로 캐나다는 엄청난 국방비를 쓰고 있다. 캐나다의 국방 예산 총액은 13조2천2백90억 달러로 절대액에서 세계 11위고, 나토 동맹국 가운데서는 6위다.

그런데 이 예산 규모가 5년 동안 해마다 22억 달러씩 줄어들었다. 유럽에 배치돼 있던 부대와 장비가 들어왔기 때문이다. 그렇지만 캐나다는 그 기간 동안 신형 해안 경비정 12척을 건조했으며, 소형 프리깃 구축함 16척, 대형 구축함과 잠수함 6척, 소형 호송용 쾌속정 4척, 그리고 여러 척의 작은 배도 제작했다. 이른바 '해안 경비정 계획'의 일환으로 예산은 4억5천만 달러나 됐다. 이처럼 많은 국방비를 쓰는 캐나다는 무기수출 분야에서도 세계 10위를 차지하고 있다.

가상의 적한테서 나라를 방어한다는 명분으로 쓰는 돈 때문에 정부

재정도 많이 모자라고, 평화운동 분야에 쓸 수 있는 돈도 없다. 따라서 평화운동단체와 비무장운동단체의 운영 자금도 모자랄 수밖에 없다. 게다가 냉전이 끝나 앞으로 전쟁은 안 일어날 텐데 평화운동이 왜 필요하냐는 생각도 많이 퍼져 있다. 군사 문제에 관한 국민의 경각심을 일깨우는 운동은 이제 필요 없다는 인식까지 널리 퍼져 있다. 캐나다의 평화운동이 힘든 시기를 맞은 것이다.

그러나 일반인의 인식이 잘못되었다는 것은 말할 것도 없다. 미국은 캐나다와 맞닿아 있는 알래스카 남동쪽에 씨팍(SEAFAC)이라는 이름의 해군기지를 벰 운하가 지나는 백 섬에 설치했다. 미국은 "다른 잠수함에서 들려오는 소리를 채집하여 해독하는 것 같은 실험을 쉽게 하기 위해 이 기지를 세웠다"며, "이 일을 위해 앞으로 트라이던트 잠수함을 정박시켜 놓겠다"고 했다.

이처럼 캐나다의 콧잔등에 기지를 신설한 미국 정부는 캐나다에 여러 가지 압력을 가했고, 캐나다 정부는 국회의 논의도 거치지 않은 채, 각료회의에서 다음과 같은 3가지 명령을 제정했다.

1. 미국과 영국의 해군 핵 추진함이 캐나다 영해를 통과할 수 있고, 지정된 캐나다 항구에 입항할 수 있도록 한다.

2. 핵무기를 운반할 수 있는 능력을 가진 미국과 영국의 배들이 캐나다 영해를 통과하고, 캐나다 항구에 입항할 수 있도록 한다.

3. 미국의 핵 추진 잠수함들이 미국의 실험시설이라고 하는 알래스카의 딕슨 인트랜스에서 캐나다 영해를 잠수해서 통과할 수 있도록 한다.

이런 식으로 캐나다의 양쪽 해안을 따라 지나 다니는 핵 함정들이 점점 더 늘고 있다. 구약성경의 "무기를 쳐서 보습을 만들라"는 말에서 평화를 상징하는 말로 사용되는 '보습'을 따다 붙인 '보습 계획'의 통계 자료를 보면, 1990년 핵함의 입항 회수가 18회였으나 1991년에는 45회로 2.5배 늘었으며, 1990년에는 핵함의 입항일이 67일이었으나, 1991년에는 무려 182일로 2.7배나 는 것으로 나타났다.

이런 현상은 분명히 평화에 대한 도전이며, 캐나다 국민뿐만 아니라 평화를 애호하는 온 세계 인류에 대한 도전이다.

캐나다 국민들은 이런 도전을 어떻게 맞이하고 있을까? 두 차례 있었던 브리티시 콜롬비아 투쟁을 살펴보자.

미국이 알래스카에 씨팍 기지를 설치했을 때, 캐나다에서는 태풍 같은 저항이 일어났다. 평화운동가들은 물론 씨팍 기지와 붙어 있는 캐나다의 브리티시 콜롬비아에 있는 시와 마을의 여러 위원회를 비롯해 그 지역의 원주민, 환경단체 회원들, 지방의회의원, 국회의원, 지역과 지방자치단체의 행정부, 교회단체, 그리고 캐나다 전국에서 모여 든 평화운동단체에서 수많은 개인과 단체가 실질적으로 연합해서 싸웠다. 그 덕분에, 이 지역의 미군기지 반대투쟁은 캐나다 전국에 걸쳐 각종 매스컴의 집중 조명을 받았다.

잠수함들이 기지로 들어갈 때 통과하는 길목에 있는 이 지역은 하이다 과이라는 이름의 큰 섬이다. 이 섬은 하이다 인디언들이 자신들의 전통적인 영토라고 선언한 섬이기도 하다. 바로 그런 섬에서 하이다족이 지역이나 민족을 초월해 자기들과 함께하는 모든 단체들과 협력을 한 덕분에 강력한 저항의 바탕을 마련한 것이었다. 물론 그에 힘입어 여러 평화운동단체도 대대적으로 홍보활동을 벌일 수 있었다.

이밖에 밴쿠버에서는 <밴쿠버 섬 평화협회>(VIPS)라는 단체가 활동하고 있다. 이 협회는 핵함들이 빅토리아와 에스키몰트에 입항하는 문제에 아주 재미있게 접근하고 있다. 이 협회는 지난 1991년 10월 30일, 캐나다 정부 내각이 앞에서 말한 대로 미국의 핵함들이 캐나다 영해를 마음대로 통과할 수 있도록 허락하는 3개 항의 명령을 통과시켰을 때, "정부 스스로 법을 어기고 있다"면서 캐나다 정부를 상대로 소송을 제기하기 위해 1991년 결성되었다. 이 협회는 캐나다 연방법원이 이 명령의 첫 두 조항을 파기하라고 요구하는 소송을 냈다. 이 소송에서 이들은 법원이 연방정부에 "핵함의 빅토리아 입항 문제에 대해 전적으로 공중 환경 차원에서 정밀 재조사를 명령하라"는 요구도 했다.

이 협회가 이 소송에서 이길 경우, 브리티시 콜롬비아는 물론 캐나다 전체에 엄청난 영향이 미칠 것이다. 그런데 이 소송에서 이길 가능성도 높다. 법원에서 이 사건의 판결을 막연히 미래의 어느 날로 미루어 놓긴 했지만, 이 협회가 제출하는 증거를 놓고 일반 대중을 상대로 청문회를 연다는 데는 동의했기 때문이다.

뿐만 아니라 밴쿠버의 시의회에서는 핵 문제, 특히 다음의 4가지 위협과 관련된 문제를 집중적으로 다룰 '평화자문위원회'를 구성하기도 했다.

1. 에스키몰트에 핵함이 정박하는 문제
2. 나누스에 자리 잡은 캐나다 군부대의 실험과 시험 분야
3. 알래스카에 새로 설치된 씨팍 기지에서 발생되는 소음 측정 분야
4. 미국 워싱턴주의 한포드 기지에 저장되어 있는 핵에 관한 문제

이 위원회에서 권고하는 내용은 시의회에 직접 전달되며 강력한 힘

을 발휘한다. 그렇기 때문에 민간단체가 아닌 시의회에서 만든 위원회라는 점을 감안하더라도 이 위원회의 구성은 획기적인 사건이다. 이 위원회가 시의회에 권고하고 있는 내용은 이렇다.

1. 브리티시 콜롬비아를 가능한 한 이른 시일 안에 비핵지대로 선포할 것.

2. 브리티시 콜롬비아 주정부는 위에 제시한 4가지 핵 관련 문제의 위험을 평가할 기동부대를 설치하고 그 부대원들을 임명하되, 이 기동부대에는 정부단체와 평화단체를 가리지 말고 양쪽의 구성원을 고루 포함시킬 것.

3. 브리티시 콜롬비아 주정부는 핵전쟁을 반대하는 캐나다 물리학자들의 노력을 적극 지원하여 브리티시 콜롬비아 주민들이 한포드 기지를 포기할 경우 어떤 결과가 발생할지 연구하도록 할 것.

4. 브리티시 콜롬비아 주정부는 '국경지역 오염에 관한 국제합동위원회'에 한포드 기지 지역에 관해 공식으로 제소할 것.

5. 브리티시 콜롬비아 주정부는 트라이던트 잠수함이 밴쿠버 영해를 자주 통과할 경우 발생할 위험에 대해 연방정부에 압력을 넣어 '환경영향 연구'를 따로 실시하도록 지휘·감독하라고 요구할 것.

6. 브리티시 콜롬비아 주정부는 미 해군이 보유하고 있는 핵과 워싱턴주 한포드 기지에 저장되어 있는 핵 때문에 '어업과 환경'이 얼마나 큰 위험에 처하게 될지, 그럴 경우 브리티시 콜롬비아 주정부는 법적으로 어떤 권한을 행사할 수 있는지 따위를 연구하고 그 내용을 개발할 것.

이 얼마나 훌륭한 성과인가. 이런 점으로 미루어 볼 때 냉전이 끝난 뒤라 하더라도 캐나다의 반기지 평화운동은 변하지 않았음을 알 수 있다. 만일 변화가 있다면, 그것은 아직도 평화를 생각하며 이 문제를 중심으로 일하려는 활동가들이 이제까지보다 훨씬 더 많이 법을 어겨야 할 것이라는 점뿐이다.

캐나다도 한국과 마찬가지로 평화운동단체의 활동자금이 턱없이 부족하기 때문에 여러 단체가 하나로 합치거나 협동하는 현상이 두드러지게 나타나고 있다. 뿐만 아니라 사법 기관, 지방자치단체, 지방정부 같은 곳으로 부드럽게 접근해서 국민의 세금을 쓰는 방법을 찾고 있기도 하다. 군국주의, 원자력, 핵무기 같은 것이 불러일으키는 여러 가지 위협요소들에 매달려 일해 온 사람들이 냉전이라는 수십 년의 기간 동안 경험하고 배운 교훈이다.

오키나와 미군기지 반환운동에서 배운다*

8월 4일 <미군범죄근절운동본부>에서 챙겨준 자료를 들고 김포를 출발했다. 두 시간도 안 되어 도착한 곳은 마츠야마 공항. 오키나와로 가기 전 피폭 51주년 기념 히로시마 집회에도 초청을 받아 가는 길이었다. 오키나와만 돌아보려 해도 보름 이상 걸릴 텐데, 겨우 8일 동안 너무 많은 일정을 잡았다는 생각이 들었다. 숙소인 이마바리에서 보고회와 교류회를 갖느라 밤을 새웠다.[1)]

5일 아침 일찍 히로시마로 향했다. <평화로운 사회를 창조하는 히로시마집회 실행위원회> 주최 행사에서 오키나와, 이와쿠니 등 미군기지 주둔지 대표들과 함께 보고를 했다. 오키나와에만 있다는 사회대중당 소속 국회의원 시마부쿠로의 비서는 이렇게 말했다.

"일본 미군기지의 75%가 오키나와에 있습니다. 따라서 오키나와는 일본 내의 미군기지에 대해 75%의 발언권을 갖고 있습니다."

---

* 이 글은 필자가 <주한미군범죄근절운동본부> 미군범죄및기지실태조사위원장과 <민주주의민족통일전국연합> 미군기지대책위원장을 겸하고 있던 1996년 8월에 쓴 글로, 월간《말》1996년 9월호에 실렸으며, 이번에 약간 다듬었다.

1) 이 때 만난 분들 가운데 다카이 히로유키 씨가 2005년 5월 14~15일 평택에 다녀갔다. 이번에는 미군기지 문제가 아니라, 일본의 역사왜곡 교과서 저지를 평택시민단체들과 공동으로 진행하기 위해서였다. 에히메현 마츠야마시는 지난 2001년에도 최초로 왜곡 교과서를 채택한 도시이고, 2005년에도 가장 염려가 되는 도시인데, 평택시와 마츠야마시가 지방자치단체라는 '관의 차원'에서 우호협력도시라는 이름의 자매결연을 맺고 있기 때문에 왜곡 교과서 채택을 저지하기 위한 '민간 차원'의 교류협력이 필요하다는 것이었다.

2020년까지 후텐마 기지를 돌려받을 계획

8월 6일 아침 8시 15분, 히로시마에 원자폭탄이 떨어진 시각을 기념해 히로시마시가 주최한 '히로시마 원폭 사상자 위령식 및 평화기념식'에 참석했다. 수십만의 인파가 몰려들어 평화를 염원했다. 그러나 이 집회는 일본이 전쟁의 피해자라는 사실만 강조할 뿐, 일본이 침략전쟁을 일으킨 장본인이라는 사실은 애써 외면하고 있었다. 오후에는 이와쿠니 미군기지를 시찰했다. 아름다운 바닷가에 위치한 기지에 도착했을 때는 미군 비행기가 굉음을 울리며 날고 있었다. 다무라 의원은 이렇게 설명했다.

"이와쿠니 미군기지 때문에 정부가 이와쿠니시에 내는 돈은 1년에 15억 엔입니다. 이와쿠니 미군기지의 면적이 5백75헥타르니까, 헥타르당 2백60만 엔인 셈이죠. 자민당은 미군기지가 없어지면 기지임대료 수입이 없어지므로 시민들의 세금 부담이 커진다는 논리로 주민들의 불만을 달랩니다. 얼마 전 이와쿠니 앞바다를 매립하여 오키나와 기지를 이곳으로 이전한다는 보도가 있었습니다. 매립은 바다의 환경을 파괴하는 행위이기 때문에 저는 그것을 반대합니다."

7일에는 히로시마 항구를 '크루징'(유람)했다. 주최 측의 쿠노 씨는 선장실에 들어가 "한국대표를 위해 가능한 한 가장 가까이 접근해서 멈춰 달라"고 졸랐다. 우리는 해안을 따라 2km 이상 길게 자리 잡고 있는 철조망 속의 미군기지와 철조망도 없는 자위대기지를 아주 가까운 곳에서 촬영할 수 있었다.

8일 아침 드디어 오키나와 공항에 도착했다. '제7회 아시아와 연대하는 오키나와 집회' 대표인 니시오[2] 목사의 안내를 받으며 처음 간 곳은 오키나와 현청. 길가에는 온통 9월 8일 있을 '현민투표'를 알리는 현수막과 포스터로 도배되어 있었다. 현 청사는 물론 대형건물 꼭대기에서 땅까지 대형 현수막이 걸린 곳도 있었다. 그곳은 꼭 88 올림픽을 앞두었던 우리나라 같은 느낌을 주었다. '9월 8일, 앞으로 30일…….'

현민투표의 내용은 두 가지였다. 그 하나는 일미지위협정의 개정과 현 내 미군기지의 정리·축소다. 투표의 형식은 찬반투표다. 현에는 기지대책실 외에 현민투표 추진실까지 있었다. 우리 일행이 방문했을 때 직원들은 TV 선전용 테이프를 시청하고 있었다. 언론인들은 취재 경쟁을 벌이고 있었다. 마침 자리를 비운 오타 지사를 대신해 우리를 맞은 아와쿠니 비서실장은 이렇게 말했다.

"2020년까지 후텐마 기지를 돌려받으려 합니다. 그래서 9월 8일의 현민투표가 아주 중요합니다. 직원 모두가 그 일에 매달리고 있습니다."

점심식사 후 오키나와 평화공원을 돌아본 뒤 횟감을 사기 위해 들른 재래시장에서 야채와 어류를 파는 할머니에게 현민투표에 대해서 물어 보았다. 그러나 할머니는 현민투표에 대해서는 아직 잘 모르고 있었는데, "그런 투표가 있으면 당연히 찬성표를 던지겠다"고 말했다.

오키나와에서는 누구나 미군기지를 살 수 있다

"조금 전에 1만 엔을 내고 미군기지 4분의 1평을 사서 '한 평 반전지주'가 되었습니다." 교류회에서 만난 서점주인 다카하시 씨의 말이다. 오키나와에서는 이처럼 누구나 미군기지를 살 수 있다. 꼭 한 평만이

2) 니시오 이치로우 목사는 그 동안 평택, 인천, 용산 등 한국의 미군기지 반대운동 지역을 여러 번 순회하며 확실한 국제연대를 다지는 데 결정적인 역할을 했다.

아니라, 10분의 1평도 살 수 있고, 1백분의 1평도 살 수 있다. 그렇게 지주가 된 <한 평 반전지주회>의 회원은 현재 2천9백 명을 넘어섰다. 우리나라는 정부가 땅주인들을 강제로 쫓아냈지만, 일본은 국가가 땅 임자와 임대차계약을 맺고 미군기지로 빌려주고 있었다. 국가에 땅을 빌려준 지주 가운데 치바나[3] 씨라는 사람이 있다. 그는 일본 정부가 자기 땅을 미군에게 재임대하는 것을 반대하는 <반전지주회>의 회원이다. 반전지주회원 가운데 기지 안에 있는 6백 평 정도의 땅을 팔려고 내 놓은 사람이 있었는데, 더 많은 사람이 미군기지를 반대하기 위해서는 많은 지주가 필요하다는 판단에 따라 그 땅을 한 평씩 나누어 사기로 했고, 전국에서 나선 사람이 2천9백여 명에 이르렀다. 그에 따라 공동소유로 등기까지 마친 사람들이 꾸린 모임이 바로 <한 평 반전지주회>[4]였다.

---

3) 치바나 쇼우이치 씨는 오키나와대학교 총학생회장 출신이다. 그는 <반전지주회>(회장 데루야 슈덴)의 회원이셨던 아버지에게 "저도 반전지주가 되고 싶으니 땅을 조금이라도 미리 상속해 달라"고 졸라 승낙을 받은 뒤 <반전지주회> 회원이 되었고, <반전지주회>를 운동단체로 만드는 데 기여한 사람이다. 그는 오키나와의 한 소프트볼 경기장에서 열린 전국체전 개회식 때, 깃대에 걸려 있던 일장기를 끌어내려 불태운 사건으로 구속됐다가, 나중에 3천 엔(한국 돈으로 3만 원, 일장기 다시 만드는 비용이었다고 함)의 벌금형을 받은 사건의 당사자로 유명하다. 그는 그 사건으로 여권을 발급 받지 못하다가, 여권을 발급 받으면 제일 먼저 한국을 방문해 미군기지 반대운동단체들과 교류하고 싶다는 희망을 표명했고, 실제로 한국의 <미군기지반환운동연대>와 교류를 하기 위해 평택을 포함하여 한국에도 여러 차례 다녀갔다. 지금은 요미탄촌에서 시의원으로 당선돼 활동 중이다.

4) 이름만 <한 평 반전지주회>지, 실제로는 '평균 5분의 1평 반전지주회' 정도가 될 것이다. 이를 모범으로 하여 평택에서도 필자가 상임대표로 있는 <미군기지확장반대평택대책위원회>도 '미군기지 확장 저지를 위한 땅 한 평 사기 시민운동'을 벌여 미군기지 확장 예정지인 평택시 서탄면 금각리에 논 605평을 한 평씩 사들여 등기까지 마쳤다. <평택대책위>는 그 논을 '평화의 논'이라고 이름 짓고, 올해까지 3년째 농사를 짓고 있다. 첫해 수확한 쌀은 뜻있게 쓰기로 한 결의에 따라 한 가마니는 이북에 보냈고, 또 한 가마니는 부안 핵폐기장 반대투쟁 운동하는 분들에게 보냈으며, 또 한 가마니는 "미군기지 확장 반대에 나서 달라"며 평택시장에게 보냈다. 그 땅의 원소유주였던 홍성동 씨가 쌀 한 가마니를 더 기증했는데, 그 쌀은 떡을 해서 그해 10월 31일, 평택역 광장에서 열린 '미군기지 확장반대 평택시민 궐기대회'에 참석했던 모든 시민들이 함께 나눠 먹은 바 있다.

9일 아침, <군대와 기지를 용서하지 못하는 여성회>의 초청을 받았다. 오키나와 문제를 세계 여성들에게 알리는 데 성공한 여성 모임이라고 했다. 그 단체의 관계자는 내년 4월 오키나와에서 열릴 국제 여성 심포지엄에 미군기지와 관련하여 활동하는 한국 여성대표를 초청하고 싶다고 했다.

오후에는 시마다 목사의 안내로 후텐마 미군기지를 시찰했는데, 공원 꼭대기 전망대에 올라가 바로 아래에 있는 후텐마 미군기지를 가리키며 열변을 토하던 시마다 목사의 모습이 인상적이었다. 그분의 말을 통해 미군기지 임대기간은 계약조건이기 때문에 서로 다를 수 있다는 것을 알았다. 사유지는 대부분 5년 단위로 계약하지만, 국유지는 일미 안보조약의 유효기간[5]과 같다고도 했다.

저녁때는 <미군과 미 군속에 의한 피해자 모임> 주최 행사에 초청되었다. 오사카에 사는 한 고교 교사가 뛰어다니며 결성한 모임이라고 했다. 그는 오키나와 대학에 합격하고도 입학을 하지 못한 채, 미군의 차에 치어 죽은 아들 때문에 오키나와를 오르내리며 피해자들을 모아 이 모임을 구성했다.

10일 아침 후텐마 미군기지 바로 옆에 있는 사키마 미술관을 방문했다. 1992년까지 미군기지였던 이 미술관 옥상에서 미군기지 안을 촬영하며 관장 사키마 씨의 설명을 들었다.

"나는 내 땅을 미군기지로 사용하는 것을 반대합니다. 그래서 기지 안에 있던 내 땅을 임대기간이 끝난 1992년에 모두 돌려받으려 했습니다. 그러나 정부의 반대에 부닥쳐, 결국 협상 끝에 이 미술관 터만 돌려

5) 일미 안보조약의 유효기간은 처음에는 10년이었으나, 지금은 한미상호방위조약과 마찬가지로 무기한으로 되어 있다.

받는 조건으로 다른 땅은 재계약을 했습니다. 임대기간이 끝나는 내년에는 다른 땅도 재계약하지 않고 돌려받을 생각입니다."

오후에는 가데나 미군기지 일대를 돌아보았다. 마침 오사카에서 <일본교직원노동조합> 소속 교사 미군기지 시찰단과 만났다. 안내를 맡은 한 '한 평 지주'는 지난 10년 동안 자신이 받은 기지 임대료는 4천 엔에 불과한데, 부동산업을 하는 어느 대지주는 1년에 13억 엔이나 받는다고 소개했다. 오키나와 미군기지 전체 임대료가 1년에 36억 엔이니까 혼자 3분의 1이나 받는 셈이다. 그래서 이런 대지주와 반전지주 사이에 갈등도 있지만, 오키나와 문제는 지주만이 아니라 특히 나라가 책임져야 한다고 목소리를 높였다.

계약기간 설정과 임대료 징수는 반환의 첫걸음

통신용 안테나가 코끼리 우리처럼 높게 둘러서 있어서 '코끼리 우리'[6]라고 부른다는 미군 통신기지에는 울타리가 쳐 있었다. 그 땅은 앞에 얘기한 바로 그 치바나 쇼우이치 씨의 땅인데, 그가 계약 기간이 끝나가는 자기 땅의 재계약을 거부하자, 정부가 오타 지사에게 대리서명을 지시했고, 오타 지사도 이를 거부한 상황에서, 이미 계약기간이 끝나버린 땅이었다. 그러자 치바나 씨는 바로 기지 앞에 대형 입간판을 세우고, "정부의 불법 점거 42일째" 하는 식으로 매일 숫자를 바꿔 달며 미군기지 반환투쟁에 들어갔다. 그러면서 자기 땅이라며 마구 드나들었다. 그러자 최근에 울타리를 쳤다고 했다. 이 일로 오타 지사는 하시모토

6) '코끼리 우리'는 둥글게 서 있는 안테나들이 멀리서도 보일 정도로 높은데다가 치바나 쇼우이치 씨의 투쟁이 세계적으로 알려지면서 국제적인 관광명소가 되었다.

총리한테 소송을 당했고, 지난 3월 25일 열린 2심에서도 패했다. 이 재판은 8월 28일의 대법원 판결을 남겨 놓고 있다. 오타 지사가 이길 가능성은 거의 없지만, 그의 인기는 날로 치솟고 있다고 한다. 지금 집권당은 미군기지를 강제로 사용할 수 있도록 법률을 개정하려는 움직임을 보이고 있다. 이 일이 어떻게 진행될지 궁금하다.[7]

1997년 5월 14일 오키나와에는 또 한 차례 태풍이 예고되어 있었다.[8] 5년 전인 지난 1992년 5월에 5년 기한으로 계약을 갱신했던 지주들이 이번에는 거의 모두 계약갱신 거부를 주장하고 있기 때문이다. 땅 임자들에게 강제로 도장을 찍게 할 수 없을 것이 분명했다. 그렇다고 오타 지사가 대리서명을 할 리도 없었다.

오키나와의 여기저기에는 현재 미군이 사용하지 않아 철조망도 울타리도 없이, 그저 작은 팻말 하나로 미군사용구역이라고 표시해 놓은 곳도 있었다. 그곳에는 주민들이 가꾸는 사탕수수가 무성하게 자라고 있었다. 한창 관공서 건물을 짓고 있는 곳도 있었다. 미군에게 사용권이 있지만, 쓰고 있지 않아서 청사 건물을 짓는 중이라고 했다.[9]

후쿠오카 공항도 20년 전 미 공군기지를 돌려받아 사용하는 공항이었다.

오키나와의 경우 미군기지 임대료는 현재 1백 평 당 1년에 10만 엔이

---

7) 일본 정부와 의회는 지주들의 의사와 상관없이 토지를 강제로 미군에게 임대할 수 있도록 하는 이른바 '미군기지특별조치법'을 만들어 기어이 발효시켰다. 하지만 지주들은 여전히 반환을 요구하며 일미 두 나라 정부를 상대로 싸우고 있다.

8) 1997년 5월 14일 오키나와 미군기지 임대기간 종료일을 3개월 앞둔 그 해 2월 오키나와에서는 토지임대계약을 연장할 것인지, 돌려받을 것인지를 놓고 일본 중앙정부와 지주들 사이에 공개심리가 열렸다. 이 기간 동안 <한국-오키나와 민중연대>의 초청으로 미군기지 반환 운동을 벌이는 필자를 포함한 한국인 43명이 오키나와를 다녀온 바 있다.

9) 그 청사는 바로 요미탄촌의 촌청사였다. 이미 오래 전에 완공되었다.

며, 해마다 3~4%씩 인상되고 있다고 한다. 임대기간과 임대료 징수는 미군기지 반환운동의 첫걸음이라는 것을 확인할 수 있었다.

10일 저녁 <아시아와 연대하는 오키나와집회 실행위원회>가 기누완 세미나 하우스에서 주최한 행사의 제목은 '제7회 아시아와 연대하는 오키나와 집회 : 한국의 미군기지 반대운동과 연대를 추구하며'였다. 강연이 끝나자 질문이 쏟아졌다. 일본의 평화운동 세력도 국제연대의 필요성을 간절히 바라고 있음을 확인할 수 있었다.

물론 다음과 같은 우려를 표시하는 이도 있었다.

"남한의 반미 세력과 연대하면 일본에서도 김일성파로 몰릴 텐데, 어떻게 연대할 수 있냐?" 시마다 목사의 질문이었다. 청중 속에서 몇 가지 반론이 오갔다. 나는 "한국에도 미군기지 반환운동을 북한과 연결시키려는 음모가 있기는 했지만, 이겨 냈다"고 대답했다.

그리고 다음과 같은 한국인의 우려를 전달했다.

"일본이 미군기지를 돌려받을 경우, 원래 독립국이었던 오키나와는 일본과 미국에게 빼앗긴 땅을 되찾는다는 의미에서 한국과 마찬가지로 민족해방의 의미가 있다. 그러나 일본에서 미군기지가 없어지면, 일본은 재무장을 하여 군사대국화할 것 같다. 그렇게 되면 일본은 다시 아시아를 침략할 우려가 있다."

이 말은 5일 <일본 매스컴 문화정보노조회의>가 히로시마 프린스 호텔에서 주최한 포럼에서도 밝힌 나의 생각이었다. 그 때는 "일본의 재무장은 헌법 때문에 못하는 것이지, 미군 때문이 아니다"라는 답변을 들었다. 그래서 나는 서로 다른 점을 강조하기보다는 공통점을 찾는 미군기지 반환운동의 강고한 국제연대의 필요성을 주장하며 이렇게 말했다.

"미국은 세계 각국에 미군기지를 두고 있다. 피해 상황은 나라마다 다를 수밖에 없다. 나라마다 몇 십 개씩 되는 미군기지도 하나하나가 다르다. 그렇다고 다른 점만 강조하다 보면 미군에게 매일 당할 수밖에 없다. 그러므로 노동자가 회사를 상대로 노조를 결성하는 것처럼 각국의 시민운동이 미국을 상대로 연대해야 한다."

신뢰감 주는 일본 평화운동 세력

일본의 평화운동 세력과 나는 내년 봄 일본과 공동으로 인간띠잇기 같은 행사를 진행하기로 의견을 모았다. 날짜를 오키나와 기지 임대기간이 끝나는 5월 14일로 하자는 의견도 있었다. 아울러 내년 봄의 공동행사에는 한국과 일본만이 아니라, 필리핀, 호주, 독일 등, 아시아는 물론 나토 국가들과도 연대하여 행사를 치르기로 합의했다.

내가 일본 사람들에 대해 가졌던 처음의 우려[10]를 씻고 일본의 평화운동세력, 특히 미군기지 반대운동을 주도적으로 벌이는 세력과 강고

10) 필자는 1992년에 처음으로 일본에 갔다. 그 뒤로 오키나와에 처음 간 것은 이 글에서 쓴 1996년이었다. 그 때만 해도 일본의 평화운동 세력에 대한 이해나 신뢰가 깊지 못했다. 심지어 '국제 연대를 통해 일본의 평화운동 세력이 힘을 얻고, 그 힘으로 주일미군을 몰아내면, 일본이 제국주의 근성을 다시 드러내 헌법을 바꾸면서 자위대를 정식 군대로 바꾸고, 한국을 비롯한 아시아를 다시 침략할 수도 있을 것이며, 그렇게 되면 나는 일본의 아시아 재침략에 본의 아니게나마 기여하는 셈이 되지 않을까?' 하는 생각까지 했다. 그리고 솔직히 '일본에는 공산당도 있고, 사회당도 있는데, 내가 일본을 왔다 갔다 하다가 안기부한테 간첩으로 조작당하면 어떡하나?' 하는 생각까지도 했다. 실제로 일본의 한 거리를 걷다가 전봇대에 걸린 한 선거포스터 밑에 일본공산당이라는 한자가 눈에 들어온 순간 '안기부 요원들이 미행하다가 이 포스터와 나를 한 컷에 담아 공산당과 연계됐다는 증거물로 쓰면 어쩌지?'라든가, '안기부가 내가 자주 만나는 사람들 가운데 누군가를 일본에 거점을 둔 이북의 간첩과 연계돼 있다고 발표하고, 내가 귀국하는 즉시 김포공항에서 연행해 버리면 어쩌지?' 하는 생각까지 했다. 필자가 그 부분에 특별히 예민한 탓도 있었지만, 그 때는 그런 조작을 하고도 남는 게 대한민국이었기 때문이다.

하게 연대하자고 강력히 주장할 수 있었던 것은 많은 평화운동가의 진심과 그곳의 실제 평화운동 상황을 확인했기 때문이다. 일본의 평화운동세력은 미군기지만이 아니라, 자위대도 반대하고 있었다. 후쿠오카처럼 미군기지가 없는 곳에서는 아예 자위대 반대운동을 벌이고 있었다. 자위대의 해외파병 반대는 물론 국방예산 삭감, 평화헌법 수호 등을 중심적으로 벌이는 이들이 바로 일본의 평화운동 세력이었다. 그들은 오히려 한국의 평화운동 세력이 미군기지는 반대하면서 한국군은 반대하지 않는 상황을 이상하게 생각했다. 나는 짧은 기간이지만 일본의 평화운동 세력에게 깊은 신뢰감을 느꼈다. 그리고 그들이 일본에서 집권해야 아시아가 편안할 것 같다는 생각이 들었다.

주한미군과 미군기지 되찾기 운동*

1. 미국은 아시아에 10만 명의 미군을 '무기한' 주둔시키고 싶어 한다

한국에는 2001년 11월 현재 서울·부산·인천·대구를 비롯한 34개 지역에 93개의 미군기지, 74,467,441평이 있다.

그런데 한미 두 나라 정부는 2001년 11월 워싱턴에서 제33차 한미연례안보협의회의를 열고, 앞으로 10년 동안 4천여 만 평을 반환하는 대신, 75만 평을 새로 공여해 주기로 합의했다.

앞으로 상당한 변화가 예상되는 대목이다. 그러나 미국은 남한과 일본, 오키나와를 비롯한 아시아에 10만 명의 미군을 무기한으로 주둔시키고 싶어 한다.

1992년 대선 때 뷰캐넌 후보는 "냉전시대도 끝나고 한반도에는 어떤 긴장도 없기 때문에 미국은 해·공군력만 남겨 놓은 채 지상군을 한국에서 철수시켜야 한다. 한국은 북한의 20배 규모에 달하는 경제력을 갖고 있으며 인구도 2배나 되고 미국으로부터 첨단무기를 공급받고 있다. 제2의 한국전쟁이 발발할 경우 미국이 첫 희생자가 되지 않도록 미군을 철수시키고 그 자리를 한국군으로 대체해야 한다"고 주장했다.

---

* 이 글은 2001년 11월 29일부터 12월 3일까지 오키나와에서 열린 '오키나와 국제 평화 회의'에 초대받아 발제한 내용이다.

1997년 2월 24일, 매들린 올브라이트 당시 미 국무장관도 하시모토 류타로 당시 일본 총리와 회담을 갖고 "아시아 지역에 전개돼 있는 미군 10만 명 체제를 유지한다. 주일미군도 안보상 불가결하며 오키나와 문제에 대해서는 미국으로서 민감하게 대응할 것이다"라고 말했다.

1997년 5월 21일, 윌리엄 코언 당시 미 국방장관은 미 하원 국가안보위원회에서 "앞으로도 한일 양국의 반대가 없는 한 주한·주일미군을 현재 수준으로 무기한 주둔시킬 것이다. 아시아 지역에 주둔하고 있는 10만 미군은 미국의 국가 이익 수호를 위해 반드시 필요하다. 만약 한국과 일본이 미군의 철수를 바라고 동아시아 지역에서 상황이 바뀐다면 우리는 미군의 주둔을 조정해야 할지도 모르나, 그렇지 않다면 미군을 무기한 주둔시킨다는 방침에는 변함이 없다. 주한·주일미군은 동아시아 정세의 안정을 이룩하는 데 매우 중요하며, 그 역할을 주변 국가 사람들 모두가 이해하고 있다. 일본도 하시모토 류타로 총리가 미군의 주둔을 원한다는 점을 분명히 했다"고 말했다.

1999년 6월 1일, 뷰캐넌은 워싱턴의 내셔널 프레스클럽 초청 간담회에서 한반도 문제에 관한 질문을 받고 "나는 주한미군을 지금 당장 철수시켜야 한다고는 생각지 않는다. 한반도에는 지금 긴장 상태가 유지되고 있기 때문이다. 나는 페리 조정관이 추진하는 것을 강력히 지지하고 있다. 무엇보다 페리 조정관은 한반도에서 전쟁이 발발하는 것을 결코 원치 않고 있다"고 말한 바 있다.

2. 한국인들은 주한미군에 대해 어떻게 생각하나?

그 동안 우리 정부는 4자회담에서 주한미군 문제를 다루고 있다는 사실 자체를 '비밀'로 해 올 정도로 민감했다. 2000년 4월 김대중 대통령의 발언과 그 발언의 취소 과정을 볼 때 주한미군 문제에 대한 정부의 시각은 거의 바뀌지 않고 있다.

아직까지 남한에서 정부 당국자나 고위 정치인, 또는 원로 퇴역 정치인이 주한미군 문제를 어떤 식으로든 부정적으로 거론하는 일은 없다. 주한미군의 지위를 '평화군'으로 바꾸면 주한 유엔사를 해체해야 하고, 그러면 북한의 남침이 있을 경우 군사적 대응을 하기 위해 유엔의 결의를 거쳐야 하는 번거로움이 있기 때문에 주한미군은 "통일 후에도 주둔해야 한다"는 말밖에는 못한다.

일반 국민은 물론 시민사회운동단체 가운데도 주한미군 문제를 다루는 단체가 거의 없으며, 언론도 상당히 소극적이다. 일반 국민들이 주한미군의 존재에 대해 어떻게 생각하는지 권위 있는 언론이나 여론조사 기관에서 자세하게 조사한 적도 없다.

다른 나라 국민들이 그 나라에 주둔하는 미군들에게 어떻게 처신하고 있는지를 설명하려고 하면, "그 나라는 우리나라와 상황이 다르다"는 반응을 보이는 이들이 많다. 남북분단과 한국전쟁을 예로 드는 것이다. 그러나 전범국이요, 패전국인 일본을 분단하지 않고 우리나라를 분단시킨 나라가 미국이라는 사실에 대해서는 애써 눈을 감는다. 우리나라를 식민지로 삼고 전쟁을 일으켰다가 져서 미군이 주둔하는 빌미를 준 일본에 대해서도 마찬가지다. 힘이 없는 민족이라 어쩔 수 없다는 논리도 많이 나온다. 그러나 이 또한 힘의 문제가 아니라 정의의 문제라는 점은 애써 외면하려 든다.

1999년 4월 1일, 박선섭 국방연구원 책임연구원은 《국방 논집》 제44호 기고문에서 "남북 관계가 진전돼 북한의 위협이 격감하거나 사라질 경우 한·미 양국에서 주한미군 문제가 거론될 가능성이 있다. 주한미군 문제와 관련된 여러 사항 중 가장 본질적인 문제는 주한미군의 주둔 여부가 될 것이다. 한국에 미군이 주둔함으로써 주변국의 경쟁적인 한반도 안보 개입 견제와 미국과의 안보 유대 강화 등의 이점이 있다. 그러나 주한미군은 이해를 달리하는 주변국의 반발을 초래, 균형적인 대외 우호 선린 관계에 장애 요인이 될 수도 있다. 북한의 위협이 감소될 경우 주한미군의 주둔 규모와 전력 형태 등도 검토 대상이 될 수 있다. 그러나 이 경우 한국 입장에서는 주한미군이 한반도보다는 동북아 전체 지역 안정에 비중을 두기 때문에 그 규모를 크게 줄여야 한다는 공감대가 형성될 수 있다. 토지 및 시설 제공에 따른 직·간접적인 부담과 국민 정서가 그 근거다. 이밖에도 전시작전권의 환원 등, 현재의 한·미 연합지휘체계를 어떻게 변화시킬 것인가에 대한 문제도 거론될 가능성이 크다"고 밝혔다.

1999년 4월 1일, 임동원 당시 청와대 외교안보수석은 비보도를 전제로 기자들에게 "북한이 4자회담에서 주한미군의 지위 문제를 논의해야 한다는 입장을 밝힌 바 있다. 북한은 이전에도 여러 차례 미국에 이런 뜻을 밝혔다"고 말했다.

1999년 4월 6일, 김대중 대통령은 군 장성 보직 신고를 받는 자리에서 "북한의 침략을 막는 것뿐만 아니라 동북아의 세력 균형과 현상 유지를 위해서 통일 후까지도 미군이 주둔해야 한다. 미군이 주둔해야 동북아의 안전이 유지되며, 미군이 없을 때 중국과 일본의 군비 경쟁은 심해진다. 주한미군 철수를 주장하던 북한이 최근 '평화군이라면 미군이 주둔해도 좋다'고 미군의 존재를 인정하는 말을 했다. 자세한 내용은 아직 파악되지 않았지만 북한의 이런 태도는 처음 있는 일이다. 이는 미군이 철수하면 중국과 일본의 군비 경쟁이 일어나고 동북아에서 세력 균형이 깨질 수 있다는 우리의 주장에 북한이 동의한 것이고, 우리의 햇볕정책에 대한 호응이라고 생각한다"고 말했다.

1999년 4월 6일, 외교통상부 고위당국자는 "평화 체제가 구축되기 전이라도 한반도 전체 군대의 감축 차원에서 주한미군의 철수, 지위 변경, 재배치 등 모든 문제를 논의할 수 있다는 것이 우리 정부의 입장이다. 주한미군 문제만을 따로 떼서 논의할 수는 없지만 신뢰 구축 조처의 일환으로 한반도 전체에 주둔하는 인민군과 국군, 주한미군 문제를 함께 논의한다면 이에 응할 수 있다. 미국도 우리와 같은 입장이다"라고 말했다.

1999년 4월 11일, 박지원 당시 청와대 대변인은 "대북 정책 관련 중대한 문제를 일부 언론이 '설'을 근거로 보도한 것은 국익 차원에서 생각해 볼 문제다"라고 말했다. 그 뒤 4월 14일, 청와대에서 열린 월례 기자간담회에서는 "그 얘기에 대해선 직접 답변하지 않겠다. 한미방위조약에 대한 준수 의지는 확고하다. 주한미군은 한미방위조약에 의해 주권국가끼리 합의한 것이기 때문에 제3자가 관여할 수 없다. 한반도에 항구적인 평화체제가 확립되기 전에 주한미군 문제를 분리해 논의하는 일은 없을 것이다"라고 했다.

1999년 4월 15일, 임동원 당시 청와대 외교안보수석은 한국프레스센터에서 <한국신문방송편집인협회> 초청 강연을 하는 자리에서 "주한미군 문제는 한·미 간 논의할 문제이며 남북 간이나 미·북 간에 논의할 성격이 아니다. 북한이 그런 주장을 하는 것이지 우리 정부가 북한의 주장을 논의하겠다는 것은 아니다. 4자회담에서 미국은 주한미군 문제에 대해 평화체제 구축의 마지막 단계에서 한반도 내 모든 군사력의 배치와 규모를 논의할 때면 몰라도 그전에는 논의 불가라는 입장을 취하고 있으며 우리 정부도 같은 입장이다"라고 말했다.

나카소네 일본 전 총리처럼 미군을 "집 지키는 개"에 비유한다든가, 지금은 국회의원이 되어 있는 오타 마사히데 오키나와 전 지사처럼 기지 축소와 지위협정 개정을 놓고 주민투표를 벌이는 정치인은 찾아보기 힘들다.

최근 들어 대구광역시 이재용 남구청장이나, 서울특별시 성장현 전 용산구청장 같은 사람들이 목소리를 높이고 있는 것은 그나마 다행이다.

3. 우리 땅 미군기지 되찾기 운동의 현황과 전망
― 평택에서 전국으로, 세계로

"독도만이 아니라, 미군기지도 우리 땅이다. 오산 미 공군기지가 오산에 있다고 생각하면 큰 오산이다. 미군기지의 임대기간을 정하고, 임대료를 받으며, 기간 종료 뒤에는 재계약이나 반환을 협상해야 한다. 방위비 분담금 지원 규모를 줄여야 한다. 아울러 불평등한 SOFA를 전면 개정하고 나아가 한미상호방위조약도 고쳐야 한다. 그 전에 '미군기지 주변지역 지원특별법'을 제정해야 한다. 미군기지는 지역주민을 보호하는 것이 아니라, 평상시에는 퇴폐와 범죄와 환경 파괴의 주범이요, 전쟁 때는 적군의 타깃일 뿐이기 때문이다."

우리 땅 미군기지 되찾기 운동을 하는 이들이 주장하는 내용이다. 구호만으로 하는 운동이 아니라, 시민과 함께하는 운동을 벌이려고 애쓰고 있다. 미군기지가 있는 지역의 시민사회운동단체끼리 연대하여 벌일 수 있는 운동을 지향한다. 그런 점에서 미군 철수나 도심지 미군기지의 지방 이전, 또는 자기 지역으로 오는 미군기지 반대 같은 운동과는 다르다고 할 수 있다.

현재 주한미군과 관련한 문제를 중심으로 시민사회운동을 벌이고 있는 전국 규모의 단체는 크게 셋으로 볼 수 있다. 1993년 10월에 만든 <주한미군범죄근절운동본부>와 1996년에 8월에 만든 <우리땅미군기지되찾기전국공동대책위원회>, 1999년 10월에 만든 <불평등한소파개정국민행동>, 2000년 6월에 만든 <매향리미공군국제폭격장폐쇄범국민대책위원회>, 2001년 4월에 만든 <MD 저지와 평화실현공동대책위원회>가 그것이다.

<주한미군범죄근절운동본부>는 1995년 12월부터 금요일마다 용산 미군기지 정문 앞에서 낮 12시부터 한 시간 정도 '금요 시위'를 벌이고 있다.

<우리땅미군기지되찾기전국공동대책위원회>는 각 지역에서 미군기지 관련 운동을 벌이고 있는 지역 운동 단체들과 <주한미군범죄근절운동본부>, <녹색연합>이 함께 만든 조직으로서, 지역이나 부문별 운동 역량이나 역사가 많이 다르지만, 한미주둔군지위협정 개정 청원을 함께하기도 했고, 미군기지 주변 지역 지원특별법안을 만들어 주민 서명을 공동으로 받기도 했다. 2001년 6월 25일에는 『노근리에서 매향리까지』라는 주한미군문제해결운동사를 함께 발간하기도 한 이 단체는 2001년 10월 '주한미군 엑스포 2001'이라는 전시회를 성공적으로 마쳤으며, 2001년 11월 현재까지 한 달에 한 번씩 전국을 돌며 집행위원회 회의를 열며, 집단으로 미군기지 소음 피해배상 청구소송을 준비하고 있기도 하다.

<불평등한소파개정국민행동>은 다달이 두 번째 화요일 오후 2시에 주한 미국대사관 옆 열린시민공원에서 SOFA 전면 재개정을 촉구하고

양민학살이나 환경 파괴를 규탄하는가 하면 최근에는 한미상호방위 조약 개정과 무기 강매 저지, MD 저지, 파병 반대, 미국 전쟁지원 반대, 방위비 분담금 협정 파기 같은 이슈를 가지고 가열찬 월례 시위를 벌이고 있다.

국제 연대는 <용산미군기지평택이전을결사반대하는시민모임>의 공동대표인 필자가 1992년 5월 요코하마에서 열린 <PCDS>(Pacific Campaign for Disarmament & Security) 주최 국제 행사에 '용산 미군기지 평택이전 반대운동 경과보고'의 연사로 초청을 받으면서 이루어지기 시작했다. 그 뒤로 주일 미군기지의 75%가 몰려 있는 오키나와를 비롯한 일본, 미군을 철수시킨 뒤 최근 VFA(Visiting Forces Agreement)라는 협정을 맺어 다시 미군이 들어올 수 있게 한 필리핀, 세계 여러 나라에 미군을 주둔시키고 있는 당사국인 미국을 여러 차례 방문하여 그 나라의 평화운동 단체들과 활발하게 교류하고 있다. 1999년 5월에는 네덜란드 헤이그에서 열린 '헤이그 만국 평화회의 100주년 기념대회'에도 참가하였으며, 1999년 6월 25일부터 28일까지 서울에서 '아태 지역 평화를 위한 미군기지 관련 국제 전략회의'를 가지기도 했다. 1999년 10월 28일부터 31일까지는 오키나와 평화운동가 33명을 서울과 평택으로 초청해 '제2회 한-오키 국제 심포지엄'을 열기도 했다.

미군기지 되찾기 운동이 지역 연대와 국제 연대에 심혈을 기울이는 확실한 이유가 있다. 각 지역 운동은 힘이 없다는 점이다. 한 사장 밑에 있는 노동자들이 서로의 차이를 강조하는 것이 아니라, 그 차이를 뛰어넘어 튼튼한 노동조합을 건설해야 살 수 있듯이, 미국이라는 세계 유일 최강의 나라를 상대로 하는 운동이기 때문에 지역과 국경을 넘어 연대하는 길밖에는 살 길이 없기 때문이다.

4. 세계 유일 최강대국은 조선민주주의인민공화국이다?

"세계 유일 최강대국"은 미국이 아니라, 조선민주주의인민공화국이라니! 말이나 되는 소린가? 세계 유일 최강대국은 미국이라고? 천만에! 우리는 미국보다 더 센 나라가 바로 우리의 휴전선 북쪽에 있다는 사실을 너무 잘 알고 있다. 이것은 이미 옛날에 미국이 인정한 것이다. 미국 혼자서 이길 수 없으니, 한미일 세 나라가 이른바 "삼각안보동맹체제"로 조선에 맞서야 한다는 것이다. 과연 그런가? 미국과 남한 정부의 거짓말이다.

5. 조선민주주의인민공화국은 대한민국은 물론, 일본과 미국 본토까지 공격할 수 있다?

미국은 조선이 미사일로 미국 본토를 공격할 수 있다면서 미국 본토로 날아오는 조선 미사일을 일찌감치 맞춰 떨어뜨릴 미사일을 만들어 "방어"해야 한다며, 이른바 '국가미사일방어체제'(NMD)를 구축하겠다고 했다. 또 조선이 한국이나 일본 같은 미국의 우방을 미사일 공격할 수 있다며, 이 우방을 향해 날아오는 조선 미사일을 "방어"할 미사일, 즉 '전역미사일방어체제'(TMD)를 구축하겠다고 했다. 그러더니 이제는 두 개를 합쳐서 그냥 MD로 한단다.

연간 2천8백억 달러로 세계에서 가장 많은 군사비를 쓰는 미국, 세계 2위부터 10위까지 9개 나라 군사비를 다 합친 것보다 많은 군사비를 쓰는 미국, 2002년 군사비 예산으로 3천억 달러 이상을 잡고 있는 미국, 핵무기를 3만5천 개나 갖고 있는 미국, 그 미국이 "다 굶어 죽어가는"

조선이 무섭다고 호들갑을 떨며 전 세계에 미사일 방어망을 구축한다고 여기저기 다니며 돈을 내란다.

미국만 그런가? 우리나라도 조선보다 훨씬 더 많은 군사비를 지출하면서도 해마다 우리 국방력이 조선의 75%밖에 안 된다며 국방 예산을 늘려야 한단다. 그 돈은 다 어디다 썼다는 말인가? 수많은 '린다 김'[1]들을 통해 엉뚱한 곳으로 빼돌린 게 분명하다. 그렇지 않고서야 해명할 길이 없다. 아니면 한국이나 미국보다 훨씬 적은 국방비를 쓰면서도 언제나 한국은 물론 한미일 삼각안보동맹과도 팽팽한 균형을 이루는(?) 조선한테 배워야 한다.

6. 미국이 자꾸 조선이 쳐들어온다고 강조하는 것은 무기를 팔아먹기 위해서다

광화문 네거리, 스스로 흉물스런 철조망 안에 갇혀 있는 미대사관 8층 정치과 벽에는 "평화를 원하거든 전쟁에 대비하라!"는 구호가 크게 적혀 있다.

그럴 듯하게 들리는 이 구호는 우리 군부대 어디서도 흔히 볼 수 있고, 고위급 군인들은 성경 말씀처럼 외우고 있기도 하다. 그러나 이 구호는 미국 무기회사들이 이익을 최대화하기 위해 미국 정치권을 통해 온 세계에 퍼뜨린 거짓 이념이다. 이 거짓을 뒤늦게 꿰뚫어 본 세계의 평화운동가들은 "평화를 원하거든 평화를 준비하자!"는 구호를 만들어냈다.

불행한 것은 우리나라가 이 거짓 이념에 놀아나고 있다는 점이다. 실업자 1백만의 초불경기에다 남북정상회담 뒤 평화 분위기인데도, 차

1) 미국 무기회사의 로비스트로 2000년에 들통 난 한국계 미국 여인의 이름.

세대 전투기 사들이려는 값이 4조3천억 원, 단일 전력 증강 사업으로 건국 이후 최대란다. 공격용 헬기와 나이키 미사일 대체 차기 유도 무기, 공중조기경보통제기 따위도 2조 원어치나 산단다. 다 합치면 10조 원을 훌쩍 넘는다. 이 눈 먼 돈을 먹기 위해 미국은 무기회사 관계자는 물론 주한미대사관 직원들과 미국 상하원 의원들까지 나서 총력 로비 공세를 펼치고 있다.

2001년 2월 파월 미 국무장관이 우리 외교통상부 장관에게 보잉사의 F-15K 기종이 우수하다며 미국 무기 구매를 강요했다. 그럼 그렇지. 우리 정부는 미국 보잉사에게만 3군 참모총장을 상대로 순회 홍보할 수 있는 기회를 줬다.

7. 미국 무기회사 록히드 마틴이 매향리 폭격장 관리 운영을 맡고 있다

매향리 폭격장은 미 공군 국제폭격장으로 알려져 있다. 주한 미 공군뿐만 아니라, 오키나와, 필리핀, 하와이, 괌, 미국 본토 미 공군도 날아와 폭격을 해대기 때문이다.

그러나 이 폭격장 관리 운영자는 주한 미 공군이 아니라, 미국 무기회사 록히드 마틴사다. 록히드 마틴은 1970년대 초, 일본 다나카 수상에게 5억 엔의 뇌물을 주고 항공기를 팔아먹은 회사다. 다나카는 이 일이 드러나 구속됐고, 수상직에서 쫓겨났다. 세계 언론은 이를 "록히드 스캔들"이라고 떠들었다. 이른바 '평화헌법'이 있는 일본 수상한테도 이랬는데, 입만 열면 "무찌르자 공산당"을 외치던 우리 대통령들한테는 어땠을까? 우리 대통령들, 과연 깨끗했을까?

어쨌든 매향리 폭격장은 록히드 마틴사가 관리 운영하고 있다. 주한 미군도 마지못해나마 인정했다. 물론 매향리 폭격장이 록히드 마틴사의 신무기 실험장이나 재고 무기 처리장이라는 나의 주장은 부인했다. 그러나 그런 용도가 아니라면 미국 무기회사가 한국에서 폭격장을 관리 운영하는 까닭을 설명할 수 없다.

아버지 부시 때 국방장관이던 딕 체니 현 미 부통령의 부인, 린 체니가 록히드 마틴사의 이사로 연봉 12만 달러를 받고 있다는 사실은 많이 알려져 있지 않지만, 미국 무기회사들이 정치권과 어떤 고리를 갖고 있는지, 미국 정치인들이 왜 긴장을 조성하고 다니는지 알 만하지 않은가?

8. 소방수 이야기

"미국은 참 고마운 나라다. 일제 식민지에서 해방시켜 주고, 6·25때 도와주고, 전쟁의 폐허에서 먹을 것 주고, 그 뒤로도 지금까지 지켜주고……."

어디서나 흔히 들을 수 있는 소리다. 우리나라를 분단시킨 게 미국이라는 사실을 애써 왜곡하면서. 그래서 나는 '소방수 이야기'라는 우화를 만들었다.

우리 집에 불이 났다. 소방수가 불을 꺼주었다. 정말 고마웠다. 그는 "언제 또 불날지 모르니 계속 지켜주겠다"고 했다. 이렇게 고마울 수가! 우리 식구들은 초소도 지어주고 밤참도 해다 주며 고마워했다. 그런데 그 소방수가 밤에 몰래 우리 집에 들어와 물건을 훔쳐 갔다. 잡아 놓고 따지니 이렇게 말한다. "내가 불 안 꺼줬으면 타서 없어졌을 물건인데, 좀 가져가면 어때?" 그런 것도 같고 아닌 것도 같아 고개를 갸우뚱거려 보다가 그냥 넘어갔다. 그런데 이번에는 내 딸과 아내를 겁탈했다. 이번에는 붙잡아 경찰에 넘겼더니, 이렇게 말했다. "내가 불 안 꺼줬으면 타 죽었을 여자들인데, 좀 건드렸기로서니 고소를 해? 배은망덕한 미개인 같으니!"

여기서 소방수는 미국을 상징하기 위해 김용한이 꾸며낸 인물이지, 목숨 걸고 화재 현장에서 고생하는 소방수들을 욕되게 하려는 것은 결코 아니다. 이때까지 가장인 '우리 정부'는 그 소방수 앞에서 머리를 조아리며 "그래, 맞아!"만 연발하고 있다.

9. 독도만이 아니라, 미군기지도 엄연한 우리 땅이다

2001년 3월 27일, 미 상원 군사위원회 내년 예산 청문회에서 슈워츠 주한미군사령관은 "10년 동안 주한미군의 주요 기지 46개를 25개로 대폭 줄이겠다"고 했다. 부시 정권 출범 뒤 미군 사령관의 말이라 가능성이 높다. 현재 주한미군기지가 93개 7천4백45만 평인데, 왜 주요 기지 46개를 25개로 줄인다고 했는지는 의문이었다. '주요하지 않은' 47개는 당연히 없앤다는 것인지, 주요 기지 21개만 줄인다는 것인지 분명하지 않았기 때문이다.

우리를 도와주러 왔다는 미군 때문에 땅 뺏기고 쫓겨난 분들을 생각해서도 "독도만이 아니라, 주한미군기지도 엄연한 우리 땅"이라며, 기지 반환을 요구해 온 우리는 일부라도 환영해야 하는데, 그렇지 못하다. "혹시 전쟁을 일으키려는 건 아닐까?" 해서다.

미국은 실제로 1994년 6월, 평양 공격을 시작으로 전쟁을 일으키려

했고, 그 때 미군 가족과 미국인을 일본과 미국으로 대피시킨 적이 있기 때문이다. 코소보에서처럼 미국인의 시신이 질질 끌려 다니는 모습이 텔레비전으로 방영될 때 반전 여론이 일어 부시가 임기도 못 채우고 물러나야 할지도 모른다. 그래서 공화당 정권은 주한미군을 육군보다 공군 중심으로, 병력보다 첨단 무기 중심으로 재편할 계획을 갖고 있다. 부시 정권이 추진하려는 주한미군 감축과 미군기지 반환을 마냥 기뻐할 수만은 없는 까닭이 여기 있다.

10. 주한미군 방위비 분담 협정은 폐기해야 한다

주한미군은 우리나라에 무기한 주둔하게 돼 있다. '한미상호방위조약'을 파기하기 전에는. 얼마 전에 개정했다는 SOFA, 즉 '한미주둔군지위협정'은 주한미군이 있는 한 파기해서는 안 되고 개정을 해야 한다. 미군 주둔의 법적 근거는 SOFA가 아니라, 한미상호방위조약이고, SOFA는 한미상호방위조약에 따라 주둔하는 미군의 범죄를 처리하는 방법과, 기시를 제공했다 돌려받는 방법 따위를 규정해 놓은 협정이기 때문에 SOFA를 파기하면 미군 범죄를 우리가 다스릴 수 없다. 실제로 1945년부터 1967년까지도 미군이 주둔했지만, SOFA가 없어 모든 미군 범죄에 대해 우리가 아무 손을 쓸 수가 없었던 것이다.

그런데 한미 두 나라 사이에 반드시 파기해야 할 협정이 하나 있다. '주한미군 방위비 분담금 협정', 일명 'SOFA 특별협정'이다. 불평등하다는 SOFA에도 5조를 보면 우리나라는 기지와 통행에 필요한 경비 말고는 어떤 경비도 지원하지 않는다고 못 박고 있다. 그러나 1991년 한미 두 나라는 한국이 주한미군의 다른 주둔 경비도 지원하도록 '특별협정'

을 맺었다. 다행히 그 협정에 유효기간이 있는데, 이미 분담금 인상과 유효기간 연장으로 미국에 유리하게 세 차례나 개정했다. 한미 두 나라는 유효기간 만료일인 2001년 12월 31일 안에 또 한 번 미국에 유리하게 개정하려 하고 있다. 우리는 이 협정을 개정하지 못하도록 막아야 한다. 정부는 그럴 능력도 의지도 없다. 미사일 방어망 저지, 무기 강매 저지, 방위비 분담금 협정 파기……. 자식 잘못 둔 부모는 고생을 많이 하듯이 자주적이지 못한 정부를 둔 국민이 좀 더 고생해야 할 것 같다.

외국의 미군기지 환수사례와 우리의 대안*

미군은 현재 세계 20여 개국에 주둔하고 있다. 무기한으로 주둔하는 경우는 거의 없고, 대부분 일정 기간 주둔하다 기간 만료 3년 전부터 재협상을 통해 연장 여부를 결정한다. 대부분 주둔 기간이 연장되지만 꼭 그런 것만도 아니다.

대표적인 나라가 필리핀이다. 필리핀은 1947년 미국과 99년간 유효한 '기지 협정'과 '군사원조조약'을 체결했다. 그러나 미군 범죄와 기지 사용을 둘러싸고 외교적 마찰이 잦아지자, 필리핀은 1966년 재협상을 통해 기간을 25년으로 단축시켰다. 임대기간 만료일이 다가오자 베그니노 아키노 상원의원은 기간 연장 거부 서명을 주도했다. 그가 암살당한 뒤, 필리핀 국민은 미국이 강력히 지원하는 독재자 마르코스를 물리치고 베그니노의 부인 코라손을 대통령으로 당선시켰다. 1988년부터 기지 임대 협상을 벌인 코라손은 예상과 달리 미군 주둔 기간을 연장해 주자는 안을 상원에 제출했다. 미국의 회유와 압력에 굴복했던 것이다. 그런데 이번에는 전통적으로 미국에 우호적이고 보수적이던 상원이 그 안을 부결시켰다. '2월 혁명'으로 정권 교체를 성공시켜 정치의식이 높아진 필리핀 민중이 미국의 독재자 지원에 분노하며 기지 연장 거부를 강력히 요구했기 때문이다. 현재 필리핀은 옛 미군기지 터를 자유무

* 이 글은 2000년 <평화인권연대>가 주최한 '평화캠프 2000'에서 발표한 글이다.

역지대 등으로 개발하고 있지만, 미군이 각종 중금속으로 오염시켜 놓았기 때문에 어떻게 정화할 것이며, 미국한테서 그 정화 비용을 어떻게 받아낼 것인가 고민하고 있다.

다음으로 오키나와 미군기지를 보자. 1945년 3월 26일, 2차 대전이 막바지에 이르던 당시 미군 54만여 명이 오키나와를 침공했다. 미군이 오키나와에 주둔하게 된 첫 번째 계기였다. 6월 23일까지 3개월간 계속된 이 전투에서 원주민은 물론 강제 징용된 조선인들까지, 전 주민의 3분의 1이 넘는 23만여 명이 죽었다. 승전국인 미국은 일본을 5년간 군정으로 지배한 뒤 정권을 이양했으나, 오키나와만은 포기하지 않고 민간 지배를 계속했다. 오키나와가 후텐마·가데나 등 미군기지를 안은 채 일본에 '복귀'된 것은 1972년 5월 15일의 일이다. 1992년 5월, 복귀 20주년과 함께 미군기지 임대기간이 끝나자, 5백여 지주가 재계약을 거부했다. 그렇게 환수한 터에 미술관을 지은 이도 있다. 치바나 쇼우이치 씨는 1996년 4월 1일 임대기간이 끝난 자신의 땅을 드나들며 사유지 반환을 요구했다. 무단출입에 당황한 미군이 서둘러 울타리를 쳐 출입을 막았다. 그러자 그는 울타리 바로 앞에 "미군의 불법 점거 326일째" 등, 매일 숫자를 바꿔 붙일 수 있는 대형 간판을 설치해 놓고 1년 넘게 싸우고 있다. 지난 5월 14일에는 대다수 지주의 토지 임대기간이 끝났다. 오키나와현 토지수용 위원회는 재계약 여부를 놓고 정부와 지주의 입장을 듣는 1차 공개심리를 지난 2월 21일에 가졌다. 심리에 참가한 10명 모두 헌법에 보장된 '사유재산권 보호'를 내세우며 재계약 거부를 강력히 주장했다. 재계약 거부 지주 모두의 의사를 들어야 하는 법적 절차 때문에 공개심리가 5월 14일까지 끝나는 것은 물리적으로 불가능했다. 그러자 일본 정부는 '특별조치법'을 고쳐 불법 상태를 해소하고,

사유지를 강제로 미군기지로 사용할 수 있는 근거를 마련했다. 그러나 이 특별조치법도 사유지를 영구적으로 강제 사용하겠다는 법은 아니다. 일본 방위청은 5년이나 7년, 또는 10년 동안 미군 탄약고 또는 통신시설 등으로 사용할 테니 유상 임대하라고 주장하고 있다. 그러나 자기 땅이 전쟁용으로 사용되는 것을 반대하는 <반전지주회>(회장 데루야 슈덴)와 1만 엔 정도씩 걷어 미군기지를 한 평씩 나눠 사서 이른바 '한 평 지주'가 된 뒤 "한 평의 땅도 전쟁용으로는 임대할 수 없다"고 주장하는 <한 평 반전지주회>(공동대표 아라사키 모리테루 등) 등은 미일 양국 정부의 이런 조처를 위헌이라며 강력히 반발하고 있다. 물론 민간단체만이 아니다. 오타 마사히데 오키나와 현지사도 2010년까지 미군기지를 모두 돌려받겠다는 야심찬 계획을 세우고 현민투표, 미국 정·관계 방문 호소, 미국 언론 전면 광고 등으로 미일 두 나라 정부의 정책에 맞서고 있다.

오스트레일리아에도 30여 개의 미군기지가 있는데 대부분 지난 1988년에 임대기간이 끝났다. 하지만 오스트레일리아 정부는 자진해서 10년을 연상해 주었다. 기간이 또 다시 끝나는 1998년이 다가오자 두 나라 정부는 지난 1995년부터 기지 협상을 벌이고 있다. 때를 맞춰 오스트레일리아 최대의 평화 단체 〈오스트레일리아반기지운동연합〉(AABCC)은 전국의 대규모 미군기지를 돌며 임대기간 연장 거부를 강력하게 요구하는 시위를 지속적으로 벌이고 있다.

이밖에 괌에도 미군기지가 있지만, 괌은 원주민 일부의 독립운동이 끊이지 않는 미국의 식민지고, 스페인·터키·그리스·포르투갈 등은 미군의 주둔 기한 연장 문제로 미국과 협상을 벌이고 있거나 끝낸 상태다.

이상에서 보듯이 해외 주둔 미군은 주둔국과 협상을 통해 기간, 임대료 등을 결정한 채 주둔하고 있다. 그러나 96개 기지에 1억 평 가까운 땅을 공짜로 쓰고 있는 주한미군의 주둔 기간은 '무기한'이다. 게다가 미군기지 중에는 현재 미군이 활용하고 있지 않으면서 정식 반환을 하지 않아 폐허로 남아 있는 곳이 많다. 한국군이 지켜 주는 텅 빈 미군기지도 있다. 이런 기지라도 먼저 돌려받아야 하지 않을까 싶다. 물론 미군한테 환수한 기지도 활용 방안을 마련하지 못해 폐허로 방치해 놓은 곳도 있다. 그런 점에서 평택·의정부·인천·대구·부산 등 미군기지 지역 시민단체가 <우리땅미군기지되찾기공동대책위>로 묶여 함께 벌이는 '미군기지 반환운동'은 의미가 크다. 이 운동은 당장의 미군 철수나 기지 이전 또는 반대가 아니라, 임대기간 설정, 임대료 징수, 기지의 평화적 활용 방안 마련 등을 요구하는 시민운동이다.

상호방위조약의 "무기한으로 유효하다"는 조항과 SOFA의 "본 협정은 상호방위조약이 유효한 한 유효하다"는 조항을 "10년간 유효하다"로 고치자는 것이 핵심이다. 기간 종료 3년 전부터 재협상하되 기간 연장 여부는 국가적 대사이므로 정부 혼자 결정하지 말고 국회의원 3분의 2 이상의 찬성이나 국민투표로 결정하도록 하면 된다. 조약이나 협정의 개정은 독립국 정부가 요구하지 못할 것도 아니나, 세계 최강인 미국과 상대하는 것이니 만큼 쉽지만은 않을 것이다. 그러므로 우리 정부만 마음먹으면 되는 해결책을 하나 제시하고자 한다. 바로 '미군기지 주변지역 지원특별법'(가칭) 제정이다. 미군기지, 미군 범죄, 기지와 환경, 사유재산권 등 기지와 관련된 모든 문제를 정리한 이 특별법만 제정해도 미군기지 문제는 거의 해결할 수 있다.

미군기지 반환운동은 지난 1993년 경기도 평택에서 시작되었다. 1990년 3월 <용산미군기지평택이전을결사반대하는시민모임>(약칭

<평택시민모임>)으로 시작된 지역 이기주의 차원의 시민운동이 3년 만에 승리를 거두면서 시작된 것이다. 당시 <평택시민모임>은 1989년에 역시 같은 문제로 싸웠던 대전 사람들이 '용산 미군기지 대전 이전 저지'를 기념하며 계룡산에서 공대위 해체식을 가졌다는 소식을 전해 듣고 상당히 분하게 여긴 적이 있다. 그래서 "우리가 이기긴 힘들겠지만 만약에 이긴다면 현재 평택에 있는 두 개의 미군기지를 돌려받기 위해 싸우자"는 결의까지 했다. 1993년 7월 국방부의 '용산 미군기지 지방 이전 유보' 발표를 이끌어낸 <평택시민모임>은 곧바로 평택역 광장에서 '용산 미군기지 평택이전 저지기념 및 미군기지 반환촉구를 위한 범시민대회'를 가짐으로써 모임 결성 초기의 결의를 이행했다.

미군기지 때문에 땅을 빼앗겼던 지역 주민의 분노는 극에 달했다. 1952년 전쟁 중에는 천막과 각목 2개, 양쌀과 양밀가루 두어 포씩을 받고 쫓겨났으며, 나중에는 땅값을 20년 뒤에나 찾을 수 있는 채권으로 받았다. 그 때마다 군사보호구역으로 묶여 있어 땅값이 터무니없이 쌌기 때문에 다른 곳으로 이사도 가지 못하고 그 근처에서 고생하며 살고 계신 분들이 대부분이었다. 뿐만 아니라 그분들은 미군부대에서 뜨고 내리는 비행기의 소음에 항상 시달려야 했고, 미군들이 폐유, 폐수, 골프장 농약, 납, 카드뮴 등 중금속을 정화하지 않고 마구 버리기 때문에 식수는 물론 농업용수마저도 사용하기 힘들게 될 정도의 고통을 당하고 있었다. 퇴폐적인 환경 때문에 자녀 교육을 걱정하는 것은 기지 주변 시민 전체의 문제이기도 했다. 여중 3학년 정도만 되면 화장을 하고 미군 클럽에 드나드는 게 전혀 이상할 것이 없는 것이 바로 기지 주변 지역의 현실이다.

이뿐이 아니다. 외기노조 조합원들은 퇴직금을 해마다 받고 있었다.

해마다 해고를 당하는 셈이었다. 그리고 군사기밀이라는 이유로 원인도 알 수 없이 갑자기 미군 규모가 축소되는데 그 때마다 대량 감원이 기다리고 있었다. 미군과 사소하게라도 다투거나 교통신호를 위반하면 부대 출입증(일명 패스)을 빼앗겨 자동적으로 해고된다는 사실도 확인할 수 있었다. 게다가 혹시 단체행동이라도 하려면, '반미'니 '적색분자'니 하며 매도를 당할 수밖에 없는 처지에 있었다. 이런 주민 접촉 결과를 바탕으로 <평택시민모임>은 '미군기지반환운동'의 내용을 정립해 나가게 된 것이다.

평택에서 시작된 미군기지 반환운동은 지금 전국적으로 번져 나가고 있다. 동두천·의정부·군산 등 소도시는 물론, 서울·부산·대구·인천 등지까지 번져 있는 상태다. 지금은 춘천·원주·하남에서도 준비하는 등 전국 11개 지역에서 미군기지반환운동을 벌이고 있다. 특히 인천·의정부·부산·대구·동두천 등지에서는 이 미군기지 반환운동이 상당히 진척된 상태다. 전국 각지에서 미군기지 반환운동을 벌이고 있는 지역 운동단체들은 <민주주의민족통일전국연합>, <주한미군범죄근절을위한운동본부>와 힘을 합쳐 <우리땅미군기지되찾기전국공동대책위원회> 준비모임을 결성해 지난 1995년부터 10여 차례에 걸쳐 전국을 돌며 공동 대응을 모색하고 있다. 이제 우리는 미군 주둔 51년을 부끄럽지 않게 넘길 수 있을 것 같다. 그러나 전국 모임이 결성된다고 해서 미군기지 반환운동이 끝나는 것은 아니다. 미군기지 반환운동은 이제부터 시작이다.

미군기지 반환운동을 함께하기 위하여*

1. 들어가며 – 미군은 우리나라에 무기한 주둔할 권리를 갖고 있다

보통 '미군기지' 또는 '미군부대'라고 부르는 것은 법적으로 보면 "한국 정부가 주한미군에게 사용할 권리를 준 시설과 구역"이라고 할 수 있다.

그 법적 근거는 두 가지인데, 하나는 한미상호방위조약이요, 다른 하나는 한미주둔군지위협정이다.

1953년 10월 1일 서명하여 1954년 11월 18일에 발효된 한미상호방위조약은 전체가 6조로 되어 있는데, 그 가운데 4조와 6조가 미군 주둔의 법적 근거를 제공하고 있다. 그 내용을 보면 다음과 같다.

"제4조 : 상호적 합의에 의하여 미합중국의 육군 해군과 공군을 대한민국의 영토 내와 그 부근에 배비하는 권리를 대한민국은 이를 허여하고 미합중국은 이를 수락한다."

이에 따라 미국은 미국의 육해공군을 우리나라 영토와 그 부근에 주둔시킬 권리가 있는 것이다. 모든 조약은 국제법이며 모든 나라는 국제

* 이 글은 2001년 5월 10일, 인천에서 열린 한 토론회에서 발제한 글이다.

법을 지켜야 할 의무가 있다. 마찬가지로 우리나라도 이 한미상호방위조약을 준수해야 한다. 이 조약이 유효한 동안에는. 그리고 유효기간 안에 이 조약의 유효기간을 단축해서 미리 끝내기 전에는.

한미상호방위조약에도 유효기간이 있긴 하다. 그 유효기간 동안 미군은 우리나라에 주둔할 권리를 갖고 있는 것이다. 그 기간은 언제까지일까? 제6조를 보자.

"제6조 유효기간 : 본 조약은 무기한으로 유효하다. 어느 당사국이든지 타 당사국에 통고한 후 1년 후에 본 조약을 종지시킬 수 있다."

이에 따라 미군은 김대중 대통령 같은 사람이 "통일 후에도 미군은 주둔해야 한다"고 말하지 않아도 이 땅에 무기한으로 주둔할 권리가 있다. 한국이나 미국이 이 조약을 '종지시키자'고 '통고'한 뒤 1년까지는 말이다.

그런데 세계 85개국에 자기 나라 군대를 주둔시키고 있고, 그 나라 수를 점점 늘려가고자 하는 미국이 먼저 이 조약을 파기하자고 나올 리는 없다. 그렇다고 한국이 먼저 미국한테 이 조약을 파기하자고 통고할 리도 만무하다. 한국에 반미 사회주의 혁명정부가 들어서지 않는 한 말이다. 그렇다면 실제로 이 조약은 무기한 유효한 것이다. 그렇기 때문에 미군은 이 땅에 무기한 주둔할 권리가 있는 것이다.

2. 미군은 우리나라 땅에 대해 '소유권에 가까운 사용권'을 갖고 있다

한미상호방위조약에 따라 우리나라에 주둔하는 미군들이 머물 시설과 땅은 어떻게 제공했다가 어떻게 돌려받을 것인가? 소유권까지 줄 것인가? 아니면 사용권만 줄 것인가? 그런 내용을 규정해 놓은 것이 바로 1966년 7월 9일 서명하여 1967년 2월 9일 발효된 '한미주둔군지위협정'(SOFA)이다. 이 협정은 지금까지 두 번 개정되었지만, 시설과 구역의 공여와 반환을 규정한 제2조는 한 번도 바뀌지 않았다. 그 내용을 보자.

제2조 시설과 구역-공여와 반환 조항은 다음과 같이 되어 있다.

1. (가) 합중국은 상호방위조약 제4조에 따라 대한민국 안의 시설과 구역의 사용을 공여 받는다. 개개의 시설과 구역에 관한 제 협정은 본 협정 제28조에 규정된 **합동위원회**를 통하여 양 정부가 이를 체결하여야 한다. "시설과 구역"은 소재의 여하를 불문하고, 그 시설과 구역의 운영에 사용되는 **현존의 설비**, **비품 및 정착물을 포함**한다.

(나) **본 협정의 효력 발생 시에 합중국 군대가 사용하고 있는 시설과 구역 및 합중국 군대가 이러한 시설과 구역을 재사용할 때에 합중국 군대가 이를 재사용한다는 유보권을 가진 채 대한민국에 반환한 시설과 구역**은 전기 (가)항에 따라 양 정부 간에 합의된 시설과 구역으로 간주한다. 합중국 군대가 사용하고 있거나 재사용권을 가지고 있는 시설과 구역에 관한 기록은 본 협정의 효력 발생 후에도 합동위원회를 통하여 이를 보존한다.

2. 대한민국 정부와 합중국 정부는 어느 일방 정부의 요청이 있을 때에는 이러한 협정을 재검토하여야 하며 또한 이러한 시설과 구역이나 그 일부를 대한민국에 반환하여야 할 것인지의 여부 또는 새로이 시설과 구역을 제공하여야 할 것인지의 여부에 대하여 **합의**할 수 있다.

3. 합중국이 사용하는 시설과 구역은 본 협정의 목적을 위하여 필요가 없게 되는 때에는 언제든지 **합동위원회를 통하여 합의되는 조건에 따라 대한민국에 반환되어야** 하며, **합중국은 그와 같이 반환한다는 견지에서 동 시설과 구역의 필요성을 계속 검토할 것에 동의한다**.

4. (가) 시설과 구역이 일시적으로 사용되지 않고 또한 대한민국 정부가 이러한 통고를 받을 때에는 대한민국 정부는 잠정적으로 이러한 시설과 구역을 사용할 수 있거나 또는 대한민국 국민으로 하여금 사용시킬 수 있다. 다만, 이러한 사용은 합중국 군대에 의한 동 시설과 구역의 정상적인 사용 목적에 유해하지 않을 것이라는 것이 **합동위원회에 의하여 양 정부 간에 합의되는 경우**에 한한다.

(나) **합중국 군대가 일정한 기간에 한하여 사용할 시설과 구역**에 관하여는 합동위원회는 이러한 시설과 구역에 관한 협정 중에 본 협정의 규정이 적용되지 아니하는 한도를 명기하여야 한다.

이런 내용을 보면 미군은 우리나라 땅의 소유권을 가진 것은 아니고, 자기들에게 공여된 시설과 구역의 사용권만 갖고 있다. 그러나 한미 합동위원회가 '반환하기로 합의'하지 않는 한 미군은 무기한으로 사용할 수 있는 셈이다.

3. 미군은 1945년부터 1967년까지 구역에 관한 법적 근거도 없이 주둔했다

미군이 이 땅에 들어온 것은 1945년 9월 8일이고, 그 때는 아무런 법적 근거도 없었다. 다만 맥아더의 포고령들만이 곧 법이고 조약이었다.

그렇게 3년 동안 미군정을 실시하던 미군이 1949년 군사 고문단 5백 명 정도만 남기고 대부분 철수했다. 그러다 1950년 6·25를 기해 이승만의 요청으로 미군은 이 땅에 다시 들어왔다. 그렇게 들어온 미군의 지위를 어떻게 할 것인지에 대해서는 이른바 '대전 협정'이 규정하고 있다. 그러나 그 협정에는 범죄를 저지른 미군 피의자는 모두 미군이 다스린다는 내용만 있지, 시설과 구역은 어떤 조건으로 공여했다가 어떻게 반환받는지에 대한 규정이 없었다. 그래서 미군은 아무 곳이나 진을 치고 그곳을 자기 땅처럼 사용하게 되었다.

그러다가 1967년 발효된 한미주둔군지위협정에 "**본 협정의 효력 발생 시에 합중국 군대가 사용하고 있는 시설과 구역** 및 **합중국 군대가 이러한 시설과 구역을 재사용할 때에 합중국 군대가 이를 재사용한다는 유보권을 가진 채 대한민국에 반환한 시설과 구역**은 전기 (가)항에 따라 양 정부 간에 합의된 시설과 구역으로 간주한다"고 규정함으로써, 그 때까지 미군이 쓰던 땅과 시설을 모두 소급해서 미군기지로 인정해 주었다. 그제서야 미군기지의 법적 근거가 생긴 셈이다.

그렇게 법적 근거를 소급해서 인정해 주었다고 해서 문제가 사라진 것은 아니었다. 6·25때는 미군이 30만 명 정도나 됐기 때문에 엄청난 면적의 땅을 사용하고 있었다. 그러나 1953년 휴전 이후 미군은 4만 명 정도로 줄어들었기 때문에 그 넓은 땅을 다 활용하지 않고 있었다. 그런데도 1967년에 6·25때부터 진을 치고 사용하던 미군기지를 모두 소급해서 인정해 주는 바람에 미군도 모르고, 한국 정부도 모르고, 지주도 물론 모르는 '공여지'가 엄청나게 많게 된 것이다. 이런 문제가 겉으로 드러난 것은 동두천 쇠목마을 사건 때부터다.

4. 몇몇 '공여지' 싸움 사례는 미군기지 반환의 어려움을 보여준다

11세대 42명이 농사를 지으며 살아가는 동두천 쇠목마을에 공여지 문제가 불거진 것은 1995년 10월의 일이다. 김병규 씨가 자기 밭에 식당과 집을 지으려고 동두천시에 농지전용 허가 신청을 했다. 동두천시는 반년쯤 지난 1996년 4월 23일에야 그 땅이 주한미군부대에 붙어 있어 사전에 협의해야 하는 지역(공여지)으로, 국방부에 물어 봤더니 "탄약 저장소 폭발 안전 유지 거리 내이며 사격장 위험 지대 내"에 있어 "사격장의 사용을 저해할 것"이라는 이유로 건축 불가를 통보했다. 그는 그 때 공여지라는 말을 처음 들었다. 자기 땅의 사용권이 미군에게 있다는 사실도 물론 그 때 처음 알았다.

1996년 3월에는 미군이 같은 마을 이갑순 씨네 땅에 폐장갑차 8대를 배치한 일도 있었다. 이 사건으로 미군이 기존 사격장 바로 위에 있는 쇠목마을 일대 사유지 약 3천 평을 사격장으로 만들려는 계획도 밝혀졌다. 미8군은 이미 사용하던 국방부 땅 1만6천 평 정도의 사격장을 1993년쯤부터 폐쇄하고 탱크 보관소와 탄약 저장 장소로 사용하고 있었다. 사격장 터 안에 주민 이갑순 씨와 김덕규 씨네 사유지 약 515평도 포함되어 있었다.

이런 사실이 알려지면서 주민들은 <사격장 신설 저지를 위한 주민대책위원회>(위원장 김병규)를 꾸리고 강력하게 항의하였다. 지주의 동의 없이 사격장 신설 부지 안에 탱크를 배치한 것은 엄연한 사유재산권 침해였다. 아울러 사격장이 설치되면 폭음과 유탄 때문에 주민들이 위험 속에 떨며 살아야 하고, 사격장이 쇠목마을로 들어가는 유일한 길 바로 옆에 있게 돼 사격을 하는 날은 통행도 못할 지경이었다. 그래서 주민들은 폐장갑차를 철거하고, 사격장을 이전하라고 요구했다. 결국 미8군과 국방부, 동두천시, 육군 공병대 같은 곳의 관계자들이 1996년 5월 2일 대책회의를 갖고, 사격장을 이전하고 폐장갑차를 철수시키기로 합의했다. 그러나 폐장갑차만 치웠을 뿐, 사격장은 아직까지도 터를 못 찾았다며 옮기지 않고 있다.

파주시 적성면 장좌리의 경우는 1973년부터 1974년에 걸쳐 한국 정부가 지주들과 아무 협의도 하지 않고, '징발재산매수통지서'를 발행하여, 40만 평을 시가의 3분의 1도 안 되는 값으로 징발한 경우다. 정부는 이렇게 징발한 땅을 그대로 미군에게 공여하였고 땅을 강제로 빼앗긴 농민들은 미군이 그 땅을 거의 안 쓰는 사실을 알고 힘겹게 싸운 끝에 1980년대부터 출입증을 받고 국방부에 임대료를 내며 농사를 짓고 있다. 1993년부터는 아예 미군들이 쓰지 않는 땅을 도로 사겠다며 징발토지 환매 진정을 냈지만 미군 공여지이기 때문에 안 된다는 답변만 듣고 있다.

동두천시 '국제 케미칼'의 경우는 더욱 황당하다. 이신연 씨는 피혁원단을 가공하는 공장을 짓기 위해 동두천시의 건축 허가를 받아 1995년 3월 완공 예정으로 공장을 지었다. 그러나 70% 이상 공사를 했는데, 완공을 한 달쯤 앞둔 1995년 2월, 국방부가 건물 철거 지시를 내린 것이다. 공장 터가 미군 공여지이기 때문에 미군이 그 곳에 건물을 짓지 못하게 하라고 요청했다는 것이다. 이신연 씨는 언제라도 미군이 요청하면 건물을 철거하겠다는 각서를 쓰고서야 공장을 지을 수 있었다.

파주시 진동면의 경우도 있다. 1973년 4월 26일, 진동면 일대 2백16만8백여 평이 미군에게 공여되었고, 미군은 그 곳을 사격장으로 사용하였다. 그 뒤 일부 출입 영농을 할 수 있었고, 1983년에는 특별조치법에 의해 주민들이 등기를 되찾았다. 1980년대부터는 본격적인 출입 영농을 하기 시작했고, 1996년 국방부와 25사단에 '입주 영농'을 할 수 있도록 해 달라고 청원을 했다. 그 과정에서 진동면 일대가 1973년 미군에게 공여되었다는 사실을 알 수 있었다. 1997년 5월 육군의 한 부대에서 진동면 일대 땅이 국방 군사 사업 용지로 편입되니 손실 보상을 협의하라는 통지서를 보내온 것이다. 국방부는 1973년부터가 아니라, 5년치만 평당 1천 원으로 계산하여 보상하겠다고 했다. 주민들은 땅값이 똥값이라며 반발하는 듯했으나, 결국 국방부의 회유와 협박에 넘어가 포기하고 땅을 파는 주민이 많았다.

사정이 이렇다 보니 동두천시는 전체 면적이 2천8백82만8천 평($95.30km^2$)인데, 그 가운데 반이 넘는 1천4백78만여 평($48.85km^2$)이 미군의 공여지로 묶여 있었다.

5. 몇몇 공여지 반환 사례

국방부가 국회 국방위원회 박상규 의원에게 제출한 국감자료에 따르면 전국적으로 주한미군은 2000년 현재 93개 기지 7천4백45만 평을 사용하고 있는 것으로 돼 있다. 1969년 5억3천만 평이나 되던 것에 비하면 엄청난 땅을 돌려받은 셈이다.

박 의원이 밝힌 자료에 따르면 주한미군이 무단으로 사용하고 있는 사유지는 전용지역으로 공여한 3천5백만 평의 35%인 1천2백45만 평이나 된다. 이 가운데 6백20만 평만 반환 협의가 진행되고 있다. 나머지 6백20만 평은 사유지 정리 계획에 따라 정부가 강제로 사들일 계획인 것으로 나타났다.

지난 1997년엔 동두천 사격장 터를 6백6만 평 반환받았다. 그 가운데는 사유지도 2백92만 평이나 있었다. 한미 두 나라는 1997년 12월 9일, 한미주둔군지위협정 합동위원회를 열고 주한미군이 사용하고 있는 동두천 지역 훈련장 부지 6백6만 평(20.03km^2)을 반환하기로 최종 합의하여 결국 돌려받았다. 이때 돌려받은 땅은 주한미군 전용 공여지 4천2백만 평 가운데 14% 정도로 사유지 2백92만 평과 군용지 3백14만 평이다.

1999년에는 경기도 포천군 영평에 있는 미군 다목적 사격장 터 일부와 서울 서대문구 충정로 2가에 있는 미 공군장교클럽 터 3백81평, 전북 옥구군 성산면 타코마 기지 9천4백33평, 경기도 여주군 감촌면 비콘 통신기지 5백63평, 모두 107만 평을 돌려받았다. 이 가운데 영평 다목적 사격장은 1954년에 미군에 무상 공여된 땅이다. 미군은 이곳을 전차와 헬기 사격, 소총 사격 훈련장으로 활용해 왔는데, 전체 면적 4백72만 평 가운데 잘 사용하지 않으면서도 민원의 소지는 높은 1백6만 평만 돌려준 것이다. 이곳은 군사용으로 공여됐는데도 미군이 실제로 쓰지 않고 있었기 때문에 민원이 끊이지 않았고, 사격장 주변에서 농사를 짓는 주민들의 일상생활에 불편을 끼치고, 안전에 위협이 되기도 했다. 그래서 1987년부터는 훈련장 토지 보상이나 원소유자에게 반환할 것을 요구하는 목소리와 소송이 잇따랐다.

6. 이전이나 반환 협상을 벌이고 있는 공여지

2000년 5월 웃지 못할 사건이 벌어졌다. 주한미군은 2천만 평 정도를 반환하겠다고 했는데, 되레 우리 국방부는 4백34만 평만 반환하라고 요청할 계획이라고 밝힌 것이다. 주한미군이 2000년 3월말 2천여 만 평을 내놓는 대신 6백만 평을 달라고 국방부에 요청했는데, 우리 국방부가 더 달라고는 못할망정, 4백34만 평만 달라고 한 것이다.

현재 한미 두 나라 정부는 부산의 미군 폐품처리소와 하야리아 기지, 대구 캠프 워커 헬기장과 경비행장 활주로, 의정부 캠프 레드클라우드와 홀링워터, 라과디아 따위 14개 미군기지를 이전 또는 반환하기 위해 협상을 하고 있다. 그러나 주한미군 쪽에서 대체 터를 터무니없이 크게 요구하거나, 설계·시공·감리 같은 모든 계약권을 자기들이 행사하겠다고 주장하거나, 대체 터의 조건을 까다롭게 하거나, 이전 비용을 너무 많이 요구하거나 하면서 시간을 끌어 우리 정부와 마찰을 빚고 있다.

지난 1990년 '군사시설 이전에 관한 합의각서'를 체결하여 1996년까지 모두 이전하기로 했던 용산 미군기지가 대표적인 경우다. 미국은 1991년에 이전 예상 비용을 17억 달러(1조8천억 원)로 계산해 이를 문서로 국방부에 제시했는데, 이듬해에는 95억 달러(7조2천억 원)로 수정 제시했다. 이전 대상지로 거론됐던 대전이나 평택 주민들이 강력하게 반발하는데다가 1994년 이른바 '북한 핵 위기'를 거치면서 사실상 물 건너간 상태다.

1999년 4월, 어렵게 원칙에 합의한 '용산 미8군 헬기장' 이전 문제도 대체 터 선정을 둘러싸고 미군이 강경 자세로 일관해 진척을 보지 못하고 있다. 헬기장 이전 터로는 미8군 용산기지 안에 있는 롬바르도 운동장이나 임대주택지, 용산가족공원, 한강 둔치 같은 곳을 검토했으나, 미군 쪽은 헬기장과 미군병원까지 환자를 후송하는 시간이 5분 이내로 걸리는 거리여야 하며, 미군기지 바깥에 새로 만들 필요가 있다며 직접 후보지를 찾고 있기 때문에 결론을 내리지 못하고 있다.

부시 정권이 들어선 뒤인 2001년 3월, 토마스 슈워츠 주한미군사령관은 10년 안에 주요 미군기지 46개를 25개로 축소하겠다고 했다. 그러나 이 말을 어디까지 믿어야 할지는 모른다. 한미 두 나라가 그 동안 여러 차례 협상을 벌여 일부 대도시 미군기지를 이전한다는 합의를 하고도 실제로는 안 하고 있기 때문이다.

심지어 미군은 최근 우리 정부에 새 터를 달라고 거듭 요청하고 있기도 하다. 지난 1998년 3월, 패트리어트 미사일 기지로 쓰겠다며 경기도 평택에 17만 평의 땅을 달라고 공식 요청한 적도 있다. 2천만 평 반환의 경우에도, 쓸모없는 땅 2천만 평을 반환할 테니 알짜배기 땅 6백만 평을 달라는 식이다.

어쨌든 미군기지는 전국적으로 볼 때 숫자도 면적도 줄어들고 있는 상황이다. 그러나 평택이나 의정부 같은 몇몇 지역은 오히려 기지 숫자와 면적이 늘어나고 있기도 하다.

7. 필리핀과 오키나와, 일본의 사례

미군이 주둔하는 세계 85개 나라에는 대부분 SOFA라는 협정이 있다. 일단 다른 조약이나 협정에 따라 주둔하는 미군의 지위를 어떻게 보장할 것이냐를 규정하는 식이다. 독일이나 일본, 한국 같은 나라가 그렇다. 미국은 그 SOFA를 국력과 그 나라 정권의 주체성, 자주성에 따라 나라마다 차별하여 다르게 맺고 있다.

그런데 필리핀에는 다른 나라에는 다 있는 SOFA가 없었다. 필리핀에 주둔하던 미군은 어떤 다른 협정이나 조약에 따라 '주둔'하던 미군이 아니었기 때문이다. 다른 나라는 미군을 먼저 주둔시키고 나중에 땅을 공여한 반면, 필리핀은 1947년에 미국과 유효기간을 99년으로 하는 기지 협정을 맺어, 먼저 기지를 임대한 뒤 그 기지에 미군이 주둔하도록 한 것이었다. 미군을 주둔시키는 방식이 달랐다. 물론 다른 나라에도 기지 사용료를 주지 않는데 필리핀만 줄 경우 다른 나라들도 같은 요구를 할 것을 우려해 기지 협정에서는 기지를 무상으로 임대하는 것으로 했다. 그러나 필리핀의 어려운 경제 사정을 감안해 따로 경제원조협정을 맺어 돈을 냈기 때문에 실질적으로는 기지 사용료를 낸 셈이다.

그런데 19년이 지난 1966년, 필리핀 정부는 앞으로 남은 80년이 너무 길다며 협정을 갱신할 것을 요구했고, 지루한 협상 끝에 유효기간을 25년으로 단축하는 데 성공했다. 그리하여 필리핀 미군기지 임대기간 만료를 3년 앞둔 1988년 베그니노 아키노 상원 의원은 지극히 보수적인 상원의원들을 대상으로 "기지 협정의 유효기간을 연장해 주지 말자"는 서명을 받기 시작했으나, 별로 호응을 얻지 못한 채, 암살을 당하고 말았다. 그러나 필리핀 민중은 미국의 전폭적이고 노골적인 지지를 받는 마르코스를 제치고, 암살당한 베그니노 아키노의 부인인 코라손 아키노를 대통령으로 당선시키는 이른바 '2월 혁명'을 성공시킨다.

그 뒤로 미국은 아키노 대통령을 갖가지 방식으로 회유 협박하여 상원에 미군기지 임대기간 연장안을 내게 했으나, 훨씬 보수적이던 필리핀 상원이 오히려 민중의 힘을 두려워하여 부결시켰다. 결국 '임대료를 너무 많이 올려 달라면 철수해 버리겠다'고 협박하던 미군은 마지못해 떠났고, 필리핀은 미군 떠난 자리에 남겨진 PCB·납·수은·석면·방사능 같은 각종 오염에 골치 아파하며 환경 정화 비용을 미국 정부에 요구했다. 그러나 미국 정부는 필리핀의 정권 교체 이후 곧 바로 방문군협정(VFA, Visiting Forces Agreement)을 맺어서 다시 필리핀에 군대를 '방문'시킬 수 있는 법적 권리를 얻었다.

오키나와를 비롯한 일본에는 우리나라와 마찬가지로 SOFA가 있어서 우리나라와 거의 비슷하지만, 현실적으로는 일본 정부가 지주들과 임대계약을 맺는 방식을 취하고 있기 때문에 우리나라와는 전혀 다르다.

우선 오키나와의 경우 1972년 5월 15일, 미국의 군정과 민간 지배를 완전히 벗어나 일본에 '복귀'하게 되었다. 그 때 미일 두 나라 정부도 우리나라처럼 유효기간을 무기한으로 하려고 했다. 그러나 지주들이 목숨 걸고 저항한 끝에 5년이나 7년, 또는 10년 단위로 임대계약을 체결한 것이다.

그래서 지난 1997년 5월 14일에는 오키나와 미군기지 상당수의 임대기간이 끝났다. 일본 정부와 지주들은 이 임대기간 종료일을 3개월 앞둔 2월 20일부터 몇 차례에 걸쳐 '공개심리'라는 방식으로 협상을 벌였다. 그 때는 한국에서도 인천을 비롯한 전국에서 모인 43명의 미군기지 반환 운동가들이 오키나와를 방문한 바 있다. 그 공개심리에서 일본 정부는 그 땅의 용도와 사용기간, 임대료 같은 것을 조목조목 제시했고, 지주들은 사유지임을 내세워 더 이상은 임대할 수 없고, 돌려받아 내가 쓰고 싶은 방식대로 평화를 위해 활용하고 싶다고 주장했다.

그동안 그렇게 해서 임대기간이 끝날 때마다 돌려받은 땅임자도 많았다. 사키마라는 분은 후텐마 미 공군기지 가장자리 땅을 돌려받은 뒤 그 자리에 2층짜리 미술관을 지어 세계적으로 유명한 반전 화가들의 그림을 상설전시하며 미군기지를 내려다보고 있다.

이시하라라는 분은 미군기지 한복판 땅을 돌려받은 뒤, 닭을 놓아길러 그 닭들이 낳은 달걀에 "반전계란"이라는 상표를 붙여 팔기도 했고, 나중에는 돼지와 소를 기르는 거대한 목장으로 일구어 내기도 했다. 그

분은 거기서 더 나아가 땅이 없는 젊은이들을 모아 '축산협동조합'을 만든 뒤 거꾸로 미군기지를 임대하여 공동 목장을 만들기도 했다.

최소 단위의 지방자치단체라고 할 수 있는 요미탄촌은 미군기지 안에 널찍하게 촌청사를 짓기도 했다.

물론 지주들이 다 이겨서 땅을 돌려받는 것은 아니고, 정부의 강요와 회유, 협박에 못 이겨 강제로 임대를 당하는 경우도 많다. 치바나 쇼우이치 씨의 경우 임대기간 만료일을 넘길 정도로 협상을 끌어서 만료일이 지나자, 오늘부터는 미군이 내 땅을 점유하는 것이 불법이라면서 미군이 통신소로 사용하고 있는 자기 땅을 날마다 들락거리며 그 앞에는 "미군의 불법 점거 ○○일째"를 알리는 대형 간판을 만들어 걸어 놓고 싸우기도 했다.

비록 미군이 아니라 일본인들이 낸 세금 가운데서 지주들에게 임대료를 지불하는 것이지만, 일본 국민 전체가 지주들에게 보상하는 형식이므로 필리핀보다는 못할지언정 일본 정부는 우리 정부에 비해 나름대로 지주들을 버리지 않았다고 할 수 있다.

지주에 따라서는 미군기지 임대료가 다른 용도로 임대하는 것보다 1.6배 정도 비싸기 때문에 그 재미에 미군이 영구 주둔하기를 바라는 경우도 있다. 물론 그 땅을 개발할 능력이 없거나, 개발 능력에 비해 땅이 너무 넓은 경우, 또는 놀고먹는 걸 훨씬 좋아하는 경우이긴 하지만, 어디나 그렇듯 그곳에도 임대기간이 끝날 때마다 국가와 다투는 사람보다는 그냥 다시 임대하는 사람이 더 많은 것이 사실이다.

그래서 미군기지 임대료 징수와 관련하여 부정적인 견해를 갖는 사람도 있다. 미군기지가 있으면 놀고먹어도 돈이 나온다는 인식이 퍼져서 오히려 미군기지가 경제에 도움이 되는 것처럼 착각하게 되고, 나아가 심한 경우 미군기지를 유치하고 싶은 생각마저 든다는 것이다.

물론 맞는 말 같기도 한데, 일제와 인공 때도 안 빼앗긴 땅을 "우리를 도와주러 왔다는" 미군 때문에 다 빼앗기고 쫓겨나 60년 가까이 처절한 세월을 살아온 분들에게는 결코 못할 소리다. 온 국민은 그런 분들에게 쓰는 세금을 아까워해서는 안 되고, 그 돈이 아까우면 미군기지를 되찾는 운동에 나서야 할 것이다.

8. 결론 — 독도만이 아니라, 미군기지도 엄연한 우리 땅이다

주한미군과 관련하여 시민사회운동 진영에서는 다양한 시각이 존재하고 있다. 한쪽 끝에는 김대중 대통령이 주장하는 것처럼 주한미군은 동북아 세력 균형을 위해 통일 이후에도 주둔해야 한다는 주장도 있고, 다른 쪽 끝에는 통일에 장애가 될 뿐이며 만악의 근원이기 때문에 당장에 철수해야 한다는 주장도 있다.

도심 미군기지를 변두리나 지방으로 이전해야 한다는 주장도 있고, 필리핀·오키나와나 일본처럼 임대기간을 정하고 임대료를 (미국한테 아니면 정부한테라도) 받는 임대 형식으로 하자는 주장도 있다.

물론 나는 8년 전 임대기간을 설정하여 그 기간 동안 임대료를 징수하는 이른바 '미군기지 반환운동'을 제안한 사람으로서 지금도 그 주장을 고수하고 있다.

철수 주장은 당위성 면에서는 옳다고 보지만, 현실적으로 국민운동으로 승화될 수는 없다는 생각이다. 반대로 도심 미군기지의 변두리나 지방 이전 운동은 많은 시민들의 호응은 얻을 수 있을지 모르나, 대도시와 강자들의 이익만을 취하려는 것으로 조금의 양심이라도 있는 사람이면 그런 운동을 해서는 안 될 것으로 본다.

예컨대 이전을 주장하는 사람들이 많이 주장하는 것이 “수도 서울 한복판에 남의 나라 군대가 있는 나라가 어디 있는가? 이는 우리 민족의 수치”라는 것이다. 그러나 도쿄에도 미군기지가 있다. 그런데 도쿄 사람들은 그 미군기지를 전혀 두려워하지 않고 주인 노릇을 한다. 길 건너 옥상에 붙박이 망원경을 설치해 놓고 아무나 올라가 1백 엔만 넣으면 미군기지 안을 마냥 들여다보며 사진촬영을 해도 괜찮다. 심지어 미군기지 철조망 안으로 사진기를 밀어 넣고 찍어도 괜찮다. 미군기지가 수도에 있는 것이 수치가 아니라, 그 미군기지에 주눅 들어서 주인의 본성을 망각하고 노예근성을 드러내는 것이 수치다.

극단적인 예를 들자면, 만약에 미군기지를 이전하는 운동을 하려면 전국의 모든 미군기지를 서울을 비롯한 도심으로 이전하는 운동을 해야 할 것이다. 서울 사람들은 미군기지가 서울로 몰려오더라도 서울에 살 것이다. 서울에는 청와대와 정부종합청사, 각종 좋은 대학과 직장뿐만 아니라, 지하철, 값싼 교통 요금, 값싼 수도 요금……, 미군기지의 부정적인 면을 훨씬 웃도는 다른 좋은 조건을 너무 많이 갖고 있기 때문이다. 왜 서울을 비롯한 도심에 사는 사람들은 좋은 것들만 즐비하게 누리고 살고, 시골 사람들은 미군기지나 소각장, 쓰레기장 같은 혐오시설 곁에서 고생을 하며 살아야 하는가?

이전 운동은 또 이전 대상 지역주민들의 이전반대운동과 쓸데없는 마찰을 일으키게 되고 결국에는 국론만 분열시키게 된다.

결론은 미군기지 되찾기 운동뿐이라고 본다. 한미상호방위조약 6조와, 주둔군지위협정을 고쳐 미군이 주둔할 수 있는 법적 근거인 두 조약과 협정의 유효기간을 10년 정도로 하고, 유효기간 만료 2, 3년 전부터 협상을 벌이고, 그 결과에 따라 어떤 미군기지는 돌려받고 어떤 미군기지는 재임대를 하고……. 이 운동은 전국적인 연대와 국제연대도 가능할 뿐만 아니라, 그것이 가장 현실적인 대안이라고 생각한다. <우리땅미군기지되찾기공동대책위원회>는 이미 그런 운동에 뜻을 같이 하는 전국 각 지역의 시민사회운동 단체들의 네트워크식 연대 기구다. 여기에는 파주, 동두천, 의정부, 서울, 인천, 매향리, 평택, 군산, 춘천, 원주, 대구, 부산 지역의 단체들이 결합하고 있다. 운동의 역사나 역량이 지역에 따라 편차가 정말 심하다. 물론 이전과 반환을 놓고 팽팽하게 대립하는 지역도 있다. 사람이나 단체에 따라 영구 주둔이나 철수, 이전이나 이전 반대, 반환(되찾기)처럼 생각과 주장에는 차이가 있게 마련이다. 그러나 솔직히 말해서 미군과 관련하여 어떤 주장이든 하는 사람들을 다 합쳐도 그 수는 얼마 되지 않는다. 그러니 서로 차이를 인정하며 함께 할 수 있는 방안을 찾아보는 것은 어떨까?

부록

김용한, 말하다

www.nodong.org
평택미군기지 확장저지 범국민대책위 결성 기자회견
일시 : 2005년 2월 22일(화) 오전 11시
장소 : 민주노총

미군기지 이전이 아니라, 반환돼야*

김용한 큰 틀에서는 동의하지만 쓸모없는 땅은 없다고 본다. 평택이나 의정부에 미군기지를 '신설'하려고 하는데, 이건 명백히 '신설'이다. '이전'이라는 단어는 SOFA에도 없는 말이다. 한미 정부가 만든 말이다. '반환'과 '신설'을 합쳐서 '이전'이라고 한다. 나는 이승헌 국장과 조금 다른 입장인데 기존의 기지 안으로 들어가는 것조차도 반대한다. 환경이 아무리 오염됐더라도 반환받아야 한다는 데 찬성한다. 돌려받은 땅에 대해 한국 정부가 환경정화 비용을 한 푼도 내지 말고 미국 정부가 다 내도록, SOFA의 현 규정에 따라서라도 요구해야 된다고 본다. 반환은 그렇게 요구하면 되는데, 이전의 또 다른 의미의 하나인 신설, 또는 확장은 도대체 무슨 말인가? 나는 다른 지역에서 미군기지가 안고 있던 문제를 또 다른 지역으로 새롭게 전이시키는 것이라는 점에서 신설·확장은 반대한다. 신설·확장이 아니라면 기존의 미군기지로 들어가는 것은 어떠냐 하는 문제인데, 주로 거론되는 것이 평택이나 의정부의 큰 기지 안으로 들어가는, 그 속의 골프장을 없애고 그 안으로 들어가는 것이 어떠냐 하는 얘긴데……, 용산 미군기지 이전으로 거론되던 대체

* 이 글은 2003년 3월 4일 오후 2시, 서울 종로구에 있는 《시민의신문》 회의실에서 열린 '미군기지이전 관련 시민사회단체 긴급 좌담회'에서 필자가 발언한 내용만 발췌하여 다듬은 것이다. 이 좌담회에는 필자와 김종일 <용산미군기지반환운동본부> 집행위원장, 이승헌 <민주노동당> 자주통일국장, 안창희 <경기북부환경운동연합> 사무국장, 조대기 《시민의신문》 편집국장이 참석했다. 발언 내용은 《시민의신문》 장현주 기자가 정리했으며, 이 좌담회 전문은 주간 《시민의신문》 제481호(2003년 3월 11일)에 실렸다.

부지가 평택인데, 용산에는 미군들이 만 명 정도, 이 정도 인원이 평택으로 온다? 지금도 만 명이 넘게 평택에 있는데, 이게 합쳐져서 기지는 늘어나지 않았지만 2만 명의 미군들이 왔다 갔다 한다?

나는 미군들이 그동안 평택에서 하고 다니던 행태들, 비교육·퇴폐적 문화 환경, 범죄, 환경 파괴……. 이 모든 것들이 사람들만 와도 훨씬 더 위험스러워지고 안 좋아진다고 본다. 그래서 기존 기지 안으로 들어가는 것조차도 반대한다. 그런데 미군기지를 신설·확장해서 해결할 수 있는가? 이는 원칙적으로 안 된다. 딱 하나의 경우에만 가능하다. 지금 용산 미군기지 이전을 두고 영종도니, 어디니 하는 얘기들이 나오고 있는데, 용산 기지를 다른 곳으로 옮겨 놓으면 우리나라 미군기지 문제는 해결이 안 된다고 본다. 예를 들어, 평택에 있는 진위천에 포름알데히드가 방류됐다고 해서 한강에 독극물이 방류됐을 때처럼 시위할 것인가? 나는 그 부분에 있어서 그렇지 않다고 본다. 언론조차도 그렇다. 국민·언론의 관심에서 미군기지는 멀어져 간다. 그렇게 되면 두 가지 점에서 범죄행위라고 본다. 첫째, 서울에 사는 강자들이 미군기지로부터 손해를 보고 있던 것을 시골의 약자들에게 떠넘기는 것이기 때문에 범죄행위요, 또 다른 하나는 현행 한미상호방위조약에 봐도 이 땅에 미군기지가 무기한으로 주둔하게 되어 있는데, 만약 시골로 내려가게 되면 국민들 마음속에서조차도 무기한 주둔을 용인하게 될 위험이 있기 때문에 범죄행위라고 보는 것이다. 이는 국제회의에서 만났던 독일의 평화운동가들을 통해서 확인했다. 이들에게 독일의 미군기지 현황을 물어 봤더니 두 명의 평화운동가들조차도 서로 "우리나라에 미군기지가 있냐?"고 되묻더니 "통일이 되기 전에 미군기지가 있었던 것은 확실한데, 통일 이후에는 잘 모르겠다"고 대답했다. 그래서 내가 "너희

나라에 아직도 미군기지가 있다"고 가르쳐 줬다. 이 사실이 의미하는 것은 미군들이 별 말썽을 일으키지 않으면, 그리고 미군들이 일으키는 말썽이 잘 보도되지 않으면, 미군이 주둔하고 있는 것 자체를 외면해 버린다는 것이다. 평화운동가들조차 그러니 일반 국민들은 어떻겠는가? '도대체 미군이 뭔 문제이길래 철수하라는 얘기가 나오는 거야?' 하는 생각이 일반 국민들에게 퍼져 가면 무기한 주둔을 용인하는 결과를 가져오지 않겠는가?

김용한 미군기지 이전을 통해 해결하는 것은 안 되지만, 그렇게 해서라도 해결할 수 있는 길이 딱 한 가지 있다고 본다. 전국에 있는 미군기지, 훈련장을 서울로 이전한다는 계획을 세워서 발표하는 것이다. 그러면 1천3백만 명의 서울 시민들이 반발할 것이고, 그렇게 되면 미군기지가 사람들의 시야에서 사라지는 것이 아니라 당면 문제가 되기 때문에 서울 시민이 함께 들고 일어날 수 있을 것이다. 수도에 미군기지가 있는 곳은 우리 외에도 도쿄가 있다. '민족의 수치'라고 하는데, 수도 서울에 있는 것은 '민족의 수치'이고 평택에 있는 것은 '민족의 자랑'인가? 도쿄에도 미군기지가 있는데 우리와 차이가 있다. 서울 사람들이 망원경으로 용산 기지를 들여다보면서 감시하고 사진 찍을 수 있는가? 도쿄에서는 한다. 서울에서는 '간첩죄' 등으로 잡혀갈 것이다. 도쿄에서는 옥상에 붙박이 망원경을 설치해 놓고 지나가는 관광객도 들여다보고 사진까지 찍을 수 있게 하고 있다. 이게 어떻게 가능하냐는 질문에 안내원이 철조망 안으로 카메라를 넣고 사진을 찍어 줬다. 도쿄의 한 시의원이 그랬다. "수도 서울 한복판에 있는 것이 문제가 아니라 누가 주인 노릇을 하느냐가 문제라고 본다"고 말이다. 미군 주둔의 의미는 생각이 다른데, 목표가 북이든 이라크든, 어떤 나라를 목표로 삼든, 그것은 미국의 핑계일 뿐이다. 그러면 뭔가? 미국이 전쟁을 일으킬 때, 미국 국익에도 마이너스다. 그 전에는 노동자들을 먹여 살리기 위해 그것이 군산복합체로 이어져 10년 만에 한 번씩 전쟁이 일어나야 되고, 이렇게 해야 군수산업이 발전하고 먹고 산다고 했는데, 지금은 전쟁이 일어나도 미국 경제 자체에는 손해라고 말한다. 그런데도 미국은 전쟁을 일으킨다. 이것은 군수산업을 하는 사람들로부터 정치자금을 받고 있는 정치인들이 공화, 민주 양당에 포진하고 있어서다. 이것 때문에 전쟁을 하려고 하는 것이다.

김용한 이상적인 모델이 가능하지 않을 경우에 어떻게 할 것인가가 최고의 고민인데……. 미리 한 가지 말한다면 한미상호방호조약을 개정해야 한다고 본다. 한미상호방위조약의 즉각 폐기는 반대한다. 미군이 즉각 철수할 경우 대한민국이라는 나라는 무너진다고 생각한다. 이유는 60년 동안 거짓 교육을 받아 왔던 국민들의 의식 때문에, 정신 공황상태가 오기 때문에 나라가 무너질 것이라고 보는 것이다. 북에서 남침을 하는 등 외부적 요인 때문이 아니라, 미군이 즉각 철수해 버리면, 아마 여권 가지고 있는 사람들은 외국으로 도망갈 것이고, 웬만한 사람들은 라면을 박스째로 사들이고……. 정말 어떻게 될 것 아닌가? 국민들 마음이 정신적으로 대비할 수 있는 기간이 필요하다. 이런 국민적 정신 공황상태만 안 생긴다면 미군이 떠나도 아무 문제가 없다고 생각한다. 따라서 국민을 재교육할 기간이 필요하다고 생각한다.

북이 옛 소련과 예전에 맺었던 조소군사조약처럼 유효기간을 "본 조약은 10년간 유효하다. 단, 어느 나라도 이의 제기를 하지 않으면 5년간 자동연장 된다"도 좋다. 필리핀은 "99년간 유효하다"로 기간을 못 박아 놓고 "단 협상을 통해 연장할 수 있다"고도 해놨는데, 20년 만에 "앞으로 남은 80년이 너무 길다. 그래서 25년으로 줄이자" 해서 줄였다. 이처럼 기간을 못 박는 운동이 미군문제에 대해서 가장 절실하고 가장 효율적인 해법이라고 생각한다. 그 기간 동안 국민들을 재교육해야 한다고 본다. 기간만 정해 놓고 마냥 가버리면, 국민들은 아무런 의식 변화가 없을 것이기 때문에, "지난 60년 동안 우리 정부는 국민들에게 거짓말을 해 왔습니다"라고 고백을 해야 하고, 교과서에도 "국방비를 북한보다 15배 더 쓰고 있습니다. 우리는 해마다 전 세계에서 무기 수입이 5위입니다. 그 동안 북한이 온통 전쟁 준비를 해 온 것처럼 가르쳤지만, 북에서 보면 남쪽이 훨씬 더 큰 전쟁 준비를 해 왔다고 볼 것입니다. 국민 여러분! 지난 60년 동안 거짓말을 해 와서 죄송합니다" 하는 내용을 싣고, 9시 뉴스에서도 "국민 여러분! 미군이 떠나도 나라가 안 망합니다" 하는 것을 내보내야 하고, 공교육·사교육 이런 것들을 통해서, 심지어는 개그 프로에서도 "미군 떠나도 괜찮다"는 재교육을 해야 한다고 생각한다.

김용한 시골에서 운동을 하다 보니 반론을 제기할 게 많다. (좌중 웃음) 한미상호방위조약 6조를 개정하는 것이 어려울지라도 해야 할 문제다. 아까 얘기한대로 "10년간 유효하다"로 고치자는 것은 조소군사조약에서도 그랬기 때문이다. 북과 비교해 보자. 미군이 우리나라를 방어해준다 하더라도, 우리 땅에 없어도 된다는 것이다. 조소군사조약에서 가능했다. 조소군사조약을 보면 '48년 9월 9일, 조선민주인민공화국이라는 나라가 생기고 그 해 12월 25일, 소련군은 북한을 떠났다. 소련군이 없이도 '96년까지 그 조약이 살아 있었다. 군대를 주둔시키지 않으면서도 그 나라 방위를 책임져 주겠다고 하는 것이고 그게 가능했다. 따라서 우리나라에 미군이 없어도 된다. 물론 상호방위조약을 개정하는 것은 어렵다고 본다. 하지만 현행 SOFA에도 기지별로 협정을 맺게 되어 있다. 용산 기지는 5년, 평택 기지는 몇 년 등, 기지별로 맺어 놓으면, 상호방위조약을 개정하기 전이라도 가능하다고 본다. 한미상호방위조약을 개정하면 전국에 있는 미군기지가 똑같이 통제를 받겠지만, 그게 어려우면 개별 기지들의 기간을 설정하는 것도 필요한 대안이라고 생각하는 것이다.

또 LPP나 용산 미군기지 이전에서 크게 두 가지 문제가 있다. 전국에 흩어져 있는 미군기지나 훈련장을 재배치하겠다는 것이다. 그런데 그것은 미국이 북을 선제공격해 한반도에서 일으키는 전쟁에서 평택이 제일 먼저 북의 타깃이 된다는 것이다. 포천 등 돌려받게 될 4천여 만 평의 훈련장은 공격할 필요가 없고, 사령부를 때릴 것 아닌가? 그런데 앞으로 미군기지를 다 평택으로 옮기면, 용산보다 송탄 기지가 더 중요한 사령부 역할을 할 것이고, 그러면 평택이 집중 공격을 받게 될 것이다. 미군기지가 LPP에 따르면 7개 권역으로 묶인다는데, 그 중에서도 제일 중요한 기지는 평택이고, 평택이 제일의 타깃이 될 것이다. 또 비용도 문제인데, 막대한 비용을 들여 이전한다는 것은, 영구 주둔을 목표로 한다는 것이다. 전쟁의 최초의 목표, 그러니까 미군이 주둔하는 것이 전쟁의 억지력이 아니라 영원한 타깃이 될 수 있다는 의미가 있는 것이다. 용산 기지의 경우, 아마 칼라일이라는 회사에서, 아버지 부시, 그레그 전 대사, 제프리 존스 미상공회의소 소장 같은 사람들도 용산 기지 이전을 추진하고 있다. 이 칼라일이라는 회사는 용산 기지가 떠나고 난 뒤 미국의 센트럴파크처럼 멋진 공원, 상업용지 등 이런 마스터플랜을 짤 수 있는 능력을 가지고 있다. 그래서 아버지 부시가 고문이고, 한국 책임자가 제프리 존스다. 이 사람들이 실제로 로비를 해 왔다. 지난해 한 토론에서 한국 측 사람들은 용산 미군기지가 떠나면 안 된다고 주장할 때 미국 측 사람들이 아무 문제 없다고 주장한 이유가 이것이다. 자기들이 개발권을 따내는 것인데, 자기들이 1백억 달러를 내놓고 외국 투자자들의 돈을 모아서 2백억 달러를 만든 뒤 그 돈으로 용산 기지를 개발하고 그 개발 이익은 자기들이 챙기겠다는 것이다. 그런 점에서 용산 기지 이전은 또 다른 의미를 가지고 있다고 생각한다.

김용한 나는 '90년에 용산 미군기지가 평택으로 이전된다는 언론 보도를 접하고부터 이런 운동에 데뷔를 했는데, 그 운동을 통해서 미군 문제에 관심을 가지게 되었다. 그 뒤로 수도에 있는 것보다는 지방에 있는 게 낫지 않냐, 평택이 안 된다면 어디로 가란 말이냐, 그러면 철수하란 말이냐, 지역이기주의 아니냐, 님비 신드롬 환자 아니냐는 등 정말 많이 시달렸다. 하도 시달려서 SOFA를 소설책 읽듯이 읽으며 문제점을 찾아보았다. 그래서 SOFA에서 '반환'이라는 단어를 찾아냈고, 그래서 "미군기지 반환운동"을 하자고 제안한 것이었다. 어쨌든 용산 기지를 용산에 주저앉히는 데 일조를 했다. 하지만 다시 평택에 온다는, 그 당시 유보를 했던 것이기 때문에, 언젠가 다시 평택 얘기가 다시 나올 것이라는 생각을 늦추지 않고 있다.

평택은 의정부와 상황이 다르다. 의정부는 아파트가 있는 곳에 아파트를 집어넣겠다는 것도 아니고, 아파트 앞에까지 미군기지를 넓히겠다는 것인데, 평택은 그런 게 아니다. 농촌 마을들과 농토를 수용하겠다는 것이다. 농민들, 미군문제가 아니라 농업 문제, 정말 농민들 먹고살기 힘들다. 그런데 땅이 안 팔린다. 바로 미군기지 옆이고, 자기들은 거기서 살아왔기 때문에 시끄러운 속에서 살 수 있지만 다른 사람은 누가 와서 살겠냐는 것이다. 그래서 차라리 정부에서 수용해 주기를 바라는 분들도 있다. 평택에서 용산 미군기지가 이전돼 오는 것을 바라는 사람들이 있는 것이다. 미군기지를 위해서 정부가 자기 땅을 다 사들였으면 하는 땅임자들이 있다는 것이다. 미군기지가 좋아선가? 그건 아니다. 미군기지 오면 어떻게 되는 걸 알면서도 도저히 못살겠으니까 그런 생각을 하는 것이다. 그런 의미에서 미군기지는 타깃만이 아니라 혐오시설이기도 한 것이다.

안면도에 핵 쓰레기장이 들어선다 했을 때 주민들이 처음엔 반대하다가 나중에 땅임자들은 찬성했다. 그게 왜 그랬냐 하면, 안면도 땅을 8백만 원을 준다고 했기 때문이다. 그 돈 받고 땅을 팔면 천안 같은 도회지에 나와서 살 수 있겠다고 생각한 사람들이 많아진 것이다. 그렇다면 주민들이 왜 결사반대를 했는가? 그것은 땅임자들이 아니고 그 주변 사람들이다. 자기 땅은 안 들어가지만, 그 옆에 바로 핵 쓰레기장이 들어오는데 어떻게 사느냐는 것이었다. 평택의 경우는 그런 경우도 아니다. 새로 늘어난다는 곳은 주민들이 살긴 하지만, 밀집지도 아니고 들판이다. 주민 반발이 그리 심하지 않을 것이다. 국방부에서도 파악하고 있다. '90년도에 할머니 할아버지와 운동권이 연계해 데모하니까, 마을은 안 집어넣고 농토만 집어넣겠다고 하니까, '90년에 싸웠던 한 마을은 그때 들어갔으면 좋았을 걸 하면서, 주민들의 서명을 받아서 "우리 마을을 이번 수용하는 데 집어넣어 달라"고 하는 마을도 나오고 있다. 다 그런 건 아니지만. 평택이 제일 위험하다. 현재 평택 지역에 75만 평[1]이

넓어지는데, 그 중에 6백여 평을 내놓은 사람이 있다. 75만 평에서 6백 60평은 아무것도 아닐 수 있지만, 그래도 그 땅이 한복판 가운데 들어가 있어서, 우리는 그 땅을 한 평씩 사 가지고, "내 땅은 단 한 평이나마 미군에게 내줄 수 없다"며 싸울 생각을 하고 있다. 그렇게 해서 우리는 미군기지를 넓히는 것에 대해 결사반대할 것이다. 정부야 나중에 공탁을 걸면서 강제 수용을 하려 들겠지만, 평택지역 시민운동 단체들은 모여서 지금 그런 운동을 하고 있다.

김용한 토지 수용과 관련해서 할 말이 있다. '97년에 한국에서 미군기지 관련 운동을 하는 사람들이 오키나와에 간 적이 있다. 그 때는 오키나와에서 미군기지 임대기간이 끝나기 직전이었다. 그래서 미군기지 임대기간을 다시 연장할 것인지, 임대료를 얼마 올려줄 것인지, 하는 문제를 놓고 방위청 직원들과 지주들이 한 3달간 협상을 벌였고, 우리가 갔을 때는 공개심리를 하던 때였다. 1차 공개심리를 할 때였는데, 거기서는 지주들이 방위청 사람들과 직접 나서서 논쟁을 벌였다. 글귀가 부족하다는 사람들은 변호사를 사서 대응하고 있었다. 심리 동안 공개적으로, 언론에 중계를 하는 모습도 보았다. 그런 모습을 보면서, 나는 오키나와에서는 그래도 방위청과 지주가 상당히 대등한 관계에서 협상을 하고 있다고 느꼈다.

근데 한국 평택에서는 전혀 다르다. 지난해 LPP가 10월 30일 통과되자 마잔데, 급하게 1차로 1만8백 평을 수용하는 절차를 밟았다. 그 속에는 사람 사는 집이 12채 있는데, 이 사람들은 전에 미군기지가 생기면서

1) 지금은 평택에 349만 평의 미군기지를 넓히겠다고 하지만, 이 좌담회가 열리던 때만 해도 평택에 넓어질 미군기지는 75만 평뿐이었다.

돈 한 푼 못 받고 쫓겨난 분들이다. 나중에는 조금씩 푼돈을 받으면서 쫓겨났는데, 땅을 살 돈은 안 되니까 남의 산에 천막을 치고 살아오신 분들이다. 정부는 이 사람들을 이번에 또 내쫓는 거였다. 내가 그 동네에 갔을 때는 12채 중에 이미 10채는 도장을 찍은 상태였다. 어떻게 협상이 진행되는지 궁금해서 갔을 때, 마침 그 날 국방부에서 두 분이 나왔는데, 사무관급이었던 거 같다. 이 두 분이 할머니 할아버지들과 얘기를 하는 거였다. 대부분 막일 나가시고 노인들밖에 없었는데, 노인들 모아놓고 무슨 얘긴들 못하겠나. "이 나무는 누가 값을 쳐줍니까, 그런데 할머니 고생하시면서 사시는 모습 불쌍해서 제가 이것까지 값을 다 쳐드리라고 건의했어요. 옛날에는 그냥 쫓겨나셨지요? 지금은 충분히 다 보상해 드려요." 이런 식으로 얘기했다. 노인들은 그 사람들 얘기를 상당히 고마워했다. 그런데 한 할머니는 도장을 찍고 나서 막 우셨다. "도장을 찍었지만, 찍었어두 안 가두 되믄 난 안 가. 지금 어디로 가? 나 어디로 갈 데가 없어!" 이 땅이 남의 산이고, 땅임자가 이미 돈을 받은 것으로 알고 있었다. 하지만 내가 그 산 임자를 만나봤는데, 조상 묘소도 있는 산이어서 못 팔겠다고 했다. 그런데 "산 주인이 이미 땅을 팔고, 돈도 다 받았다. 그렇지만 주민들 건물 값, 나무 값 다 쳐준다"고 하니까 어쩔 수 없이 주섬주섬 도장을 찍었다는 것이다. 그래서 내가 땅임자 돈 안 받았다고 했더니, 그럼 안 나가도 되면 난 못 나간다며 막 우신 것이었다. 이렇게 토지협상 과정에서 미국과의 관계뿐만 아니라 한국 정부조차도 지주들을 대우 안하고 있어서 국방부가 토지 수용을 할 때 공개심리를 해야 한다고 본다. 많은 사람들이 지켜보는 가운데, 누가 사기치고 있는지 주민들이 좀 알았으면 좋겠다.

김용한 시민사회 내에서 한미상호방위조약 개정 운동을 펼쳐야 한다. SOFA에라도 기지관련 해서 개정이 필요하다고 생각을 하고 있다. 미국과의 조약·협정을 개정하기 위한 운동을 펼쳐야 한다. 주민투표법도 반드시 만들어 미군기지가 있는 곳이면 주민들의 투표를 거쳐서 의사를 표현할 수 있도록 하고 이를 국정에 반영할 수 있도록 해야 한다. 또 그렇다 하더라도 이미 수십 년간 미군기지가 있는 곳에서는 국가안보라는 미명 아래 엄청난 피해를 당해 왔다. 이렇게 말하는 분도 계시다. "일제 때 일본 식민지 생활도 했지만 내 땅은 안 뺏기고 살았다. 한국전쟁 기간 동안에도 피난도 안 갔다. 그런데 우리를 도와주러 왔다는 미군들이 이틀 여유를 주고 나가라고 했다. 그래서 '52년도에 7개 마을이 아무 보상도 못 받고 쫓겨났다. 여러 집에 텐트 하나 받았다." 이런 분들을 위해 특별법을 만들어서라도 보상해 줘야 한다. 주민들은 왜 그런지 영문도 모른 채 이렇게 당하고만 살아오셨다. 미국에 대해 감히 어떻게? 라는 생각 때문에 그래 왔지만 이제라도 정치권에서 이런 특별법이라도 만들어서, 미군기지에 의해 개개인이 당한 보상도 해야 되고, 그 지역 전체도 보상해야 한다. 예를 들면 의정부, 평택 송탄, 팽성, 이런 곳은 지난 60년 동안 미군이 주둔하지 않았나? 미군기지 정문 앞 사람들은 미군이 주둔해야 경제가 활성화된다고 얘기하지만, 몇 십 년 놓고 보면 미군기지 없는 곳보다 못 살고 있다. 훨씬 낙후되어 있다. 오히려 지역 개발에도 해를 끼쳤기 때문이다. 이런 기초자치단체에는 국가에서 특혜를 줘야 한다. 그 정도의 특별법을 만들어야 한다.

김용한 내년에 시효가 끝나는 협정이 하나 있다. 방위비분담금협정이라는 것인데, '91년부터 3년 단위로 개정되어 왔다. 내년에 이 협정을 개정하지만 않으면 2005년부터는 우리나라가 주한미군에게 주둔비를 한 푼도 주지 않아도 된다. SOFA 5조에 보면 미군 주둔하는 데 필요한 경비는 미군이 모두 부담하는 것으로 되어 있다. 그런데도 특별협정이라는 것을 만들어서 한국 정부가 돈을 내도록 했다. 지난번엔 2002년 4월 4일에서야 개정이 되었다. 2001년 12월 31일에 협정이 끝났으니까 1월부터 이 협정의 공백이 생긴 것이다. 따라서 이 기간의 돈은 안 주어도 되는 것이다. 그런데 4월에 협정을 맺으면서 1월부터 소급 적용한다는 조항까지 끼워 넣었다. 이 협정이 내년 12월 31일 끝난다. 9월쯤이면 구체적인 문안이 만들어질 텐데, 이것만 개정 못하도록 해도 된다. 내버려 두면 자동으로 없어지는 것이니까 파기 운동을 벌일 필요도 없다. 더 이상 연장하지만 않도록 SOFA 특별협정 저지 운동을 벌여야 할 것이다.[2)]

2) 2005년 7월 현재까지도 이 협정 개정의 완전한 타결은 이루어지지 않고 있다.

서울에 있으면 민족의 수치이고, 지방 이전하면 민족의 자랑인가*

8년 동안 수면 아래로 잠복했던 용산 기지 이전 논의가 다시 본격화되고 있는 가운데 김용한 <우리땅미군기지되찾기운동본부> 위원장은 21일 《오마이뉴스》와의 이메일 인터뷰에서 "미군의 영구 주둔을 바라는 사람은 아무도 없을 것"이라고 전제한 뒤 "그러나 즉각적인 미군 철수는 불가능하며 그런 현실을 반영하는 반환의 한 형태로써, 임대기간과 임대료를 정해야 한다"면서 "용산 미군기지 문제 해결의 정답은 이전이 아니라 반환"이라고 주장했다.

그는 이어 "SOFA의 어느 조항을 봐도 '이전'이라는 말은 없다"면서 "미군한테 쓰라고 제공해 주었던 땅은, 우리가 쓸 일이 있을 때 돌려받아야 하는 것이며 다른 나라처럼 임대기간을 정하고 임대료를 받는 것이 마땅하다"고 말했다.

김 위원장은 용산 기지 지방 이전 논의에 대해 "용산 기지를 지방으로 이전하자는 것은 한마디로 '범죄'"라고 잘라 말한 뒤 "이는 온갖 혜택 다 누리는 서울 사람들이 미군기지 문제를 상대적으로 가난하고 약한 시골 사람들한테 떠넘기는 것이 아니냐"면서 "수도 서울 한복판에 있으면 민족의 수치이고, 지방에 있으면 민족의 자랑이냐"고 반문했다.

김 위원장은 미군기지 축소 통폐합 논의에 대해서도 "차선책으로 이미

* 이 글은 2002년 1월 22일 《오마이뉴스》에 실린 글로써, 필자가 공희정 기자와 가진 인터뷰 내용 전문이다.

있는 미군기지를 넓히지는 말고, 그 안으로 용산 기지를 옮기는 방안도 생각할 수는 있겠지만 그 정도 인원이 들어가서 살 만한 빈터를 찾기도 쉽지 않을 것이고, 설사 발견한다 하더라도 그 지역 사람들은 반대할 것이 분명하다"면서 "미군기지 축소 통폐합 주장은 문제가 있다"고 말했다.

김 위원장은 또 "미군이 주둔하는 지역은 범죄나 환경 파괴, 퇴폐 문화 문제뿐만 아니라, 도시 개발 저해나 지역 경제 왜곡 같은 문제를 구조적으로 안고 살아가고 있다"면서 "미군 때문에 나라 전체가 혜택을 받고 있다면, 미군 때문에 고통을 당하는 주민들에게는 국가가 혜택을 줘야 한다"고 주장했다.

그는 또 "국립대학이나 국립병원, 국립극장 같은 것도 지어 주고, 미군기지 때문에 모자라는 지방 재정도 국가 예산으로 보전해 주어야 한다"면서 "다른 지역 주민들이 부러워할 정도로 혜택을 줘야 지난 50년 넘는 세월 동안 치욕스런 이름 '기지촌'에 살아온 사람들에 대한 기본 예의가 아니겠냐"고 되물었다.

다음은 김용한 위원장과의 인터뷰 전문이다.

용산 기지 문제 해법은 있나?

– 용산 기지 이전 문제가 8년 만에 다시 수면 위로 떠올랐는데?

= 지난 1990년 용산 기지 평택 이전 발표 직후, <용산미군기지평택이전을결사반대하는시민모임>을 만들고 공동대표로 3년간 투쟁해서 이긴 사람으로서 감회가 새롭다. 그 때 우리는 '님비 신드롬' 환자 취급을 당하기도 했다. "미군이 당장 철수할 상황은 아니지 않느냐"는 보수주의자들의 공격에서부터 "수도 서울 한복판에 미군기지가 있는 것은 민족의 수치 아니냐"는 민족주의자들의 공격에 이르기까지……. 하지만

아직도 이런 생각에 사로잡혀 있는 사람들이 많은 것 같다. 그러나 이는 큰 오산이다.

– 용산 기지를 지방으로 이전하는 것은 어떤 문제가 있다고 보나? 김 위원장이 말한 것처럼 일부에서는 '님비 현상'으로 받아들이기도 하는데?
= 수도 서울 한복판에 있으면 민족의 수치이고, 지방에 있으면 민족의 자랑인가. 용산 기지를 지방으로 이전하는 것은 한마디로 '범죄'다. 온갖 혜택을 다 누리는 서울 사람들이 미군기지 문제를 상대적으로 가난하고 약한 시골 사람들한테 떠넘기는 것 아니냐. 가난하고 못 배운 게 죄인가? 미국의 재무장관을 지낸 서머스라는 사람이 "주변 주민들에게 불치병을 일으킬 수 있는 독성폐기물을 뿜어대는 공장은 미국 같은 선진국이 아니라, 미개한 나라에 세워야 한다. 그것은 도덕적으로도 비난받을 일이 아니다"라고 주장한 적이 있다. 그런 나라들은 원래가 영아사망률도 높고, 평균수명도 짧은 데 반해 미국 사람들은 그 공장 때문에 일찍 죽을 수 있기 때문이라는 것이다. 용산 기지를 지방으로 이전하라는 주장이 어쩌면 그렇게 닮았는지! 섬뜩하기까지 하다.

– 최근 언론들은 국방부 관계자의 말을 빌어 용산 기지 이전지로 수도권 지역을 일일이 거론했는데?
= 앞으로 미군은 영구 주둔을 공식화할 게 분명하다. 물론 현재 법적으로도 미군은 무기한으로 주둔하게 돼 있고, 김대중 대통령과 미국 고위 관료들이 통일 후 주둔을 되풀이 주장하고 있긴 하다. 그러나 서울에서 미군기지가 사라지면, 앞으로는 언론이나 일반 국민까지도 미군기지 문제를 고민하지 않을 것이 분명하다.

미군이 낙동강이나 섬진강, 또는 진위천을 오염시켜도, 서울 사람들이나 거대 언론이 한강 오염 때처럼 관심을 보일까? 대다수 국민이 무관심해지면 주한미군은 영구 주둔하는 길밖엔 없다. 쓰레기는 사람 눈에 안 띄게 '꼬불쳐' 둘 게 아니다. 누군가의 눈에 띄게 버려야 누가 치워도 치울 게 아닌가? 그런 점에서 미군기지를 '이전'으로 해결하려면, 전국 미군기지를 서울로 '이전'한다는 계획을 세우면 될 것이다. 그러면 그 많은 서울 사람들이 찬반으로 나뉘어 토론하게 될 것이고, 그러면 정답도 쉽게 찾을 수 있을 것이기 때문이다.

그런 점에서 이번에 국방부가 송파나 성남, 수원 같은 대상 지명을 한꺼번에 발표한 것은 잘한 일이다. 벌써 그 지역 사람들이 강력하게 반발하고 있지 않은가? 더 많은 지명을 거론하면 미군 문제를 해결하는 데 큰 도움이 될 것 같다. 하지만 정부는 언제까지나 미군기지 문제를 이전으로 풀려고 해서, 이렇게 국론만 분열시켜서는 안 되고 하루 빨리 정답을 찾아야 한다.

용산 미군기지 문제, 정답은 반환이다

– 용산기지를 다른 지역으로 이전시키는 것은 '범죄'라고 했다. 그렇다면 대안은 있나?

= 그 불평등하다는 SOFA의 어느 조항을 봐도 '이전'이라는 말은 없다. 제2조 시설과 구역 조항의 소제목이 '공여와 반환'이다. 미군한테 쓰라고 제공해 주었던 땅은 우리가 쓸 일이 있을 때 돌려받아야 하는 것이다. 다른 나라처럼 임대기간을 정하고 임대료를 받는 것이다. 현재 한미상호방위조약이나 한미 SOFA의 유효기간은 '무기한'이다. 몇 나라의 예

를 참고로 이 조항을 고쳐야 한다.

- 한미상호방위조약이나 SOFA 조항을 고쳐야 한다고 했는데 구체적으로 말해 달라.
= 먼저 북한(조선)이 옛 소련과 맺은 조소군사조약은 10년간 유효했고 이의 제기가 없으면, 5년간 자동 연장되었다. 필리핀은 99년 기한의 협정을 맺었다가 19년 만에 25년으로 줄임으로써 44년 만에 미군기지를 되찾을 수 있었다. 오스트레일리아도 1988년, 1998년, 2008년, 식으로 기간을 연장해 주고 있다. 일본은 현재 '무기한'이지만, 일본 정부가 지주들에게 임대료와 상세한 사용 목적을 제시하면서까지 5년, 7년, 10년의 계약을 맺고 있다.
근본적으로는 우리나라도 한미상호방위조약을 바꿔야 한다. 그러나 그 전에라도 한국 정부는 지주들과 계약 기간, 사용 목적, 임대료 따위를 자세히 제시하고 임대를 해서 써야 한다. 계약 기간이 끝나면 바로 반환받을 수도 있고, 임대료는 올리되 기간은 연장해 줄 수도 있다. 당장 철수해야 한다고 주장하는 분들께는 미안하지만, 나는 그 기간을 10년으로 정하고, 국제 정세와 한미관계, 남북관계, 국민 여론 따위를 반영한 협상을 통해 반환과 재임대 여부를 결정하는 게 좋겠다고 생각한다.

미군 주둔 지역에는 국가가 혜택을 줘야

- 협상을 통해 반환과 재임대 여부를 결정해야 한다고 했는데, 지금까지 미군기지로 인해 피해를 입었던 지역 사람들이 반발할 가능성은 없나?
= 미군이 주둔하는 지역은 범죄나 환경 파괴, 퇴폐문화 문제뿐만 아니라,

도시개발 저해나 지역 경제 왜곡 같은 문제를 구조적으로 안고 살아가고 있다. 이 지역 사람들이 무슨 천형을 안고 태어났는가? 미군이 우리나라를 지켜주러 왔다고 믿고 있는 사람들의 그 간절한 '신앙'을 존중한다 하더라도, 미군이 미군기지 지역 사람들만 지켜주러 왔는가? 미군 때문에 나라 전체가 혜택을 받고 있다면, 미군 때문에 고통을 당하는 주민들에게는 국가가 혜택을 줘야 한다. 국립대학이나 국립병원, 국립극장 같은 것도 지어 주고, 미군기지 때문에 모자라는 지방 재정도 국가 예산으로 보전해 주어야 한다. 다른 지역 주민들이 부러워할 정도로 혜택을 줘야 지난 50년 넘는 세월 동안 치욕스런 이름 '기지촌'에 살아온 사람들에 대한 기본 예의가 아니겠는가?

– 일부에서는 용산 기지 이전에 대한 차선책으로 축소통폐합론도 조심스럽게 거론되고 있는데?

= 물론 차선책으로 이미 있는 미군기지를 넓히지는 말고, 그 안으로 용산 기지를 옮기는 방안도 생각할 수는 있겠다. 그러나 용산에는 미군이 3,996명, 민간인이 1,305명, 기타가 5,529명, 합쳐서 1만830명이 주둔하고 있다. 그 정도 인원이 들어가서 살 만한 빈터를 찾기도 쉽지 않을 것이고, 설사 발견한다 하더라도 그 지역 사람들은 반대할 것이 분명하다. 심지어 지금까지는 미군에게 집을 임대해 주며 돈을 벌던 사람들조차 별로 달가워하지 않을 것이다. 앞으로는 미군기지 안에 아파트를 비롯한 각종 편의시설을 지을 것이기 때문에 미군이 많이 와도 별 이득이 없기 때문이다.

매향리 폭격장 폐쇄와 SOFA 전면 개정*

대통령님, 안녕하세요?

먼저 매향리주민대책위 전만규 위원장이 황원탁 외교안보수석과 한 시간쯤 대화한 뒤 결론으로 한 말을 빌려 쓴소리를 시작하고 싶습니다. 그는 "다 필요 없다. 진상 조사도, 손해 배상도 필요 없다. 폭격장만 폐쇄시켜라. 미국 이전도 반대다. 그런 폭격장 옆에선 미국 사람도 살 수 없다"고 했습니다.

매향리에선 "사람 죽이는 게 무슨 안보고, 통일이냐? 폭격장 폐쇄하라!"는 소리가 물결을 이루고 있습니다. 불순세력의 선동 때문이라고요? 결코 아닙니다. 지난 50년간 미군 폭격으로 죽거나 다친 사람이 수십 명이고, 난청이나 불면증, 신경쇠약, 정신착란 같은 병으로 고생하다 자살한 사람도 수십 명입니다. 매향리는 아직도 전쟁 중입니다. 50년입니다, 50년. "일제 때도, 인공 때도 살아봤지만, 목숨 잃지 않았고, 어장 빼앗기지 않았는데, 도와주러 왔다는 미군 때문에 목숨 잃고, 불구자 되고, 황금어장마저 빼앗겼다"는 겁니다. 그런 점에서 매향리 주민들의 주장은 너무나 당연하고 당당한 주장이라고 봅니다.

그분들의 한 맺힌 삶을 접한 전국 수백 개 시민사회단체가 <매향리

* 이 글은 <참여연대>가 대통령에게 보내는 형식의 편지글을 모아 행하는《개혁통신》65호(2000년 7월 13일)에 실린 글을 약간 다듬은 것이다. 당시 필자는 <매향리폭격장폐쇄범국민대책위원회>와 <불평등한소파개정국민행동>에서 공동집행위원장을 맡고 있었다.

폭격장폐쇄범국민대책위원회>라는 단일조직을 만들어 뒤늦게나마 돕고 있습니다. 그랬더니 '국민의 정부'가 가면을 벗더군요. 원천봉쇄는 물론, 할머니 할아버지 가리지 않고 방패로 찍고, 돌로 까고, 군화발로 짓밟습니다. 대통령께서도 잘 아실 문정현 신부님이 스무 살짜리 전경들에게 매일 얻어맞으십니다. 시위대를 담 밑으로 몰아붙이고 휙휙 소리 나게 돌도 던집니다. '다리몽댕이 부러뜨린다'는 말은 들어봤지만 실제로 그러는 건 처음 봤습니다. 이마와 머리를 열댓 바늘씩 꿰매는 사람이 하루에도 몇 명씩이고, 두 달 동안 중경상을 입은 사람이 2백여 명입니다. 박정희나 전두환 군사독재 때도 이러지 않았다는 소리마저 나오고 있습니다.

6월 28일부터 7월 2일까지 오키나와에서 '민중의 안보를 위한 오키나와 국제 포럼'이 열렸습니다. 70여 평화운동가들이 모여 2박3일 꼬박 토론한 끝에, '나고시 헬리포트 건설 중단과 매향리 폭격장 폐쇄'를 첫 번째 요구안으로 정한 결의문과 한미 두 나라 대통령에게 보내는 탄원서를 채택했습니다. '전만규 위원장 즉각 석방, 매향리 폭격장 즉각 폐쇄, 불평등한 한미 SOFA 전면 개정'이 그 내용입니다. 곧 받아보시게 될 겁니다. 연금 생활하실 때 일본 대표 자격으로 동교동 자택을 찾아뵈었던 우메바야시 히로미치 박사, 필리핀대학교 월든 벨로 교수와 클린턴 미대통령의 동창생 평화운동가 조셉 거슨 박사 같은 분들이 중심이 되었습니다.

홍콩에서도 <아시아 센터>가 세계 1백여 나라 평화운동단체에 "한미 두 나라 대통령에게 '매향리 폭격장 폐쇄'를 요구하자"는 '긴급 제안'을 전자우편으로 보냈습니다. 청와대와 백악관의 주소와 이-메일, 팩스 번호까지 공개했더군요. 지난 5월 유엔 본부에서 열린 '밀레니엄 포럼'에서도 같은 결의문을 채택했습니다. 매향리는 이제 세계 평화운동가들의 최대 관심사가 되었습니다. 노벨평화상을 눈앞에 두신 분으로서 매향리 때문에 세계 평화운동가들의 눈 밖에 나지 않으시길 빕니다.

시위대가 폭격장 철조망을 걷어냈다는 보고 받으셨죠? 최종수 신부를 비롯한 14명이 미군 폭격의 표적인 농섬에 들어갔다는 보고는요? 그 때 우리는 미대사관과 주한미군사령부, 한국 국방부에 전화를 걸어 "사람이 있으니 폭격을 중단해 달라"고 요청했습니다. 그런데도 미군은 눈 하나 깜짝하지 않고 폭격과 사격을 계속하더군요. 최 신부는 그 때 정말 죽는 것 같은 공포를 느꼈다고 하고, 지금도 악몽에 시달리고 있답니다. 사람이 있는 섬에 대고 그렇게 폭격을 해대는 까닭이 뭘까요? 한반도 평화나 자유민주주의 체제 수호를 위해서라고요? 턱도 없는 소립니다. 단언하건대 무기 판매와 신무기 제조 실험을 위해섭니다. 매향리 폭격장의 관리 운영자가 록히드 마틴사라는 점이 이를 증명합니다. 록히드 마틴사는 전 세계 정계에 뇌물을 바치고 무기를 팔다가, 지난 76년 일본에서 다나카 수상에게 5억 엔의 뇌물을 주어 다나카를 물러나게 했던 이른바 '록히드 스캔들'을 통해 마각의 일부를 드러냈던 세계 최대 규모의 초국적 군수산업체입니다. 최근에는 소련이 무너진 뒤 전쟁마저 잘 안 일어나서 골머리를 썩이고 있을 겁니다. 남북정상회담 이후 평화 분위기 때문에 남한 무기 판매도 전처럼 쉽지는 않을 테죠. 매향리에서마저 폭격을 못하게 되면 공장 문을 닫게 될지도 모릅니다. 하지만 군수 공장 문 닫지 않게 하려고 매향리 주민을 실험용으로 바친다는 건 있을 수 없는 일입니다. 다시 말씀 드립니다. 매향리 폭격장을 폐쇄해 주십시오. 그렇지 않으면 대통령께서도 록히드 마틴사의 로비를 받았다는 의심을 받으실 것입니다.

끝으로 꼭 드리고 싶은 말씀이 있습니다. 기회만 있으면 "통일된 뒤에도 주한미군은 주둔해야 한다"고 하시더군요. 미국이 통일을 방해할까 봐 그러시는 거려니 좋게 봐드리고 싶습니다. 하지만 이제는 그만하세요. 진짜로 그렇게 될까 봐 걱정입니다. 반민주적이거나 머리가 나쁘기로 소문난 역대 대통령 누구도 그런 소린 안 했습니다. 대통령께서 그런 말 안 해도 한미상호방위조약 4조와 6조에 따라 미군은 '무기한 주둔'하게 되어 있습니다. 어느 한 쪽이 조약의 파기를 통고하고 1년이 지나야 파기되게 되어 있습니다. 어디에도 '통일 이후'라는 말은 없습니다. 앞으로는 그 부분에 대해 입을 다물어 주십시오. 꼭 말씀을 하셔야겠다면 "한미상호방위조약과 SOFA의 유효기간을 다른 나라들처럼 5년이나 10년으로 고치는 걸 포함해서 전면 개정하겠다"고 하십시오. 그리고 실제로 그렇게 고치려는 의지를 보여 주십시오. 미국의 반대 때문에 안 되는지 대통령께서 알아서 기는지는 알 수 있습니다. 50년을 참았습니다. 10년 더 못 참겠습니까? 조선민주주의인민공화국과 옛 소련이 맺었던 '조소군사조약'도 10년이잖습니까? 어느 쪽도 이의를 제기하지 않으면 5년 자동 연장되지요. 지금 SOFA 개정 협상에서 미국이 오만방자하게 나오고 있습니다. 그것은 미국의 인종우월주의 때문만이 아닙니다. 대통령의 예속적 태도에도 책임이 있다고 봅니다. 통일된 뒤에도 매향리 주민들이 폭격 속에 살아가야 한다면, 그 통일은 누구와 무엇을 위한 통일인가요? 부디 이 쓴소리가 약이 되어 내내 건강하시길 빕니다.

용산기지 아파트 건축, 무엇이 문제인가?*

김용한 국민들의 생각을 미국에게 주장해서 그것을, 우리 국민이 이런 생각을 가지고 있다고 하는 것을 오히려 미국 측에 설득을 해야 된다고 봅니다.

김용한 우선 다 아시는 대로 용산의 미군기지 안에 아파트를 아주 견고하게, 그것도 평당 800만 원에서 900만 원씩이나 들여서 짓겠다고 하는 것은 영구 주둔하겠다는 음모인 것입니다. 그 근거가 몇 개 있는데요. 미군이 '90년에 합의를 했지만, '96년까지 반환하기로 각서까지 써놓고요. 그렇지만 작년 5월 달에 한국 국방부에 용산 기지 이전계획을 좀 철회해 달라, 이런 요청을 한 게 드러났고요. 올해 발표된 LPP, 한미연합토지관리계획이라고 하는 그 계획에서 4천여 만 평의 미군기지를 돌려받기로, 10년 동안 하기로 했지만 용산 기지는 빼놓았습니다. 그리고 용산 기지를 허브기지라고 해서 중심축으로 만들겠다는 그런 계획을 세워 놓은 게 있어서, 이것은 아파트 하나를 짓겠다는 문제가 아니라 영구 주둔하겠다는 음모다, 이런 생각을 합니다.

---

* 이 글은 2001년 12월 21일(금) 방영된 MBC-TV '100분 토론'(제98회)에 출연하여 필자가 발언한 내용만 따로 뽑은 것이다. 이 토론의 사회는 유시민, 패널은 필자와 이장희 외대 교수, 지만원, 현광언 씨가 참여했다. 당시 필자는 <우리땅미군기지되찾기공동대책위원회> 위원장 자격으로 토론에 참여했다. MBC에서 정리한 글이다.

김용한 우선 저희들이 보통 용산 기지, 그렇게 얘기를 하지 용산 기지를 세분해서 메인 포스트다, 사우스 포스트다, 수송단이다, 아리랑택시부지다, 이런 식으로 세분해서 얘기하질 않고요. 전체를 묶어서 다 우리는 용산 기지라고 그럽니다. 그러니까 용산 기지 속에서 사우스 포스트에 지으려고 하던 거를, 문제가 되니까 일반 주거지역인 수송단 터로다 옮기겠다, 이것은 말장난이죠. 그것도 용산 기지입니다. 그 다음에 또 하나 말씀드리겠는데요. 아까 지 박사님께서 녹지가 보존돼 있는 것은 미군 덕분이다, 얘기 하셨는데 그렇게 녹지가 중요한 거라면 우리가 분단돼 있는 것이 굉장한 행운이겠습니다. 뒤에……, 얼마나 넓은 녹지가 있습니까? 그렇게 할 수는 없다고 보고요. 또 하나 아까 현 실장님께서 말씀하신 것 가운데 미군한테 우리가 방위비분담금으로 준 돈이, 1/3이, 그건 미국 돈이다, 이렇게 말씀을 하셨는데 그러면 100% 전체 미국 돈 가지고 짓는 겁니다. 우리가 땅을 팔아서 1/3을 주던, 방위비분담금으로 1/3을 주던, 미국 쪽에서 1/3을 대던, 다 합쳐서 다 미국 돈이잖아요. 아파트 짓는 것이……, 우리는 우리 돈이 하나도 없네요? 우선 그런 게 말이 안 된다고 봅니다.

김용한 구체적으로다 우리가 몸으로 뛰어 들어가서 막게 될지, 정말 장비를 동원해서 건축현장을 점거해서, 정말 우리가 건축을 못하게 할지, 이것까지 저희들이 계획을 세워 놓고 있지는 않습니다. 그러나 한국 정부가 그런 일이 벌어지지 않도록 국민들의 여론을 충분히 수렴해서, 그것을 미국 측에 설득해서 미군이 그런 사태까지 안 가도록 하는 게 바람직하다고 봅니다. 그리고 서울시, 지금 부시장님 통화를 들으면서 소리가 굉장히 작아서 잘 못 들었지만 어쨌든 서울시는 지금 국방부한테서나 미군한테서 어떤 협의도 받지 못했다는 부분인데요. 지자체가 협의할 수 있는 권한은, 사실은 없지만, SOFA에도 보면 그것이 미군의 권리로 돼 있습니다. 미군은 한국측 정부하고 직접 협상을 하는데, 협의하고 그렇게 돼 있지만, 지자체하고는 직접 할 수도 있어요. 하고 안하고는 미군의 권리로 돼 있습니다. 그것은 잘못돼 있다고 보고요. 그 부분은 좀 고쳐야 된다고 봅니다.

김용한 비용문제가 나온 김에 말씀을 좀 드리면요. 우리나라가 엄청난 비용을 미군한테 이미 주고 있습니다. 그래서 제가 도표를 좀 가져왔는데요. 한국 정부가 주한미군에게 직간접 지원하는 비용의 도표인데요. '97년에 7억3천6백만 달러, '99년에 7억2천1백만 달러, 이래서 해마다 환율로 계산해 보면, 해마다 우리 돈으로 1조 원 이상을 주한미군에게 직간접적으로 지원을 하고 있습니다. 그런데 다른 나라와, 지금 하도 우리나라에서 일본과 독일을 미군 주둔 문제 가지고 비교를 많이 해서 저도 사실 기분이 나쁘지만, 왜냐하면 일본과 독일은 우리나라하고 비교하면 사실 안 될 나라들입니다. 왜냐하면 전범국가들이고요, 세계대전을 일으킨 나라들이고, 패전국가들이고, 그래서 이런 나라들과 비교하는 게 맞지 않지만, 어쨌든 우리는 그런……, 전쟁도 일으키고 그랬던 나라들인데도 워낙 식민지를 거느리면서 많은 돈들을 빼앗아 가지고 잘 살고 있습니다. 그런데 이런 나라들보다 훨씬 더 많은, 직접 지원액을 더 주고 있는데요. 연평균 우리는 32%나 인상되고 있고요. 일본은 해마다 5%씩 올려 주고 있습니다. 근데 독일은 오히려 연평균 57%씩 깎아 주고 있습니다. 이러다 보니까 우리는 국민 1인당 54달러씩을 미군한테 주고 있고요. 일본은 50달러씩, 독일은 25달러씩 지원하고 있습니다. 그것을 우리 GDP로 대비해 보면 한국이 일본보다 다섯 배나 더 미군한테 지원하고 있는 거고요. 독일보다, 따져 보면 13.5배나 더 많이 지원을 하고 있습니다. 정부 예산으로 따져 보면 일본보다 4.2배, 독일보다는 11.8배로 우리가 지원하고 있습니다.

김용한 저는, 용산 기지를 어디로 이전한다든가 이런 것은, 저는 반대하는 사람입니다. 왜냐하면 기지문제를 이전으로 해결하려고 하면 절대 안 됩니다. 왜냐하면 용산 기지가 안고 있는 문제들이 서울에……

김용한 지금 철수를 주장하는 건 아니고요. 지금 두 분은 그럼 영구 주둔을 주장하시는 겁니까?

김용한 철수는요. 지금 당장……

김용한 반환입니다. 반환인데, 이것은……

김용한 SOFA에 보시면 아시겠지만, SOFA의 어느 조항에도 미군기지의 이전이라는 조항은 없습니다. 반환은 있습니다……

김용한 그러니까 그건 제가 얘기할 게 아니고, SOFA에 반환으로 돼 있는데……

김용한 미군들한테 물어보시고요.

김용한 저는 대안이 있습니다. 여러 가지 대안들이 있는데, 그곳에 있던 미군기지를 반환하는 것은 지금 당장 반환할 수도 있고요. '96년에 이미 반환하기로 합의각서까지 쓴 사람들입니다. 그런데 아직까지 5년이 지났는데도 반환하지 않고 있고, 앞으로도 10년 동안 반환하지 않겠다는 얘기인데……

김용한 그 말씀을 좀 드리겠습니다, 그러면. 제가 미군기지를 돌려받을 때 이것은 주인으로서 하는 얘기입니다. 저희 단체 이름이 길어서 앞이 생략됐는데 <우리땅미군기지되찾기공동대책위원회>입니다. 미군기지는, 독도만이 아니라 미군기지는 우리 땅입니다. 우리가 쓸 일이 있으면 당연히 돌려 달라고 얘기해야 됩니다. 이전하라가 아니라, 이전하라는 얘기는 서울시가 굉장히 좋은 거 많습니다. 전 오늘 MBC 와서 이런 토론하고 있는데, MBC 같은 언론사가 전 굉장히 부럽습니다. 이거 서울에만 있습니다. 지방에, 전 평택에 살고 있는데요. 평택에 이런 토론회, 전국에 생중계되는 토론회 못합니다…… 근데 서울에 이런 방송사 말고도 좋은 점들이 굉장히 많은데, 그런 좋은 점들을 안고 있는 서울이, 미군기지가 안고 있는 나쁜 것들은 다 지방으로 가져가라, 그래서 지방으로 이전하려고 그러는 것은, 저는 옳지 않다고 봅니다.

김용한 간접비는 계산하는 방식이 다를 텐데요. 용산 미군기지 임대료를 얼마로 계산하시겠습니까, 지 박사님?

김용한 아니죠. 이것은 전부 계산이……, 언론에 보도된 것들을 정리하는 것이고요.

김용한 마지막 주제에서 좀 다룰 수 있지 않을까요?

김용한 개정이 돼 나가는 게 아니고요. 저희들이 개정을 계속 요구하고 있습니다.

김용한 현 장군님, SOFA개정 요구하신 적 있으십니까?

김용한 제가 말씀드릴게요. 우선 그 당시 저는 전쟁이 6월 25일 날 시작됐다고 보지 않는 사람입니다. 그 전에 이미 10만 명이 죽었기 때문에 저는 그걸 영어로 표현해서 War in Korea, Korean War도 아니고 War in Korea……

김용한 네, 우리가 굉장히 다급하게, 아주 힘들고 고통의 시대를, 그때 겪을 때, 미군이 도와줬다 할 때, 정말 그렇게 다급해 하는 사람들한테 미군들이 내가 도와줄 테니까 아주 불평등한 협정, 조약 맺자. 그거 안 맺으면 안 도와주겠다, 이런 사람들입니다. 그래서 50년 전에 엄청난 불평등한 조약을 체결했기 때문에 지금 50년 뒤에 보면, 그렇게 우리가 다급할 때, 우리의 그런 약점을 이용해서 불평등한 조약을 맺은 거거든요. 그거 고치지 못하고 있지 않습니까? 조약은. SOFA 협정만 간신히 두 번 고쳤습니다. 한미상호방위조약은 고치자는 말도 못하고 있습니다. 지금……

김용한 노근리 사람들이 죽은 건 아무것도 아니다, 이렇게 말씀하신 겁니까?

김용한 저희들이 언제……, 우리가 언제 미군 사람들이 죽은 건 아무것도 아니다, 이렇게 말했습니까?

김용한 그 대안을 좀 말씀드리면 다른 나라들의 사례처럼 계약기간을 정하는 겁니다. 미국과 직접 계약기간을 정하던가 아니면 한국 정부가 정하던가, 지주가 미국과 직접 하기는 힘들 겁니다. 그러니까 결국은 정부가, 미국과 계약기간을, 10년간 이 기지를 좀 써라, 라든가 필리핀의 경우는 99년이라는 계약기간을 맺었습니다. 그것이 19년 만에, 필리핀 사람들이 앞으로 남은 기간 80년이 너무 기니, 도저히 못 참겠으니 25년으로 줄이자 해서 25년으로 줄였습니다. 그래서 '91년에 계약기간이 끝나는 것을 '88년부터 협상을 했습니다. 3년 동안……, '91년에 끝나는 미군기지 계약기간을 어떻게 할 것이냐. 3년 동안 협상하는 동안 미국은 노골적으로 독재자 마르코스를 편을 들었습니다. 그래서 그 필리핀 국민들이 미군기지 연장해 주면 안 되겠다. 그래서 그때 국민들이 굉장한 반미시위를 많이 했고요. 필리핀에서……, 그것이 상원에 의해서 부결됐습니다. 연장안이……, 그래서 필리핀은 그렇게 됐고요. 지금 오키나와 같은 데는, 일본 본토도 마찬가지이긴 하지만, 주로 일본에서 일본 정부가 지주들에게 계약기간을 해서 당신네 땅을 10년 동안, 아니면 5년 동안 미군기지에 무엇으로 쓰게 줄 테니까 빌려 달라, 이렇게 해서 그동안 임대료 얼마 주겠다, 이런 거거든요. 근데 우리는, 정부는 그런 거 안합니다. 무기한으로 미군에게 그것도 공짜로, 이렇게 제공하고 있습니다.

김용한 아니, 필리핀 같은 경우는 미국관계죠.

김용한 지금도 미국……

김용한 지금도 미국 사람들이 그런 협박을 하고 있습니다. 자꾸만 이렇게 시끄럽게 하면 철수하겠다, 이런 말을 미국 사람들이 우리나라 사람들에게 협박을 하는 걸로 사용하고 있습니다.

김용한 철수하겠다, 그건 협박입니다. 절대로 미국 사람들 철수할 생각 없습니다. 절대로 안합니다.

김용한 철수 안합니다. 그 사람들, 우리 국민들이 정말……, 제가 어떻게 될지 모르겠는데 이런 게 가능할지 모르겠어요. 정말 반미혁명정부가 혹시 가능하다면, 그게 가능할지 모르겠지만 그런 게 가능하다고 그러면 미군한테……

김용한 내보내려고 그러는 게 아니고요. 기지를 우리가 쓸 일이 있으니까 반환 받겠다 하는……

김용한 이런 것도 있을 수 있습니다. 그거는 자기들이 대안을 만들면 되는데요. 제가 볼 때는, 예를 들면, 미군기지가 군사기지로만 사용되는 게 아니라, 미군들 놀이터로 사용되고 있습니다. 파친코라고, 그러고 슬롯머신 기계, 뭐 이런 거라든가 아니면, 골프장 몇 십 만 평씩 차지하고 앉아 있고, 미군기지 안에 그러고 있는데, 그런 데 얼마나 넓은 데가 많은데……

김용한 미국은 절대 안합니다. 세계 85개국에 미군들을 주둔시키면서……

김용한 이제까지 역사를 놓고 보건대, 미국이 해오는 행태를 보건대 절대 안한다는 것이, 지금 10년입니다. 그런데 한국 정부는 절대 못하고 있습니다. 할 수가 없습니다.

김용한 SOFA 고치자는 말을 간신히 하는 정도, 그것도 시민단체가 들고일어나서……

김용한 몇 년씩이나 우리가 항의시위를 하고 외교통상부, 국방부 항의 방문하고 해서 간신히 협상 테이블에 앉혀 놓으면, 딴일 하고 이랬습니다.

김용한 그것은 미국 측 주장이고요. 이전 비용 문제 굉장히 허수가 많습니다. 제가 부산에 하야리아 부대를 외곽으로 이전하려고 하던 협상팀 대표를 만난 적이 있는데요. 미국 측에서는, 한국 정부는 아무런 간섭하지 말고 미군기지가 이전해서 가려고 하는 주변에 주민들의 반대시위나 막아주고, 그 다음에 설계부터 공사업체 수주, 건설, 감리, 모든 것은 미군 측에서 알아서 할 테니까 내용은 들여다 볼 생각 말고 돈만 대라. 그래서 얼마큼 건축이 됐으니까 돈이 얼마 필요하다, 이러는 거였고요. 용산 기지의 경우를 딱 돌아 갖고 보면 맨 처음에 17억 달러 정도를, 이전 비용 될 거라고 요구를 했지만, 그게 왜 그렇게 들어가는 건지도 몰랐는데, 어느새 갑자기 차츰차츰 올라가기 시작하더니 97억 달러까지, 100억 달러를 요구하고 있습니다. 도대체 왜 그렇게 많은 돈이 드는지, 저도 물론 군대생활을 하면서 부대 이동을 굉장히 많이 해 봤습니다만, 왜 무슨 돈이 그렇게 많이 듭니까? 미군기지 옮기는데? 그리고 땅을 자꾸만 사서 땅 주인들을 철거민 만들고, 그 사람들 내쫓고, 아주 헐값에……, 또 그런 사람들, 정말 불쌍한 시골 사람들, 이런 사람들에게 그렇게 해놓고서는, 거기다가 미군한테 공짜로 그 땅을 준다? 이것은 도저히 용납할 수 없는 것입니다. 이 비용이, 지금 여기, 오늘 제가 여기 오기 전에 아주 특종이라고 그러면서, 오늘, 이번 일요일자 신문인데요. 오늘자에 나왔습니다. 주간신문인데……, 우리는 지금 이런 토론을 하고 있는 사이에 미국 사람들은 그 용산 기지를 가지고 엄청난 떼돈을 벌 계획을 세워 놓고 있고 이것을 가지고 내년 1월 16일 날 서울, 여긴 호텔 이름까지 나와 있지만 제가 안 읽겠습니다. 서울 어느 호텔에서 '21세기 동북아 주한미군의 위상과 역할'이라는 주제의 세미나를 열겠다, 아주 구체적인 계획이 나와 있습니다. 이것은 여기 참여하는 사람들, 아까 현 실장님이 말씀하셨던 리시카시라고 하는 전 한미연합사령관입니다. 이런 사람들, 그 다음에 지금 현재 주한미국상공회의소 소장을 하고 있는 제프리 존스 같은 사람들, 부시 대통령 아버지 전 부시 대통령, 이런 사람들이 모여 가지고 투기회사를 만들어 놓고, 그 투기회사가 용산 기지 돌려받으면 그 땅에다가 2백억 달러를 투자해 가지고, 거기다가 아파트 짓고 건물 짓고 상가 짓고, 막 이렇게 해서 나머지는 공원 조금 만들고 해서, 거기 이익 챙기고, 용산 기지는 영종도 쪽으로 이전한다, 이런 기사를 특종으로 지금 보도하고 있습니다.

김용한 저는, 여기에 보도된 것이 굉장히 구체적이고요. 여기 지금 제프리 존스라고 하는 사람……

김용한 지금 하여간 부시 전 대통령과……

김용한 가정은 좀, 시간이 지금 없으니까요. 오히려……

김용한 지 선생님 같은 경우는 위협을 느낄 것 같습니다.

김용한 나머지 서울 시민들은 대단히 좋아할 것입니다. 왜냐하면 미군기지뿐만 아니라, 대부분의 모든 군사기지는 평상시에는 퇴폐적인 향락문화들을 확산시키고 범죄와 환경 파괴 같은 것으로 주변 주민들을……

김용한 제가 지금 그렇게 말씀을 드렸지 않습니까? 그렇게 해서, 그러다가 전쟁 때가 되면 적의 공격의 목표지입니다. 군사기지는……, 그런데 미군기지가 딱 있으니까 우리는 보호되겠다, 서울 시민들이 안심하고 미군기지가 있으니까 좋아하고 그런다면, 수많은 서울 시민들이 미군기지를 이전하라든가 반환하라든가 요구하는 사람들은, 그 사람들은 미군기지가 있는 게, 훨씬 더, 있으면 자기들은 오히려 안 되겠으니까 그렇게 주장하는 건데, 그 사람들이 미군기지 떠나는 것을, 지금 지 선생님 말씀대로 미군이 떠나면 우리는 불안해서 못 살겠다, 그러면 그 사람들이, 그 많은 사람들이 이전을 요구하고 하겠습니까?

김용한 저는 미군기지가 있는 것이 도움이 안 된다고 생각하는 사람들은 나가라고 할 거라고 봅니다.

김용한 저는 반미 감정 일변도도 아니고요. 현실적으로다 우리나라에서 최근에 전쟁의 위협이, 두 번이 큼직한 게 있었는데요. 그것은 북한의 남침 위협이 아니라 오히려 지난 '94년에 있었던 미군의 북한 선제공격, 이것은 날짜까지 못을 박아 놓고 계획을 미국이 세워 놨던 것이고요.

김용한 예, 그런 위험이 있었다고 생각을 합니다.

김용한 제가 바로 그 장본인입니다.

김용한 남북관계와 미군 주둔은 아무런 관계가, 사실 없습니다. 그것은 핑계일 뿐이고요. 미국이 소련이 살아 있었던 냉전기간 동안 엄청난 무기를 팔아서 떼돈을 벌었는데, 소련이 무너지고 나니까 그 다음부터는 작은 악마들이라고, 그래서 깡패국가라고 이렇게 이름을 붙이는, 거기에 북한도 포함돼 있고, 아까 지 선생님 말씀한 것 보면 미국이 곧 테러국가로서 북을 공격하기를 바라시는 듯한 말씀을 하셔서 좀 섬뜩한데……

김용한 한반도 내에서 미국에 의한 전쟁이 정말 일어날 것 같습니다. 저는 굉장히 불안하고요. 그런 점에서 미국에게 우리 남한은, 북을 공격하지 못하도록, 저는 정말 우리 한반도에서 전쟁을 일으키지 못하도록 해야 된다고 보는데요. 이것은 미국이 그동안 해 온 얘기를 보면, 슈워츠 한미연합사령관이 그 무기회사 로비스트 노릇을 하고 있지 않습니까?

지금 그런 점에서……

김용한 너무 극대화시키지 말았으면 좋겠습니다.

동북아 비핵지대 건설을 위한 한일 NGOs 협력 방안*
- 한국 측 NGOs의 준비 정도를 중심으로

1. 들어가며

남과 북은 지난 1992년 2월 19일, '한반도의 비핵화에 관한 공동선언'을 발효시켰다. 원폭 투하 당시 히로시마와 나가사키에 있던, 수많은 인명 피해를 당한 남북한이 뒤늦게나마 핵의 위험을 인식한 것은 정말 다행스러운 일이었다.

당시 남과 북은 정원식 국무총리와 연형묵 정무원 총리를 수석대표로, 이 역사적인 선언에 서명을 하게 했다. "한반도를 비핵화함으로써 핵전쟁의 위험을 제거하고 우리나라의 평화와 평화통일에 유리한 조건과 환경을 조성하며 아시아와 세계의 평화와 안전에 이바지하기" 위한다며 다음과 같은 6개항의 합의문을 발표했다.

1. 남과 북은 핵무기의 시험, 제조, 생산, 접수, 보유, 저장, 배비, 사용을 하지 아니한다.
2. 남과 북은 핵에너지를 오직 평화적 목적에만 이용한다.
3. 남과 북은 핵재처리시설과 우라늄농축시설을 보유하지 아니한다.

* 이 글은 2001년 1월 30일(화) 09:00~31일(수) 18:00까지 강남성모병원 의과학연구소(서울)에서 열린 '동북아 평화와 비핵지대를 위한 한일 공동회의'에서 발제한 내용이다. 이 회의는 카톨릭대학교 국제학부가 주최했고, 한국의 <한반도평화를위한시민네트워크>와 일본의 <피스 데포>와 <겐슈이킨>이 후원했다.

4. 남과 북은 한반도의 비핵화를 검증하기 위하여 상대측이 선정하고 쌍방이 합의하는 대상들에 대하여 남북핵통제공동위원회가 규정하는 절차와 방법으로 사찰을 실시한다.

5. 남과 북은 이 공동선언의 이행을 위하여 공동선언이 발효된 후 1개월 안에 남북핵통제공동위원회를 구성·운영한다.

6. 이 공동선언은 남과 북이 각기 발효에 필요한 절차를 거쳐 그 문본을 교환한 날부터 효력을 발생한다.

그런데 이 한반도 비핵화 공동선언에 대해 남한에서는 비판도 적지 않았다. 핵을 이미 보유하고 있는 강대국들은 세계 평화를 위해 노력하지 않는데, 힘없는 나라들만 발가벗긴다는 것이었다. 당시 <아태평화재단> 이사장이던 김대중 현 대통령도 그런 시각을 드러냈다.

그는 1994년 4월 8일, 부산대에서 열린 한 강연에서 이렇게 밝혔다. "북한뿐 아니라 어떠한 나라에도 핵의 확산은 저지되어야 하지만 미국·중국·러시아·영국·프랑스 등 5대 핵보유국가도 핵무기를 폐기해 핵 없는 세계를 만들 결심을 세계 앞에 보여 주어야 한다." 너무나 당연한 말이었다. 그는 또 이렇게 덧붙였다. "핵무기와 같이 가공할 위력을 갖고 있으며 다른 무기에 비해 저렴한 비용으로 제작 가능한 무기를 몇몇 강대국만이 보유하면서 다른 나라들의 핵 보유를 반대한다는 것은 설득력이 없다." 뿐만 아니라, 그는 이렇게 주장했다. "이제야말로 동북아 비핵지대화 및 남북한과 미·일·중·러 6자에 의한 다자간 안보문제가 진지하게 검토돼야 한다."

그의 강연 내용은 어느 곳 하나 비판할 수 없을 만큼 훌륭한 내용이었다. 그런 그가 대통령이 되어, 남북 정상회담까지 성사시켰다. 그러나 동북아는커녕 한반도 비핵지대화도 역대 정권에 비해 별로 진척시킨 게 없다. 미국의 눈치를 보고 있기 때문인가? 그의 태도 변화는 대통령 당선자 시절부터 어느 정도 느낄 수 있었다. 그 때 노벨평화상을 수상한 대인지뢰금지 운동가 조디 윌리엄스가 한국을 방문해 김대중 대통령 당선자를 면담하려 했지만, 그 둘은 끝내 만나지 못한 것이다.

물론 정부가 한반도나 동북아의 비핵지대화를 완전히 외면하고 있는 것은 아니다. 최근 보도된 한 논문에 따르면 남북한이 군비통제 및 군축과 관련하여 한반도 비핵지대화와 상호 핵 사찰, 주한미군 철수 등을 가장 많이 제안한 것으로 밝혀졌다.

<세종연구소> 송대성 수석연구위원의 최근 논문 「남북한 군사적 신뢰 구축 및 긴장 완화 추진 과제 실천 방안」에 따르면 남측은 북측에 '한반도 비핵지대화와 상호 핵 사찰'을 80회, 군사적 신뢰 구축을 42회, 남북 긴장 완화 실천을 40회, 남북 상호불가침협정 체결을 35회, 한반도 평화체제 구축을 17회, 비무장지대(DMZ)의 비무장화를 8회 제안한 것으로 알려졌다.

반대로 북측은 남측에 주한미군 철수를 120회, 평화협정 체결과 팀스피리트 훈련 중지를 40회, 한반도 비핵지대화를 37회, 남북한 군대 10만으로 각각 감축을 25회, 무기 반입 중지를 20회, 한미상호방위조약 폐기를 18회, DMZ 비무장화를 17회 제안한 것으로 알려졌다.

남북이 '비핵지대화' 제안을 여러 번 주고받았다고 해서 실제로 한반도를 비핵지대화할 생각이나 능력이 있다는 것은 아닐 것이다. 그러나 어쨌든 남북의 정부 당국은 기회가 있을 때마다 한반도 비핵지대화를 꾸준히 거론하고 있다는 점이 밝혀진 것은 큰 소득이다.

남북만이 아니라, 한반도를 둘러싸고 있는 강대국 가운데 러시아 정부도 한반도의 비핵지대화를 지지하고 있는 것으로 알려졌다. 러시아의 크렘린에 따르면 2000년 7월 7일, 블라디미르 푸틴 러시아 대통령이 일본의 원폭피해도시인 히로시마와 나가사키의 시장들에게 편지를 보냈는데, 그는 이 편지에서 러시아가 전략 핵무기를 제거하기 위해 노력하고 있다고 말하고 "한반도의 비핵지대화를 지지하겠다"고 다짐했다.

푸틴 대통령은 이 편지에서 러시아가 미국, 러시아, 중국, 영국, 프랑스 등 세계 5대 핵무기 강국 사이에 점진적으로 포괄적 핵무기 제한 조약을 체결하기 위해서도 노력하겠으며, 한반도는 물론, 중부 유럽과 동부 유럽의 비핵지대화도 지지하고 있다고 밝힌 것으로 알려졌다.

1993년 10월 이후 핵실험을 지속해서 세계 여러 나라의 숱한 비난을 산 중국도 1997년 12월 동남아 비핵지대조약 지지 성명을 낸 것으로 보아, 조건만 맞으면 핵을 가지지 않은 세계 여러 나라의 비핵지대화 노력을 그냥 무시하지는 못할 것으로 보인다.

2. 한국 NGOs는 그 동안 어떻게 대응해 왔나?

한국의 민간인이나 민간기구(NGOs)는 한반도나 동북아시아의 비핵지대화에 대해 그 동안 어떤 반응을 보여 왔는가?

전에도 이따금씩 비핵화와 관련한 문건이 없었던 것은 아니지만, 본격적으로 비핵화 문제를 다룬 것은 1986년 조찬구 씨가 서울대 대학원에서 석사논문으로 제출한 「비핵화 논의에서 나타난 핵 및 비핵 보유국간의 갈등 : 비핵지대론 연구 - 핵·비핵 보유국 간의 갈등을 중심으로」가 처음일 것이다. 그 뒤 1987년 김진철 씨가 동국대 《안보연구》 17권에 쓴 「북한의 비핵지대론 연구」가 나왔다.

단행본으로는 1987년에 나온 표문태 씨의 『아시아를 비핵지대로』가 거의 유일할 것이다. 1988년에는 연세대 법과대학 법사회학회가 「비핵 평화 법안을 제안하여」를, 김순배 씨가 「한반도 비핵 평화 지대」를 썼다.

1989년, 서울대학교 대학원에서 박현석 씨가 석사논문으로 「비핵지대조약과 비핵무기국의 안전보장」을 썼고, 1990년에는 김시형 씨가 「동남아시아 지역의 비핵지대」를 썼다. 1990년에는 이철옹 씨가 석사논문으로 「한반도 비핵지대화에 대한 연구」를, 1991년에는 민족통일연구원에서 「한반도 비핵지대화 주장에 대한 대응방향」이라는 글을 쓰기도 했다.

그 뒤로 1991년 10월, 한반도 비핵화 공동선언이 발표되자 그 해에만도 이와 관련하여 많은 논문과 대담이 쏟아져 나왔다. 이어서 1992년, 1993년을 거치면서 많은 문건이 나왔다.

특히 1993년 7월 21일에는 반핵아시아포럼 보고회가 열렸다. <반핵아시아포럼한국위원회(준)>는 1993년 6월 26일부터 7월 4일까지 일본에서 열린 '제1회 반핵아시아포럼의 결과 보고회'를 <한국교회환경연구소> 회의실에서 연 것이다. '핵 없는 아시아'를 주제로 열린 이 포럼에는 일본·타이완·필리핀·인도 등 8개 나라의 NGOs가 참가했는데, 한국에서는 11명의 대표가 참석했다. 한국에서 핵 문제가 시민사회운동의 주제로 본격 등장하기 시작한 것이다.

1994년에도 많은 문건이 나왔으며, 특히 1994년 2월 4일에는 <한국반핵운동연락협의회>가 정식으로 출범하였다. <배달녹색연합>, <환경과공해연구회>, <한국교회환경연구소>, <천주교서울대교구한마음한몸운동본부>, <반핵자료정보실> 등 반핵·환경단체와 <영광핵

발전소추방협의회> 등 영남과 호남의 반핵 지역주민 운동단체 등 모두 26개 단체가 두루 참여했으며, "핵 없는 통일조국 건설" 등을 구호로 내걸었다. 그리고 핵발전소와 핵폐기장 건설, 러시아 핵 투기 등에 대처하기 위한 연락 활동, 일본 도쿄에서 열리는 '시민 포럼 2001' 대표단 파견, 반핵 신문 자료집과 주간 반핵 뉴스 발간, 방사성 폐기물 관련 법안 통과에 따른 대책 활동, '94 반핵아시아포럼' 한국 개최 등의 활동을 벌였다.

1994년 4월 13일부터 24일까지는 <환경운동연합>이 세계적인 환경단체 <그린피스>를 초청하여 서울·부산·광주·인천 등 대도시와 삼척·영일·고리·영광 등 해안 지역을 돌며 국내 환경·주민단체들과 여러 가지 반핵 행사를 벌였다.

<그린피스>는 당시 인도네시아·말레이시아·일본을 거쳐 '아시아 비핵지대화 대장정'의 일환으로 한국을 방문했다. <환경운동연합>과 <그린피스>는 핵폐기물 처분장 후보지나 원자력발전소 건설 예정지에 들러 핵에너지에 대해 근본 문제를 제기하고, 동아시아 지역을 비핵지대로 선언하는가 하면, "어떤 형태의 핵에도 반대한다"는 성명을 발표했다.

또한 그들은 삼척과 영일에서 지방의회 의원과 지역주민단체 대표들을 초청해 선상 간담회를 열고 부산과 인천에서 일반 시민에게 배를 공개하기도 했다.

1994년 6월에는 <반핵평화운동연합>과 <평화연구소>, <통일문제연구소> 등에서 평화와 통일을 위해 사회운동을 하던 세력이 <평화와통일을여는사람들>이라는 단체를 만들기도 했다. 2001년 현재 문규현 신부가 상임대표로, 홍근수 목사 등이 공동대표로 있는 이 단체는 지금도 활발하게 평화와 통일을 여는 운동을 하고 있다.

1994년 10월 15일부터 1주일 동안 한국, 일본 등 아시아 7개국 민간 환경단체와 반핵단체들이 참가하는 '94 반핵아시아포럼'이 서울 중구 명동성당 문화관에서 열렸다. 여기서는 아시아 지역의 핵발전소 문제, 북한 핵 문제, 한국인 원폭 피해자와 일본의 핵무장 문제 등을 논의했다. 참가 단체들은 16일부터 21일까지 전남 영광, 광주, 경남 고성, 경남 양산, 경북 영일 등 핵발전소 건설지역을 순회하며 피켓 시위를 비롯한 각종 행사를 갖기도 했다. 또 이들은 "핵무기도 핵발전소도 없는 아시아를 만들자"는 구호를 내걸고, 일본의 핵무장 기도와 군사대국화, 전후 책임 문제, 한·미·일 핵 산업의 아시아 진출 문제, 한반도 비핵지대화와 핵확산금지조약 개정 요구, '탈핵'을 위한 에너지 대안 등을 다뤘다.

1995년에도 몇 개의 문건이 나왔으며, 1995년 4월에는 뉴욕에서 열린 '무기확산 저지 국제 민중 대회'에 <평화와통일을여는사람들>을 중심으로 한 한국의 평화운동가 11명이 참가하기도 했다. 또한 1995년 8월 5일, 당시 경북대 교수이던 김영호 씨는 히로시마에서 열린 유엔의 민간기구(NGO) 군축특별위원회의 '피폭 50주년 국제심포지엄'에 대한 자신의 생각을 「피폭 50돌, 동북아 비핵지대로」라는 글에 담아 다음과 같이 밝힌 바 있다.

"민간기구 차원에서 동북아 비핵화 추진 국제 포럼이라도 결성해야 하지 않을까?"

하지만 "'노 모어 히로시마'는 '노 모어 히로시마의 코리안'이 되어야 한다"는 그의 주장에서 알 수 있듯이, 비핵지대화 건설도 일본까지 포함한 민간기구의 국제연대를 통해서 해결하기보다는 '식민지와 원폭'의 이중 피해자인 남북한이 중심이 되어 해결해야 한다는 데서 머물고 말았다. 어쨌든 그가 김대중 정부 들어 산자부장관을 지냈다.

1996년에도 여러 문건이 나왔고, 특히 1996년 8월 5일부터 8일까지는 아우내 재단 <한국신학연구소>가 충남 천안시 병천면에서 '제3차 동아시아 평화 국제학술심포지엄'을 열고, 동아시아 비핵지대화 문제를 다루었다.

'동아시아 평화를 위한 지식인 연대'라는 주제 아래 열린 이 대회에는 한국의 리영희 한양대 명예교수(신문방송학)와 일본의 와다 하루키 교수를 비롯하여, 한국·중국·일본·러시아의 학자들이 40명 남짓 참가해, △일본 정부의 식민지배 청산 △동아시아 군비 축소와 비핵지대화 등을 촉구하는 성명을 발표했다. 이 대회는 1992년 8월 일본 도쿄 도미사카 그리스도교 센터에서 처음 열린 뒤, 1994년 8월 중국 상하이 사범대학에서 2차 대회를 열었다. 2차 대회 때는 북측의 <주체사상연구소> 박승덕 소장 등 5명의 학자도 참가한 것으로 알려졌다. 이 행사를 주최한 <한국신학연구소>의 김성재 소장은 김대중 정부 들어 청와대 민정수석을 거쳐 2001년 현재 정책기획수석으로 있다.

1997년에는 우메바야시 히로미치 박사의 글도 국내에 소개되었다.

1998년과 1999년에도 많은 문건이 나왔으며, 특히 1999년 5월에는 네덜란드 헤이그 만국평화회의 100주년 기념 평화대회에 <민족회의>와 <참여연대>, <평화를만드는여성회>, <평화인권연대>, <미군기지반환운동연대>, <평화와통일을여는사람들> 같은 단체에서 평화운동가 30여 명이 참가하기도 했다. 이때에는 일본 <Peace Boat>가 주최한 '동북아 비핵지대화 건설을 위한 심포지엄'에서 <미군기지반환운동연대>의 집행위원장이던 필자가 발제를 맡기도 했다. 일본에서 <Peace Depot> 대표 우메바야시 히로미치 박사도 발제를 맡았으나, 참석하기로 되어 있던 북한 관계자가 아쉽게도 참석하지 못했다. 필자는 그 뒤 1999년 10월, <Peace Boat>의 '지구 대학'과 2000년 2월, 방글라데시 다카에서 열린 '다카 국제회의'에서도 같은 내용을 발표했다.

2000년에도 많은 문건이 나왔으며, 특히 2000년 9월, 스웨덴의 <다그 하마스졸트 재단>과 유럽 평화 연대 기구인 <TNI>, 일본의 <Peace Depot>등이 공동 주관한 '비핵지대 웁살라 국제회의'에 가톨릭대학의 이삼성 교수와 <한반도평화네트워크>의 정욱식 대표가 참가하기도 했다.

지금까지 살펴본 바와 같이 한국의 민간인들과 민간단체에서 비핵지대화 문제를 끊임없이 다루고 있는 것은 사실이다. 물론 사람에 따라서는 비핵지대화 주장 자체를 마치 북한의 술수에 놀아나는 것인 양 반대를 하는 사람이 없는 것도 아니다. 그러나 비핵지대화에 찬성은 한다 하더라도, 그것이 조직적으로 이어지거나 실천으로 나가지 못하고, 그저 이론적인 차원에서 한 번 검토하는 선에서 그치는 경우가 많다. 문제는 비핵지대화와 관련된 이런 연구와 활동이 하나로 모여 힘을 발휘하지 못하고 뿔뿔이 흩어져 있다는 것이다.

그러므로 2001년 1월 30일부터 이틀 동안 서울에서 열리는 이번 '동북아 평화와 비핵지대를 위한 한일 공동회의'가 중요한 역할을 할 것으로 본다.

3. 불식시켜야 할 몇 가지 우려 사항

1) 북한 핵만을 문제 삼는 게 아니라는 것을 확실히 해야 한다

한국에서 핵을 얘기하려면 한국의 진보 진영, 특히 평화운동 진영에 북한 핵만을 문제 삼기 위한 것이 아니라는 확신을 주어야 한다. 한국에서 '핵' 하면 북한 핵밖에 떠오르질 않기 때문이다. 몇 군데의 핵발전소 문제를 빼면, 미군기지의 핵무기 문제도 평화운동 진영에서조차 중심 문제로 떠오른 적이 없다. 아울러 이 점은 북한의 참여를 이끌어내기 위해서도 반드시 필요할 것이다.

2) 미군을 철수시키기 위한 수단으로 이용하지 않는다는 것도 확실히 해야 한다

앞의 경우와는 반대로 동북아 비핵지대화가 미군기지에 있는 핵무기를 없애라는 북한의 주장에 동조하는 것으로 비칠 우려도 있다. 노태우 전 대통령의 비핵 선언 이후 미군기지 안에 핵무기가 있느냐 없느냐 하는 문제는 그리 큰 논쟁거리가 되지 않았고, 그래서 미군기지 관련 싸움에서도 핵무기 문제는 거의 거론되지 않았다.

평택에서 용산 미군기지 평택 이전을 반대하는 운동을 벌이던 때, "미군기지는 곧 핵 기지"라며 평택 시민을 설득하다가 뜻밖의 반응을 만나 당황한 적이 있다.

"미군이 핵무기를 가지고 있는 게 뭐가 문제냐? 북한이 갖고 있는 게 문제지."

뜻밖이었지만, 그런 반응을 보이는 사람이 많았다. 그런 사람들은 아무리 설득해도 안 됐다.

남한이 핵무기를 갖고 있지 않은 것은 확실하고, 만약에 남한에 핵무기가 있다면 그것은 주한미군이 갖고 있는 것일 텐데, 그것을 없애라고 하는 것은 북한의 주장에 동조하는 것이라는 것이었다.

북한과 일본 사회당 같은 사회주의 세력이 비핵지대화에 상대적으로 더 적극적이기 때문에 한국의 보수 진영이 많이 우려하고 있는 점도 있다. 따라서 이 보수 세력을 설득시킬 수 있어야 할 것이다.

3) 일본 평화운동 진영을 한국에 잘 소개해야 한다

한국 사람들은 일본인을 맹목적으로 싫어하는 경향을 갖고 있다. 물론 일본의 식민지를 겪은 결과 나타난 현상이다. 그러므로 한국인이 일본인을 싫어하는 것은 한국인의 책임이 아니라, 일본인들의 책임이긴 하다.

문제는 한국인들이 일본에 평화운동 세력이 있다는 것을 애써 외면한다는 점이다. 예컨대 미군기지를 반대하는 일본인들을 평화운동 세력으로 보지 않는 사람들이 많다. 아시아에서 미군을 몰아내야 일본이 다시 아시아를 지배할 수 있기 때문에 그들이 미군기지를 반대하는 것으로 생각한다는 것이다.

일본과 한국의 평화운동 진영은 한국인들이 잘못 생각하고 있는 이런 점을 불식시키기 위해 많이 노력해야 할 것이다.

4. (가칭) 〈동북아비핵지대건설추진위원회〉 '준비위원회'를 만들자

그 동안 일본에서는 <Peace Boat>나 <Peace Depot>, <겐슈이킨> 같은 민간기구는 물론, 사회(민주)당을 비롯한 몇몇 정당들도 비핵지대화 문제를 많이 다뤄 왔다.

그러나 한국에서는 이 문제와 관련하여 아직 연구도 제대로 정리되어 있지 않은 것이 사실이다. 그러나 언제 연구를 끝내 놓은 다음에 운동을 통해 동북아시아를 비핵지대로 만들 수 있단 말인가? 그러므로 이제

(가칭)<동북아비핵지대건설추진위원회>를 꾸릴 '준비위원회'라도 꾸려야 한다. 그 기구 속에 연구 분과를 두어 다양한 방안을 연구 검토하게 하면 될 것이기 때문이다.

그러기 위해 이른 시일 안에 '한국 측 준비위원회' 모임을 가졌으면 한다. 그 모임에는 그 동안 비핵지대화 문제와 관련하여 짧은 글이라도 쓰거나, 국내 행사나 국제회의에 참석하거나, 직접 시위에 참여한 모든 개인과 단체가 모두 참여했으면 좋겠다. 뿐만 아니라, 히로시마나 나가사키 원폭 피해 당사자들도 참여했으면 좋겠다. 그러려면 이번 회의에 참여한 모든 개인과 단체가 제안자로 참여하는 게 어떨까? 나머지 실무는 이번 한일공동회의의 실무를 주도한 <한반도평화네트워크>에게 맡기는 건 또 어떠한가?

그리고 참가 대상은 논의할 필요가 있겠지만, 올 8월쯤 한국과 일본뿐만 아니라, 북한과 중국, 타이완, 몽고, 오키나와, 러시아, 미국의 관련 운동가들이 한자리에 모일 수 있었으면 좋겠다. 이를 위해 Peace Boat를 동해쯤에 띄운다든가, '금강산 비핵지대화 포럼' 같은 것을 열면 어떨까? 그 자리에서 (가칭)<동북아비핵지대건설추진위원회> 준비위원회 정도는 꾸릴 수 있지 않을까?

그러기 위해 조건이 필요할 것 같다. 우선, 우리의 목표는 전 세계의 비핵지대화라는 점이다. 동북아의 비핵지대화가 이미 핵을 보유하고 있는 강대국들의 핵은 인정하고, 현재 핵을 가지고 있지 않은 나라들만 핵무기를 못 만들게 하려는 것은 아니다.

미국의 '핵 먹은 벙어리'(NCND) 정책을 집중 공격하는 것도 필요하며, 핵에너지를 전쟁용으로 사용하는 것은 물론, 핵 쓰레기 문제에 대안이 없는 한 핵을 평화적으로 이용하는 것조차 반대해야 할 것이다. 요즘 논쟁이 불붙고 있는 열화우라늄탄도 반드시 핵무기에 포함시켜 반대해야 할 것이며, 미국이 '핵 공격'을 염두에 두고 추진하고 있는 NMD와 TMD에 대해서도 분명히 반대해야 할 것이다.

이런 전제를 바탕으로 올 연말이나 내년 초에는 <동북아비핵지대건설추진위원회>라는 국제 네트워크를 꾸렸으면 좋겠다. 이 기구는 다른 지역의 '비핵지대 조약'을 바탕으로 '동북아 비핵지대 조약'의 초안을 만들어 각 나라의 정부 대표들이 서명하도록 압력과 로비를 병행했으면 좋겠다. 그렇게 해서 동북아 비핵지대 조약이 발효되면 그 때 그 민간기구는 뭘 할 것인가?

최후진술서*

사건 2002노 6410

피고인 김용한

존경하는 재판장님!

이번 재판의 쟁점은 크게 두 가지입니다.

첫째, 우리가 2000년 6월에 용산 미군기지 앞에서 한 행사가 집시법에 따라 신고를 했어야 하는데, 신고를 하지 않고 한 불법 집회였느냐, 아니면 집시법에 신고할 필요가 없는 문화행사였느냐 하는 점입니다.

둘째, 당시 용산경찰서장이 현장에 나와 해산명령을 내린 뒤에 참석자들이 해산을 하지 않았느냐, 아니면 서장이 확성기로 해산명령을 내리기 전부터 행사 참가자들을 전경들로 두세 겹씩 둘러싸고 있어서, 어떤 사람도 거기 들어가거나 빠져나올 수 없었느냐 하는 점입니다.

첫 번째 쟁점은 두말할 필요조차 없는 쟁점입니다. 왜냐하면 그날 거기서 우리가 벌인 행사는 노래자랑이었고, 노래자랑은 엄연한 문화행사이기 때문입니다. 저는 문학을 전공한 사람입니다. 문화를 넓게 해석할 때는 모든 것이 문화입니다. 예컨대 정치문화란 말도 있고, 시위

* 이 글은 필자가 용산 미군기지 앞에서 가진 '노래자랑'과 관련하여 집시법 위반 혐의로 받던 재판에서 최후 진술한 내용이다. 이 재판을 항소심까지 끌고 갔던 필자는 결국 30만원의 벌금형을 선고 받았다.

문화란 말도 있습니다. 그러나 문화를 그렇게 넓게 해석하지 않는다 하더라도, 문화는 제가 전공한 문학을 포함해서, 음악·미술 같은 예술을 포괄하고 있는 개념입니다. 노래자랑을 문화행사로 볼 것이냐, 집회로 볼 것이냐는 해석이나 시각의 차이가 결코 아닙니다. 노래자랑은 누가 뭐래도 그냥 문화행사입니다.

그런데도 용산경찰서는 문화행사를 자의적으로 해석해 신고하지 않은 불법시위로 간주하고, 탄압을 자행했던 것입니다. 용산경찰서는 주한미군이 이기순 여인을 살해했을 때도 비슷한 범죄를 저지른 적이 있습니다. 당시 우리는 주한미군에게 그 살인사건을 항의하기 위해 용산 미군기지 앞에서 이기순 여인의 장례식을 거행하기로 계획을 세우고, 집회신고를 낸 바 있습니다. 그랬더니 "장례식은 집시법에 따라 신고 대상이 아니"라며, "그러나 신고하지 않고 장례식을 강행하면 원천 봉쇄하겠다"는 공문을 보낸 뒤, 실제로 현장에서 만장과 영정을 무자비하게 빼앗고, 장례식을 아수라장으로 만든 것입니다. 당시 용산경찰서는 장례 행렬을 가로막고 맨 앞에 영정을 들고 가던 의정부의 한 목사님에게 폭력을 휘둘러 강제로 영정을 탈취하는 과정에서 영정을 박살내고, 그 목사님이 유리에 손을 찔려 피를 철철 흘리게 만들고, 맨 앞에 현수막을 들고 가던 시민사회단체 대표들의 정강이 앞부분을 군홧발로 짓까고 행진을 가로막는 만행을 저지른 바 있습니다.

둘째, 경찰들은 불법 집회와 시위를 막는다는 명분으로 집회와 시위 현장에서 자기들이 갖가지 불법을 저질러 왔습니다. 그 날도 전경들은 문화제하는 사람들을 서너 겹으로 빙 둘러쌌습니다. 이건 보호가 아니라, 분명히 불법 감금이었습니다. 그 기간 동안은 며칠 동안 낮에 신고를 한 합법 시위를 했음에도, 시위는 겁이 나서 참석 못한다며, 저녁 때 노래자랑할 때만 잠깐 들러 보겠다며 음료수를 사들고 찾아 왔던 용산 주민 한 분도 우리와 함께 감금됐다가, 우리와 함께 피고인이 되고 말았습니다. 검찰에서는 중간에 빠져나갈 수 있었던 것처럼 말하기도 하고, 노래자랑 시작하던 맨 처음부터 해산명령을 내린 것처럼 말하기도 하더군요. 그러나 분명히 말씀 드리는데, 제가 그 노래자랑의 사회를 봤던 사람입니다. 노래자랑 신청인 명단에 세 명 남았을 때 용산경찰서장이 확성기로 해산명령을 했습니다. 그래서 제가 "세 명 남았는데, 잠시만 참아 달라. 경찰서장님은 우리 대표이신 문정현 신부님과 잠깐 협상 좀 해 달라"고 말했던 기억이 지금도 생생하게 납니다. 그런데 그 순간에 경찰들이 밀고 들어와 거기 있던 사람들을 모조리 연행했던 것입니다.

한 마디 덧붙이고 싶습니다. 법정에서도 진술했지만, 문정현 신부님께서는 그 기간의 집회와 그 날 저녁의 문화행사를 주최한 우리 <불평등한소파개정국민행동>의 상임대표십니다. 그 분은 현장에 계셨고, 노래자랑 시작할 때 인사말씀도 하시고, 끝까지 함께하신 분이십니다. 경찰이나 검찰도 다 알 것입니다. 만약에 어느 날 밤의 노래자랑이 문화행사가 아니라 불법 집회였다면, 그 불법 집회를 주도하고 있는 단체의 대표를 연행하는 게 상식 아닌가요? 그런데 대표이신 문정현 신부님은 왜 연행하지 않는 건가요? 어떤 범죄 행위의 주동자만 빼놓고 그에 부화뇌동하는 사람들만 잡아넣는다면, 누가 법 집행하는 사람들을 따르겠습니까? 검찰, 경찰의 행태를 봐도 그 날의 행사가 불법 집회가 아니라는 것은 누구나 알 수 있는 것입니다. 저는 문정현 신부님도 잡아가야 한다고 주장하는 것이 아닙니다. 경찰이나 검찰도, 그 날의 행사가 불법이 아니기 때문에, 잡아갈 명분이 없기 때문에 문 신부님을 못 잡아간 거라고 생각하는 것입니다.

존경하는 재판장님, 그리고 재판관 여러분!

저는 서울대학교 대학원 박사과정에서 독일문학을 전공해서 박사 학위를 받은 사람입니다. 대학에서 비정규직 교수를 하고 있습니다. 한 달 벌이가 20여 만 원인 사람입니다. 벌금 50만 원은 제 두 달 강의료에 해당합니다. 지난 13년 동안 돈벌이보다는 시민사회운동을 해 오느라고 저축해 놓은 돈도 없는 사람입니다. 그러나 저는 이런 저의 운동을 통해 그 불평등한 SOFA도 일부 개정하는 데 큰 몫을 감당했다고 자부하고 있습니다. 그래서 이처럼 시민운동을 통해 국익을 신장시킨 우리들에게 국가는 벌금형에 처할 게 아니라 오히려 표창을 해야 한다고 주장하는 것입니다. 제가 이런 운동을 하는 것이 국가의 포상을 바라고 하는 것은 아니지만, 이런 위대한 시민운동을 벌금형에 처하는 재판관을 계속 재판관에 앉혀 두는 것은 대한민국이라는 국가가 해서는 안 될 일이라고 생각합니다. 저는 1심에서 그대로 50만 원의 벌금형을 선고한 재판관의 이름을 똑똑히 기억했다가 필요할 때 반드시 공개할 것입니다.

모쪼록 현명한 판단을 해 주시기 바랍니다. 그래서 법과 정의가 일부 검경과 1심 재판관의 자의적 해석에 따라 좌지우지된 것을 바로 잡아 주시기 바랍니다. 우리 모두는 무죄입니다. 감사합니다.

2003년 5월 27일

위 피고인 김용한 드림

서울지방법원 형사 제4부 귀중